职教视野：高职学生职业生涯规划与就业指导

王思媛 著

重庆出版集团 重庆出版社

图书在版编目（CIP）数据

职教视野：高职学生职业生涯规划与就业指导 / 王思媛著. — 重庆：重庆出版社, 2023.11
ISBN 978-7-229-18180-2

Ⅰ.①职… Ⅱ.①王… Ⅲ.①高等职业教育 – 职业选择 – 研究 Ⅳ.①G717.38

中国国家版本馆CIP数据核字(2023)第221382号

职教视野：高职学生职业生涯规划与就业指导
ZHIJIAO SHIYE：GAOZHI XUESHENG ZHIYE SHENGYA GUIHUA YU JIUYE ZHIDAO
王思媛　著

责任编辑：袁婷婷
责任校对：杨　媚
装帧设计：优盛文化

重庆出版集团　出版
重庆出版社

重庆市南岸区南滨路162号1幢　邮编：400061　http://www.cqph.com
河北万卷印刷有限公司印刷
重庆出版集团图书发行有限公司发行
E-MAIL：fxchu@cqph.com　邮购电话：023-61520646
全国新华书店经销

开本：710mm×1000mm　1/16　印张：14　字数：220千
2024年3月第1版　2024年3月第1次印刷
ISBN 978-7-229-18180-2
定价：88.00元

如有印装质量问题，请向本集团图书发行有限公司调换：023-61520417

版权所有　侵权必究

前　言

职业生涯规划是高职学生职业发展与就业指导的重要内容，它能帮助高职院校学生确立职业发展方向，是高职学生科学规划自身职业生涯的重要工具。面对日益严峻的就业形势，高职学生就业越来越受到社会、学校和高职学生群体的广泛关注与重视。

高等职业教育要在市场经济条件下健康发展，高职院校就必须为学生的出路着想。高职学生的就业率高，一方面说明高职院校的就业指导工作做得好，另一方面说明高职院校在人才培养目标、专业设置、课程设计等方面都比较合理，符合高职人才的培养规律。然而，如果高职院校在人才培养目标、专业设置、课程设计等方面都十分优秀，就业指导工作却跟不上，那么学生的就业率就不会高，高职院校为培养人才所做的前期工作也都会付诸东流。因此，为保证高职院校各项工作良性开展，促进高职院校的健康发展，做好就业指导工作是当务之急。

本书由总论，职业理想、职业道德与人生价值观，高职学生职业生涯规划准备要素，高职学生职业生涯规划步骤，高职学生就业准备，高职学生求职技巧与礼仪，高职学生实习权益保障与就业权益保护七部分组成。本书立足提高高职学生的综合素质和能力，努力促进每个高职学生的发展和健康成长，旨在培养出更多符合社会需求的高素质技能型专门人才，提高高等职业教育质量，为我国经济社会发展作出一定的贡献。

目 录

第一章 总论 / 1
    第一节 职业认知 / 1
    第二节 职业生涯概述 / 11
    第三节 职业生涯规划与高职学生职业生涯规划影响因素 / 28
    第四节 就业指导概述 / 49

第二章 职业理想、职业道德与人生价值观 / 57
    第一节 职业理想 / 57
    第二节 职业道德 / 62
    第三节 人生价值观 / 69

第三章 高职学生职业生涯规划准备要素 / 87
    第一节 竞争能力要素 / 87
    第二节 就业能力要素 / 105

第四章 高职学生职业生涯规划步骤 / 111
    第一节 对自我的认识 / 111
    第二节 对环境的评估 / 119
    第三节 职业决策与职业决策困难 / 124
    第四节 方案的实施 / 132

第五节 反馈、修正与调整 / 135

第五章 高职学生就业准备 / 141
第一节 就业心理准备 / 141
第二节 知识与能力准备 / 152
第三节 就业信息的收集 / 158
第四节 求职材料的准备 / 164

第六章 高职学生求职技巧与礼仪 / 169
第一节 求职笔试技巧 / 169
第二节 求职面试技巧 / 172
第三节 基本求职礼仪 / 184

第七章 高职学生实习权益保障与就业权益保护 / 191
第一节 高职学生实习权益保障 / 191
第二节 高职学生就业权益保护 / 204

参考文献 / 213

第一章 总论

第一节 职业认知

一、职业的内涵与分类

（一）职业的产生与社会劳动分工

社会劳动分工是职业产生的基础。早在人类社会初期，就出现了建立在年龄、性别基础上的自然分工：成年男子外出打猎，妇女缝补衣物，老年人照顾孩子。但那个时候还没有出现固定从事某项专门工作的人群，所以也没有职业分工这个概念。随着社会生产力的发展，人类对自然的了解程度有所提高，人们逐渐学会了栽培的方法，出现了原始农业。原始畜牧业则是从打猎中发展而来的，随着大批动物被人类驯化和饲养，出现了大规模的畜牧，于是一部分人开始脱离其他劳动，专门从事畜牧工作。畜牧业从原始农业中分离出来，实现了人类历史上的第一次社会大分工，职业自此产生。在这之后，手工业与商业也相继独立，完成了第二次与第三次社会大分工，职业活动才成为普遍的社会现象。职业是现实经济运行和社会生活中客观存在的社会现象，职业的产生是人类文明进步的体现，反映了社会的发展与进步，随着社会分工的不断细化，职业也处于不断发展变化的状态中。

根据社会劳动分工的不同性质，一般可将其分为三个层次。第一层次为产业分工，也称一般分工；第二层次为行业分工，也称特殊分工；第三层次为职业分工，也称个别分工。

1. 产业分工

所谓产业，是指不同的国民经济部门，由于社会劳动分工而独立出来的专门从事某一类别生产经营活动的单位的总和。产业的划分以劳动性质、作用和内容的同一性为标志，通常分为三种类型，即第一产业、第二产业及第三产业。第一产业指的是农业，包括种植业、畜牧业、林业等。第一产业在国民经济中发挥基础作用，是人类基本生活资料的来源，同时，也为工业提供基本原料。第二产业指的是建筑业和工业。建筑业是从事建筑和安装工程施工的社会生产部门。工业则包括煤炭、石油、机械、电子、纺织、食品等行业，其主要负责对自然资源进行挖掘、加工和再加工。第二产业是国民经济的支柱，其中工业在许多国家的国民经济中发挥主导作用。第三产业指的是除第一、第二产业以外的流通和服务类产业，具体可分为四个部门：①流通部门，包括交通运输业、邮电通信业、商业、饮食业、物资供销和仓储业等；②为生产和生活服务的部门，包括金融业、保险业、房地产管理业、旅游业、咨询服务业和各类技术服务业等；③为提高科学文化水平和居民素质服务的部门，包括教育、文化艺术、广播电视业、科学研究事业、卫生、体育和社会福利事业等；④为社会公共需要服务的部门，包括国家机关、党政机关、社会团体、人民军队和人民警察等。

2. 行业分工

基于生产（工作）单位生产的产品或提供的服务，产生了多种不同的行业，行业体现单位的性质。我国的行业结构主要按企、事业单位，机关团体及个体从业人员所从事的生产或其他社会经济活动的性质来确定。根据《国民经济行业分类（GB/T 4754—2017）》，可以将我国的行业分为20个门类，每个门类又分大类、中类、小类3个级别。这20个门类如下：

（1）农、林、牧、渔业。

（2）采矿业。

（3）制造业。

（4）电力、热力、燃气及水生产和供应业。

（5）建筑业。

（6）批发和零售业。

（7）交通运输、仓储和邮政业。

（8）住宿和餐饮业。

（9）信息传输、软件和信息技术服务业。

（10）金融业。

（11）房地产业。

（12）租赁和商务服务业。

（13）科学研究和技术服务业。

（14）水利、环境和公共设施管理业。

（15）居民服务、修理和其他服务业。

（16）教育。

（17）卫生和社会工作。

（18）文化、体育和娱乐业。

（19）公共管理、社会保障和社会组织。

（20）国际组织。

3. 职业分工

职业根据就业者的工作性质进行划分，和就业者所处单位的行业没有关系。也就是说，职业和行业是可交叉的：同一行业中会包含很多不同的职业，如一家医院会包含医生、护士、技术人员等多个职业。不同行业也会包含很多相同的职业，如在农业、工业、服务业三个不同行业中都有会计这一职业。

产业分工、行业分工和职业分工这三个层次构成了整个社会的劳动分工体系。在社会需求的推动下，新的职业会不断产生，过时的职业或不再有需求的职业也会不断消亡。例如，现代通信工具的发展使得电报员等职业销声匿迹。这种职业产生和消亡的客观规律提醒我们：选择职业时除了要考虑自己的职业生涯发展意愿，还要与社会需求及社会发展趋势相结合。

（二）职业的内涵

职业这一概念由来已久，学者们从社会学、经济学、心理学、教育学等多个角度界定了职业的内涵，而大部分著作与教科书对于职业内涵的界定基本上都是从社会学、经济学的角度出发的。

1. 社会学对职业内涵的界定

从社会学角度界定职业内涵的主要有日本社会学家尾高邦雄、美国学者泰勒、中国学者陈婴婴等人。尾高邦雄指出，"职业"（这里的"职业"被解释为工作的同义词）有"谋生""天职""职分"三个要素。谋生是维持生计的手段相对，天职是发挥个性的生活方式，职分是为了实现社会团结而履行义务。"①泰勒则认为，职业可以解释为一套成为模式的、与特殊工作经验有关的人群关系。这种成为模式的工作关系的结合，促进了职业结构的发展和职业意识形态的显现。陈婴婴认为，"职业是个人进入社会的物质生产或非物质生产过程后获得的一种社会位置，个人通过这一社会位置加入社会资源的生产和分配体系，并建立相应的社会关系"②。从社会学家对职业内涵的界定中，可以看出职业的内涵包括以下内容。

（1）职业是社会分工体系中的一种社会位置。

（2）职业是已经成为模式的并与专门工作相关的人群关系和社会关系，或者说已成为模式的工作关系的结合。

（3）职业同权力和利益紧密相连。

（4）职业是国家确定和认可的。

2. 经济学对职业内涵的界定

经济学上的职业内涵相比社会学存在明显的不同。法国的一本权威词典对职业的定义如下："为了生活而从事的经常性活动。"美国学者阿瑟·萨尔兹对职业的定义如下："人们为了获取经常性的收入而从事的连续性的特殊活动。"我国学者杨伟国、王子成则认为，职业是指人们为了谋生和发展而从事的相对稳定的、有收入的、专门类别的社会劳动。经济学意义上的职业，同劳动的精细社会分工是紧密相连的。③

从经济学的角度，可以看到职业的内涵包括4个方面的内容。

（1）分工角色。职业是社会分工体系中劳动者所获得的一种劳动角色。

（2）社会性。职业是一种社会性活动。职业是劳动者所进行的社会生产劳动或社会工作，均为他人所必需并为国家所认可。

（3）连续性和稳定性。劳动者只有连续不断地或者是相对稳定地从事一项工作，那么这项工作才能成为其职业。

（4）经济性。劳动者必须在可以取得经济收入的前提下从事一份职业，

---

① 尾高邦雄. 职业社会学[M]. 东京：东京都文出版社出版，1948：11.
② 陈婴婴. 职业结构与流动[M]. 北京：东方出版社，1995：65.
③ 杨伟国，王子成. 职业发展经济学[M]. 上海：复旦大学出版社，2015：46.

如果不能获得经济回报，即便从事的劳动再稳固，都不算是职业工作，如家庭主妇所从事的劳动是较为固定的，但是也属于非职业工作。

3. 对职业内涵的其他界定

在英文里，"职业"一词为"calling"，意思是"生命的呼唤"。事实上，我们每个人所选择和从事的职业，正是对各自生命的一种呼唤，也是每个人人生价值的体现。在德语中，"职业"一词为"beruf"，是"天职"之意。它意味着职业是个人毕生应当不懈奋斗的目标。就这点而论，职业本身已经包含了职业精神和职业道德的内容，是一种高尚的事业。

当前，对职业的概念人们更倾向于这样一种解释：职业是人们参与社会分工，利用专业的知识和技能，为社会创造物质及精神财富，从中获取合理报酬作为物质生活来源并满足自身精神需求的工作。

在这里，职业的内涵强调了4个方面。

（1）强调社会分工。

（2）强调利用专业知识和技能。

（3）强调创造物质及精神财富，并获取报酬。

（4）强调物质生活来源，并涉及精神生活。

（三）职业的分类

本质上讲，职业分类就是对社会劳动进行细化的分工。要想进行正确的职业分工，就要基于经济运行规律进行正确的社会分工；同时，职业分工应当有利于劳动者能力和劳动者劳动积极性的充分发挥。各国社会经济发展水平不一致，在社会发展历史和国情方面都存在较大差异，所以，各个国家的职业分类也体现出差异性。

职业分类最早引起了英国、美国、法国等西方国家的重视。1841年，英国将职业分成431种。美国早在1820年的人口普查工作中列入职业统计项目，到1980年，已经认定了25000种职业。1982年，法国将职业分成八大类型，共24个种类，详细类别有42个。加拿大在1982年出版的《加拿大职业分类词典》中将职业分为23个主要类型，其中子类81个，细类489个。[①]

国际劳工组织于1958年制定了《国际标准职业分类》，又在1966年召

---

① 张树桂.职业分类介绍[M].杭州：浙江教育出版社，1991：14.

开的日内瓦第十一届国际劳工统计专家会议上通过了它的修订版。目前的最新版本是 2007 年修订实施的《国际标准职业分类（2008）》（简称 ISCO-08）。国际劳工组织将职业分成 10 个大类，包括：管理者，专业人员，技术和辅助专业人员，办事人员，服务与销售人员，农业、林业和渔业技工，工艺与相关行业工，工厂、机械操作与装配工，初级职业，武装军人职业。

我国的职业分类方法和国际劳工组织的分类方法基本相似，参照国际标准，对物质与非物质生产资料进行区分，再根据从业者从事的社会经济活动同一性或工作性质同一性对职业进行分类。1999 年，我国颁布首部《中华人民共和国职业分类大典》（以下简称《大典》），并先后于 2015 年、2021 年对《大典》进行了修改、调整和补充。2021 年新版《大典》职业分类结构为 8 个大类、79 个中类、449 个小类、1636 个职业。

二、职业的特点与功能

（一）职业的特点

职业是人们在长期的社会实践活动中形成的，具有与其他形式的劳动相区分的本质属性。通过对职业范畴的进一步分析，可以得出它具有以下六个特点。

1. 基础性

不管是对于个人的存在和发展，还是对于社会的发展来说，职业都是至关重要的，它可以为人们解决经济来源问题，为了生存下去，人们必须从事职业活动。不管是社会活动还是人文活动，都是在职业的基础上建立起来的，职业活动为所有的社会活动提供存在和发展的基础。

此外，人类社会文明都是在职业分化、分类的基础上，也就是职业范畴进步的基础上建立起来的。因为有了农业，所以有了农民这一职业，人们也就有了源源不断的生存资料；因为有了手工业以及机器大工业，所以有了工人这一职业，人们也就有了多种多样的生活、生产资料；因为有了服务业，所以有了服务人员、管理人员等。职业的丰富使人们的生活更加舒适，使人类社会变得更加多姿多彩。

2. 广泛性

职业不仅涉及大多数的社会成员，还涉及多个不同领域，如经济领域、教育领域、社会领域、政治领域等，这就是其广泛性的体现。对于个体来说，其能够在生活中和多个职业产生千丝万缕的联系。

由于职业具有广泛性，诸多的学科如社会学、经济学、管理学、心理学、教育学、政治学、生理学与医学等，都把职业问题作为自己的研究对象。

3. 时代性

职业的时代性可从两方面分析，一方面，随着时代的发展，职业也在不断变化，而每出现一些新职业，都会有一部分旧职业被取代；另一方面，不同的时代有着独特的"时尚"，它表现为社会中的热门职业。

4. 同一性

任何职业内部的劳动条件、生产工具、人际关系等都存在相同或者是相近之处。情境同一性使得人们的行为模式出现形似性，有了共同语言之后就容易产生认同感。处于同一行业的人或者同事之间都会体现出一种相似性。

5. 差异性

职业与职业之间的差异性是非常明显的，主要体现在劳动内容、从业人员行为模式、社会心理等方面。人类社会是一个有机体，在同一个社会中生活，势必会存在分工，从而产生多种职业。俗话说，三百六十行，行行出状元，在现代社会，职业更是被分为成千上万种，而不同职业之间的差异性也是很大的。也恰恰是因为这种差异性，使得人们因从事不同职业而出现了不同的社会人格，同时，他们也在职业转换中出现了诸多困难和矛盾。

随着社会的不断发展和进步，社会劳动分工在不断细化，经济结构也在发生变动，逐渐出现了很多新型职业，很多旧职业在被慢慢淘汰，职业差异还在不断加大。

6. 层次性

很多社会职业都可以进行层次划分。这种层次性源于不同的职业在体力付出、脑力付出以及工作复杂度方面都存在差异性，同时，不同层次的职业在工作组织结构中所处的地位、社会名望、收入等方面都有很大不同。

所以，认同职业存在的层次性并能够对其进行正确运用是至关重要的。如果社会只重视整体，而忽略每一个组成整体的个人，抹杀职业的层次性，就会与客观实际相背离。如果社会对每一个个体都予以重视，就会为人们带来更多自主择业、公平竞争的机会，使人不断向上流动，从而促进社会的健康、有序发展。

（二）职业的功能

职业的功能是指职业活动与职业角色对人和社会的作用与影响，概括起来主要有以下几个方面。

1. 职业是社会存在的内容

职业的分工及结构是社会经济制度与结构的一部分，反映了社会的经济发展水平。在职业劳动中，人们获得报酬，同时创造社会财富，为社会的存在和发展提供物质基础。

2. 职业为社会发展提供动力

职业的社会活动，包括个人改善职业的向上流动、与社会经济结构相联系的职业结构变动、不同职业之间的矛盾冲突及解决等，为社会发展提供动力。

3. 职业可以维护社会安全与稳定

职业是人的重要生活方式，安居乐业是人们的共同愿望。政府为公众创造职业岗位及就业机会，促进人们的"充分就业"。从职业的社会功能角度看，可以减少社会问题、维护社会的安全与稳定。

4. 职业活动可以为人们提供经济收入

职业活动是个体获得经济收入的重要途径，而经济收入能够为个人生存提供物质基础。通过进行职业活动，人们也可以获得地位、权力等非经济利益，而这些非经济利益，在一定程度上能够转化为金钱或者其他形式的经济利益。职业可以促使个体获得心理上的满足，达到"乐业"的目的。

5. 职业活动构成人的社会活动

职业活动是人们参与社会活动、建立社会关系、进行人生实践的重要途径。同时，人的交际活动大多也与职业活动相联系。通过职业活动，人们进入不同的社会情境当中，这种情境是由不同的职业活动所决定的。因此，职业活动为人担任特定的社会角色、形成特定的行为模式提供条件。

三、职业成功的内涵及影响因素

（一）职业成功的内涵

职业成功是指一个人所累积起来的、积极的、与工作相关的成果或心理上的成就感，可以分为客观的职业成功和主观的职业成功两部分。客观的职业成功包括总体报酬、晋升次数和其他能表示个人成就的外部标志；主观的职业成功指的是个人对工作和职业发展的满意程度。职业的成败无法只通过一个标准去衡量，不管从什么角度去评价，其都和评价者的职业价值观有着直接联系，原因在于职业成功标准是个人职业价值观的体现。

因此，我们可以将职业成功的标准概括为以下几种：

财富标准：通过工作获得更多的经济报酬。

晋升标准：晋升到组织等级体系的高层或者在专业上达到更高等级。

安全标准：工作稳定、安全、有保障。

自主标准：在工作中自主自由，对职业和工作有一定的控制权。

创新标准：能做出别人没有做过的事情。

平衡标准：在工作、人际关系和自我发展三者之间保持有意义的平衡。

贡献标准：能够为社会、组织、家庭做出贡献。

健康标准：在繁重工作的压力下依然保持身心健康。

影响力标准：在组织中、行业内、社会上有足够的影响力，能够影响他人的心理和行为。

以上几种职业成功的标准不是完全独立、相互排斥的。职业成功的标准是一个有层次的结构，与其内在的需求体系相对应。

（二）职业成功的影响因素

职业成功的影响因素主要有以下四点。

1. 先天因素

先天因素决定了一个人的天赋。先天因素会对人的某些能力产生约束，但是也会赋予人其他方面的能力。先天因素不是绝对静止不变的。虽然基于以前的理论，人们会将先天因素作为成功公式里的常量，但是新的研究成果证实遗传特征也带有动态的特性。就像马特·里德利（Matt Ridley）在《先天，后天：基因、经验及什么使我们成为人》一书中所指出的，一个人的日常活动决定了体内哪些基因会被激活,这些激活的基因又决定了一个人体内会制造出哪些蛋白质,而这些蛋白质最终形成了脑细胞之间的突触。①

2. 后天学习

后天学习是指一个人终其一生所进行的正式与非正式的学习,这是促进其职业成功的强有力手段。显然,在职业培训方面投入一定的时间和精力,能够显著提高一个人的工作能力,增加其成功的可能性。然而,人的学习能力会随着年龄的增长逐渐减弱,并且,随着年龄的增长,人们接受培训的成本会逐渐提高,并且效益比率也会发生微妙的变化。

3. 职业选择

职业选择是指人们从自身职业期望、职业理想出发,依据自身的兴趣、能力等因素,从社会现有职业中选择一种适合自己的职业的过程。我们不应低估职业选择对一个人成功的影响。哈佛大学教授莫妮卡·希金斯(Monica Higgins)在《职业烙印:创造行业领袖》(*Career Imprints: Creating Leaders Across An Industry*)一书中描述了百特医疗的小伙子们是如何一手打造美国生物科技行业的。根据她对300家生物科技企业和3200名生物科技企业高管的调查研究,百特实验室这一家公司孵化、衍生出了数量惊人的生物科技上市企业及新企业,而且这些企业都很成功。这种从一家企业催生全行业多家领先企业的现象也多见于其他行业,如惠普和苹果电脑之于高科技硬件业,又如仙童半导体公司之于半导体行业。显然,从职业发展的长远角度讲,选择一家蒸蒸日上的企业,更有利于个人的职业成功。

4. 人际决策

对于大部分人而言,在20岁左右的时候,人际决策的重要性开始提升。从个人的角度讲,人们会在学习、工作以及居住场所等认识一些朋友,与其结交;也会遇到陪伴自己一生的伴侣,与其步入婚姻。而在工作场所中,人们也需要对同事、客户等进行人际关系的决策。通常情况下,人们的职业道路越长远,职业等级会更高,人际关系也会更加重要,这里所说的重要不只是指决策的绝对重要性,还指这些决策相对其他所有因素而言的重要性。

---

① 里德利. 先天,后天:基因、经验及什么使我们成为人[M]. 陈虎平,严成芬,译. 北京:北京理工大学出版社, 2005: 143.

第二节 职业生涯概述

一、职业生涯解读

（一）职业生涯的含义

职业生涯，又称职业发展，它是一个发展的概念，是一个人一生中从事职业的全部经历，包含一个人所有工作、职业以及职位的外在变更和其对工作的态度、体验的内在变更。一个人从职业学习开始到职业劳动结束的历程，是追求自我实现的重要人生阶段，对人生价值起着决定性的作用。

职业生涯的定义可以从狭义和广义两个角度去讲。霍尔（Hall）从狭义的角度分析，认为职业生涯只包括人一生所从事的与职业有关的经历及活动。根据这个定义，我们可以认为，从人在进行专业的职业训练和学习的时候，职业生涯就已经开始了，而到人完全退出或者是终止职业工作时，才算是职业生涯的结束。美国职业问题专家萨帕（Super）从广义的角度提出，职业生涯的内容应包括人一生所从事的所有职业活动以及非职业活动。从这一角度讲，职业生涯与人生在时间范畴上是等同的，也就是说，从个体出生开始到结束职业工作的整个历程就是一个人的职业生涯。

然而，不论广义的还是狭义的定义，都包含四点基本含义：第一，职业生涯不是群体或者组织的行为经历，而是个体的行为经历；第二，职业生涯是个体在人生各个阶段工作经历的总和；第三，职业生涯指的是职业生涯期，属于时间概念；第四，职业生涯是一个寓意着具体职业内容的发展概念，即职业生涯不仅表示职业工作时间的长短，而且包含职业发展、变更的经历和过程。

基于以上基本含义，我们可以从以下角度对职业生涯进行更加深入的理解。

从哲学角度讲，职业生涯是个体人生的重要组成部分。对于每一个人来说，职业生涯都是一种在其整个人生中占据时间最长、对其一生发展影响最大的存在。从某种意义上说，一个人一生中大部分时间都在职业生涯中度过。

从生命的角度讲，职业生涯规划是个体对生命的探索过程。我们从小就一直在探索这些问题：我们要树立什么样的理想和目标？我们要用什么手段来实现这样的理想和目标？我们要形成什么样的职业价值观？我们怎样才能提升生命的品质，让生命更有意义？

从心理学角度讲，职业生涯是个体的认知、情感和社会观念形成和发展的过程。在这个过程中，个体不断解决他们在认知、情感和社会观念方面面临的问题。

从生理角度看，职业生涯是以生命周期的理念为基础，使个体对自己的体能、智能等从发育、成熟到衰退的认识过程。

（二）职业生涯的特点

虽然上述对职业生涯含义的理解存在角度或方式的不同，但可以看出职业生涯具有以下的特点。

1. 个体差异性

作为独特的个体，每个人在个人特质、性格气质、能力特点上都有差异，因而在职业目标的选择，职业规划的确定上都有所不同。也许一些人的职业生涯发展在表面上有着相似之处，但是其过程却各有不同。职业生涯的个体差异性决定了并不存在一条适合所有人发展的职业道路，每个人都应该根据自身特点选择一条适合自己发展的职业道路。

2. 发展性

职业生涯始终是动态发展的，人们在不同的发展阶段都会有不同的发展诉求，他们将这些诉求不断地在工作生活中表达出来，并寻求满足。正是通过自身不断地满足这些诉求，我们才成为自身职业生涯的主动塑造者。

3. 无边界性

职业转换的增加导致个人的职业生涯表现出跨组织、跨地域和跨职业的特点。

4. 综合性

职业生涯以个体生命演进的发展为主轴，其包含一生中所拥有的所有职位、角色的总和，这个总和不仅包括职业角色，还包括学生、子女、父母、公民等涵盖人生整体发展的各个层面的角色，故具备综合性特点。

（三）职业生涯的类别

职业生涯又分为内职业生涯和外职业生涯，其区别与联系如表1-1所示。

表1-1 内外职业生涯的区别与联系

职业生涯	区　　别	联　　系
内职业生涯	内职业生涯是个体在从事一项职业时所需具备的知识、观念、经验、能力、心理素质、身体健康等因素的结合及其变化的过程	内职业生涯是外职业生涯的前提，其能够带动外职业生涯的发展
外职业生涯	外职业生涯是个体在从事一项职业时的工作单位、工作内容、工作职务与职称、工作地点、工作环境和工资待遇等因素的组合及其变化的过程	外职业生涯发展会促进内职业生涯的提升

二、影响职业生涯的因素

（一）人格类型

一个人的气质、性格、能力、兴趣、人生观和价值观等是直接影响其职业生涯发展的因素。一般来说，人们在职业倾向、职业理想、职业技能方面会表现出不同的特点，因此会选择不同的职业发展道路。人们对自己的个人特点都有一定的评估，知道自己喜欢做什么、能够做什么、擅长做什么。约翰·霍兰德（John Holland）是美国著名的心理学教授和职业指导专家，他曾提出，个体的职业选择反映了他的人格，同时也是其人格的延伸。而影响人们做出职业选择的因素有很多，如个人的价值观、需求、动机等。约翰·霍兰德的人格类型理论将人格类型分为了六种，即现实型、研究型、常规型、艺术型、企业型和社会型。从本质上讲，人格类型理论就是将一个人的人格特点与其相适应的职业类型相匹配。

现实型的人喜欢运用工具来达到自己的目的，他们喜欢做具有操作性的任务。他们往往有着极强的动手能力，动作协调，但不善言辞和交际。这种人格类型的人主要适合各类工程技术和农业工作，可以选择的具体职业包括工程师、技术员、机械操作员、维修安装工作者、测绘员、制、描图员、农、牧、渔业从业者等。

研究型的人具有聪明、理性、好奇、细心等人格特征，喜欢能够发挥智力才能的、抽象的、分析的、独立性强的工作。他们一般求知欲强、肯动脑、善思考、不愿动手，思维富有创造性。他们虽然知识渊博、有学识、有才能，但不善于领导他人。研究型的人可以选择从事科学研究和科学实验等工作，具体包括自然科学、社会科学研究人员，化学、冶金、电子、航天等方面的工程师、科研工作者，计算机软件研发人员等。

常规型的人具有顺从、谨慎、保守、实际、稳重等人格特征，他们喜欢按计划办事，习惯接受他人的领导，自己不谋求领导职位，不喜欢带有竞争性的工作，不喜欢冒险。不过，这一类型的人在工作中非常踏实，能够吃苦耐劳、遵守纪律，适合从事报表统计、档案管理等类型的工作，如审计师、秘书、打字员、会计、邮递员、图书管理员等。

艺术型的人具有冲动、爱想象、情绪化、理想化、有创意、直觉敏锐等人格特征，他们喜欢用艺术创作来表现自己的才能，实现自己的价值。该类型的人往往个性比较强，并且艺术才能比较突出，喜欢创造个性化的艺术成果，以凸显自己的能力。艺术型的人适合从事各种与艺术创作有关的工作，如音乐、舞蹈、戏剧演员，艺术编导，教师，文艺评论员，广播电视主持人，编辑，记者，美工师，书法家，摄影家，服装、装饰等行业的设计师等。

企业型的人一般具有精力充沛、自信、善于社交、领导能力强等人格特征。他们愿意从事带有竞争性的工作，敢于冒险，对金钱、权力有着极强的追求。企业型的人适合从事一些具有挑战性且对组织能力要求比较高的职业，如销售人员、企业经理、政府官员等。

社会型的人具有友善、助人、负责、善社交、善言谈、洞察力强等人格特征。他们愿意从事服务他人的工作，想要通过自己的能力解决人们关心的社会问题，而且对于社会道德及义务也非常重视。这种类型的人适合从事各种服务性的职业，尤其是教育、医疗、生活服务等领域的工作，如护士、保育员、教师、社会福利机构的工作人员等。

（二）社会环境

在人的职业生涯发展历程中，社会环境也是重要的影响因素。从大的方面来说，社会环境包括经济发展水平、社会文化氛围和价值观念等；从小的方面来说，社会环境包括一个人所在岗位的文化氛围、人际关系、管理制度和领导者的水平等。

(三) 机遇成分

一个人能够在职业发展过程中获得成功，必不可少地会受到偶然性因素的影响。其中，机遇对一个人的职业成功具有重要的作用。俗话说，机遇只青睐那些有准备的人。一个人要想在职业发展中取得成功，就必须抓住机遇。

三、职业生涯的基本理论

(一) 职业选择理论

很多心理学家和职业指导专家对职业选择问题进行专门研究，提出了相应的理论，下面对几种较有代表性的理论进行介绍。

1. 职业兴趣理论

职业兴趣理论是霍兰德于1959年提出的，其主要内容有：职业选择体现个人人格，同时也是其人格的延伸；人格是影响人做出职业选择的关键因素；如果职业环境与择业者的人格是相适应的，那么就有助于择业者能力的发挥以及自我态度的表达，从而使择业者更好地完成工作。职业兴趣理论最重要的一点就是择业者的人格要和他所选择的职业类型相适应。

霍兰德认为，大多数人的人格都可以大致分为六种类型：现实型（Realistic，简称R）、研究型（Investigative，简称I）、艺术型（Artistic，简称A）、社会型（Social，简称S）、企业型（Enterprising，简称E）、常规型（Conventional，简称C）。这六种类型具有各自的特点，同时也存在一定的关系，它们可以按照一个固定的顺序排列成一个六边形，如图1-1所示。一般地，人们的兴趣特征常常是由2～3种类型按照不同比例组合而成的；相应地，职业也可以分为六种类型：现实型、调查研究型、艺术型、社会型、开拓型、常规型。霍兰德人格类型与职业类型的匹配如表1-2所示。

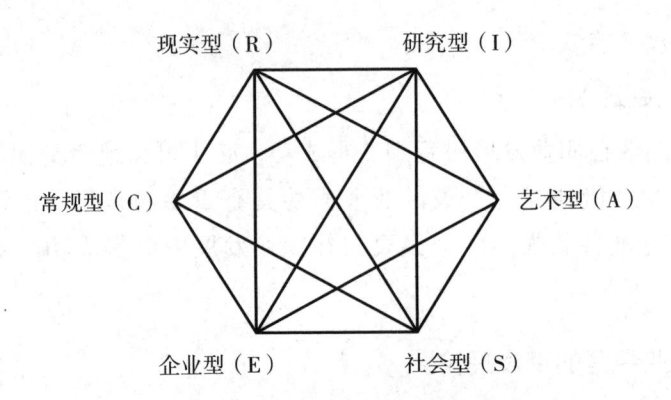

图 1-1 霍兰德人格类型分类图

表 1-2 霍兰德"职业兴趣"理论

人格类型	表现特征	职业类型	表现特征
现实型（R）	愿意使用工具从事操作性工作；不善言辞；避免人际关系的任务；动手能力强、动作协调	现实型	要求明确的、具体的、体力的、户外的任务；需要立即行动；需要立即强化；较低的人际关系要求
研究型（I）	思考问题透彻；讲究科学性；有创造力；简明扼要	调查研究型	要求思考和创造性；思考任务倾向；极少社会要求；进行创造性活动和实验工作
艺术型（A）	有创造力，乐于创造新颖、与众不同的成果，渴望表现自己的个性；喜欢以各种形式的艺术创造来表现自己的才能，实现自身的价值；做事理想化、追求完美、不重实际；情绪性的	艺术型	解释和修正人类行为；喜欢埋头苦干；单独工作
社会型（S）	责任感；人道主义；具有人际技能；解释和修正人类行为	社会型	要求高水平的沟通；帮助他人
企业型（E）	依靠权力和威望来解决问题；善于口头表达；倾向于权力和地位	开拓型	强调威望；完成督察性角色；需要说服他人；需要有管理行为
常规型（C）	偏爱有程序和内容要求的工作；高度的自我控制；权力和地位的强烈认同	常规型	体力要求极低；室内的；人际技能需要较低

霍兰德提出的六种职业类型涵盖美国职业词典上汇集的全部行业，所以不管是其划分的职业类型，还是人格类型，都是带有可行性及科学性的。基于六边形模型，择业者不但能够选出和自己个性相适应的职业，而且还能选出和自己个性相适应的两种职业环境，这就使得个人职业选择的范围被扩大了。职业选择的范围太广，就可能会模糊求职者职业选择的方向，因此，从这一角度来看，霍兰德的职业兴趣理论只能作为人们职业生涯规划的初步依据。

2. 特质因素理论

美国波士顿大学教授弗兰克·帕森斯（Frank Parsons）提出的特质因素理论是最早的职业辅导理论，也叫人职匹配理论。帕森斯于1909年出版了《选择一个职业》（*Choosing a Vocation*），他在书中指出，选择一份职业的关键在于择业者是否和职业匹配。在他看来，每个人都有自己的特质，有着属于自己的人格模式，而不同的人格模式又有与其协调的职业类型。这里的"特质"就是指个人的人格特征，包括兴趣、价值观、能力倾向等，这些特质是可以通过专业的心理测量手段评定的。而"因素"指的是人们完成工作任务应该具备的资格或条件，这些因素可通过对人们的工作进行分析来了解。

（1）人职匹配的类型。人职匹配的类型分为两种，一种是特质匹配，另一种则是因素匹配。前者是人匹配职业，如要让个性强、敏感、情感丰富的人去从事艺术创作的工作。后者是职业匹配人，就是要使专业性强的职业和有着专业知识和技能的择业者相匹配。

（2）帕森斯职业选择的步骤。①对求职者的生理和心理特点（特质）进行评价。指导人员可以借助成就测验、能力测验和人格测验等测评手段，在对求职者的能力倾向、性格、兴趣、气质等有一定了解的基础上，经过与求职者面谈以及做相关调查来了解其具体的家庭情况、学业情况、工作情况等，充分掌握这些情况以后，结合相关信息最后给出一个客观的评价。②分析职业对从事这份工作的人有哪些要求。指导人员要告知求职者这份职业的相关信息，如职业性质、工作条件、待遇、发展方向、晋升的可能性等。③人—职匹配。这是特质因素理论的核心，简单来说就是对人和工作的相关信息进行整合。指导人员在了解了择业者的特质以及职业因素的前提下，帮助择业者进行职业比较和分析，促使其可以选出与自己个性相符、容易在工作中获得成功的职业。

强调人的个体差异已成为人们普遍接受的事实，差异心理学和心理测验的产生和发展为特质因素理论及其实际应用的发展提供了有利条件。同时，特质因素理论及其应用符合职业生涯规划的逻辑，也易于操作和实施，所以特质因素理论及其应用自诞生起就得到了人们的广泛接纳和采用，并在这一过程中不断发展和完善。但是，人们利用该理论获得的工作要求信息往往是不完全的，而且该理论所依赖的技术基础——心理测验，也不能保证绝对的准确，这些误差的存在可能会导致人们做出不恰当的职业选择。而且，该理论试图找到个体特质与职业要求之间的对应关系，没有充分考虑到个体特质中的可变因素，也没考虑到工作要求会随时间的改变而发生变化，所以这种过于静态的人职匹配观点与现代社会实际的职业变动情况是不相适应的。此外，特质因素理论只是简单地将职业选择视为个体单向选择，没有意识到社会因素所起的制约作用。

3. 职业锚理论

职业锚理论由美国职业指导专家埃德加·施恩（Edgar. H.Schein）教授提出。锚是固定、稳定船的工具，锚被抛下后，深深沉入海底，可以稳住大船，使船不容易漂走。在施恩看来，人在选择一份职业或者是在个人的发展中必须基于个体需求、价值观以及个人动机进行探索，要以自己已经具备的工作经验和能力为基础，在具体工作中对自己各个方面进行审视，慢慢确定自己的价值观以及真正的需求，清楚自己所具备的长处、能力，以此确定自己的发展方向，对自己有一个潜在的职业定位。人们的工作经历、获得的资质以及明确的兴趣点等将会成为一个人的"职业锚"，在其职业规划中占据重要地位。

施恩提出，如果人可以通过在职业生涯中确定一件事，从而将其能力、价值观以及动机进行统一，同时深刻地回答出三个问题，那么就可以发现自己的职业锚。这三个问题是：第一，我到底想做什么？这个问题是帮助人对自己的内在需求和动机进行探究。第二，我到底能做什么？这个问题是帮助人对自己的能力及才干进行探究。第三，我到底为什么做这件事？这个问题是帮助人对自己的动机及价值观进行探究。

职业锚是个人职业选择和发展自己职业时的中心，如果一个人能够明确自己的能力、动机以及价值观，那么他就能够顺利找到属于自己的职业锚，这对于一个人的职业生涯具有重要意义。一个人从确立职业锚的那一刻起，其职业才真正开始转变为事业。根据施恩教授的观点，职业锚共分为八种类型。八种职业锚类型及其特点如表1-3所示。

表1-3 八种职业锚类型及其特点

职业锚类型	特 点
技术/职能型	强调实际技术或职能等业务工作；拒绝一般管理工作，但愿意在其技术、职能领域管理他人；追求在技术/功能能力上的成长和技能的不断提高
管理型	追求承担一般管理性工作，且责任越大越好；具有强有力的升迁动机和价值观，以提升等级和收入为衡量成功的标准；具有分析能力、人际沟通能力和情感能力；对组织有很大的信赖性
自主/独立型	最大限度地摆脱组织束缚，追求能施展个人职业能力的工作环境；追求在工作中享有自身的自由，有较强的职业认同感，把工作成果与自己的努力相连接；追求自由自在的工作方式、工作习惯和生活方式
安全/稳定型	追求长期的职业稳定和工作的保障性；在行为上，往往根据组织对他们提出的要求行事，对组织具有较强的依赖性；个人职业生涯的发展会受到一定的限制
创造创业型	有强烈的创造需求，意志坚定，喜欢创造属于自己的东西，并愿意为之冒险
服务型	把服务他人、帮助他人作为自己的核心价值；在选择职业和工作时，把能否实现该价值作为首要标准
挑战型	喜欢挑战具有较高难度的问题，希望能战胜强硬的对手，克服各种难以克服的困难和障碍等；参加工作的最大动力就是挑战不可能，喜欢在挑战中体验各种新奇的变化
生活型	试图在工作和生活之间寻找平衡，认为个人的需要、家庭的需要和职业的需要都十分重要；追求能够提供足够弹性的职业环境

需要指出的是，大部分人都不会一生只从事一份职业，人们刚开始工作的时候，往往是无法找到自己的职业锚的，只有经过多年的工作，有了一定的工作经验之后才会慢慢找到自己的职业锚。在施恩看来，人们开始找自己职业锚的年龄平均在35岁左右，而真正找到则要在40岁。在人们确定了职业锚以后，长期稳定的职业定位便会产生，其事业发展的方向也逐步明朗。

（二）职业发展理论

1. 金兹伯格的职业发展理论

金兹伯格（Ginzberg）是职业发展理论的先行者，他于1951年出版了《职业选择》（Occupational Choice），在书中提出了职业发展理论的基本观点。他认为，人在职业选择时会经历三个心理发展阶段，即幻想期、尝试期、现实期，之后，他又对后两个时期进行了细分。

（1）幻想期（11岁以前）。幻想期指11岁之前的儿童时期。在这一时期，儿童对他们所看到的或接触到的各类职业工作者充满好奇，对那些引人注目、令人激动的职业充满憧憬。这一时期个体在职业需求上呈现如下特点：许多想法感情色彩浓厚，主要根据自身的兴趣偏好确定职业理想，而不是具体考虑自己的实际情况、社会机遇和自己的能力水平，这一时期的人还处于幻想的状态。

（2）尝试期（11~18岁）。这个时期与青春期有一定的重叠，个体在生理和心理上迅速发育和变化，逐渐有自己独立的意识，价值观念开始形成，知识水平显著提升，综合能力显著增强，初步了解社会和生活经验，开始形成自己的职业兴趣，并开始思考今后的职业道路。由于这一时期一直在学校学习，个体对职业选择考虑更多的还是自己的兴趣，难免有一些过于理想主义的想法。

金兹伯格根据年轻人在择业时考虑相关因素的顺序，将尝试期分成了四个阶段。一是兴趣阶段，一般在11~12岁的年龄；二是能力阶段，在13~14岁的年龄；三是价值阶段，在15~16岁的年龄；四是过渡阶段，在17~18岁的年龄，其中价值阶段是职业形成最重要的时期。

（3）现实期（18岁以后）。现实期指18岁以后的成年期。在这一时期，个体即将步入社会，能比较客观地把职业愿望同自身能力及社会现实紧密联系起来，寻找适合自己的职业，力求达到主观因素和客观因素的统一。处于这一时期的人对于职业需求不再是模糊不清，他们会确定具体的职业目标。这一时期的职业选择带有客观性、实际性的特点。

现实期又可分为以下三个阶段。一是探索阶段，即个体根据尝试期的结果，进行各种职业探索活动，尝试各种职业机会。二是具体化阶段，即个体根据探索阶段的经历，做进一步的选择，此时职业目标已经基本确定，并开始为之努力。三是专业化阶段,即个体根据自我选择的目标,开始做详细而具体的准备。

随着成长时期的发展,个体在进行职业选择时考虑的因素逐渐从个人兴趣、能力和价值观转向客观环境提供的机会和限制。

2. 萨柏(Donald E. Super)的职业发展理论

萨柏的职业生涯发展理论是我们现阶段最常见的、应用得最广泛的职业发展理论之一。通过长期的研究,萨柏系统地提出了职业生涯发展的观点,他认为,每个人都有一个职业周期。1953年,他进行了"生涯发展形态研究",并根据研究结果把人生职业生涯发展划分成五个阶段,即成长阶段、探索阶段、建立阶段、维持阶段及退出阶段。后来,他又提出了生活广度和生活空间的生涯发展观,也就是生涯彩虹图,如图1-2所示。

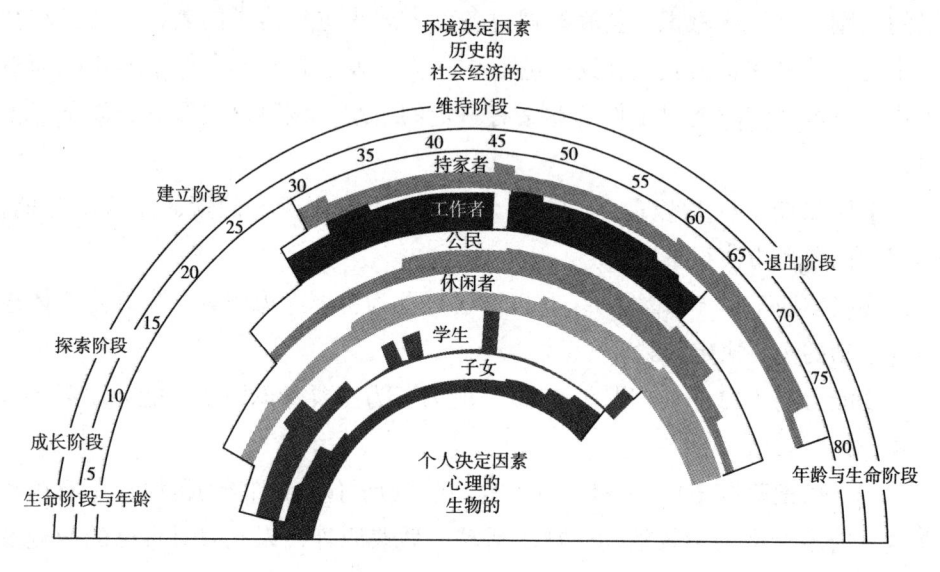

图1-2 生涯彩虹图

在生涯彩虹图中,纵向层面代表的是纵贯上下的生活空间,由不同的角色组成,分成子女、学生、休闲者、公民、工作者、持家者等不同的角色,这些角色相互影响,交织出个人独特的生涯类型。萨柏认为,在个人发展历程中,一个人会随年龄的增长而扮演不同的角色。彩虹图的外圈为主要发展阶段,内圈阴影部分长短不一、高度不同,表示各年龄阶段各种角色的分量不同,在同一年龄阶段,个人可能同时扮演数种角色,因此彼此会有所重叠,但其所占比例、分量不同。彩虹图中阴影部分的变化表示角色的相互替换、盛衰消长，它除了受年龄增长和社会对个人发展的影响，还与个人在各个角色上所花的时间和感情投入的程度有关。

从彩虹图中的阴影比例可以看出，人在成长阶段（15岁以前）最显著的角色是子女；在探索阶段（15～24岁）最显著的角色是学生；在建立阶段（25～44岁）最显著的角色是家长及工作者；在维持阶段（45～64岁），人会再次回归学生的角色，工作者的角色慢慢消失，人们会更加注重自己公民的角色，同时休闲者的角色也开始占有更高的比重。这时的人们会出现所谓的中年危机，这也是在暗示人们，只有不断学习、不断提升自我，才能更好地处理人与家庭生活之间的问题。下面将具体分析人的各个阶段。

（1）成长阶段（15岁以前）。该阶段还属于认知的阶段，处于这一阶段的人刚刚有自我意识，会逐渐通过各种方式来进行需求的表达，通过在社会中的尝试来完善自我。在这一阶段中，人要发展自我形象，培养正确面对工作的态度，同时要对工作的意义有一定的了解。该阶段主要分为以下三个时期。

①幻想期（11岁以前）。它以"需要"为主要考虑因素，在这个时期，幻想中的角色扮演很重要。

②兴趣期（11～12岁）。它以"喜好"为主要考虑因素，喜好是个体抱负与活动的主要决定因素。

③能力期（13～14岁）。它以"能力"为主要考虑因素，能力逐渐具有重要作用。

（2）探索阶段（15～24岁）。这一阶段是打基础和学习的阶段。青少年在这一阶段会参与学校活动、社团活动、做兼职等，以此来对自己的职业及能力进行一定的探索，从而为以后的职业选择打下一定的基础。该阶段的任务是使职业偏好逐渐具体化、特定化，并将其表现出来。这个阶段也包括三个时期。

①试探期（15～17岁）。考虑自己的需要、兴趣、能力及机会，做暂时性的决定，并在幻想、讨论、课业及工作中加以尝试。

②过渡期（18～21岁）。进入就业市场或接受专业训练，更重视现实，并力图实现自我概念，将一般性的选择转为特定的选择。

③试验并稍作承诺期（22～24岁）。初步确定职业选择，并试验使这次选择的职业成为长期职业的可能性，若不适合则可能再经历上述过程以确定方向。

（3）建立阶段（25～44岁）。建立阶段属于选择、安置阶段，它是大多数人工作生命周期的核心部分。因为在上一个阶段已经做了一定的尝试，不合适的人会展开其他探索，所以到了这一阶段，大部分人就可以大致确定适合自己的职业，而且会在31～40岁的时候考虑怎样固定这一职位。人在该阶段的任务是稳步求发展。该阶段可分为以下两个时期。

①尝试期（25～30岁）。个体寻求安定，也可能因生活或工作上的若干变动而尚未感到满意。

②稳定期（31～44岁）。个体处于工作稳定时期，且由于资历深厚、经验丰富往往业绩优良。

（4）维持阶段（45～64岁）。该阶段属于专精和升迁的阶段。个体在这一阶段中的任务是维持既有的成就和地位。

（5）退出阶段（64岁以后）。也就是退休阶段。在这一阶段中，个体的心理及生理机能都会慢慢衰退，个体要面对现实，慢慢隐退。个体在这一阶段要注重新角色的发展，学着适应退休生活，享受新的人生，通过新的职业选择来满足自身需求。

3. 格林豪斯的职业发展理论

格林豪斯（Greenhaus）基于人在不同年龄面对职业生涯中不同的发展任务对职业生涯发展展开研究，他将职业生涯发展分成五个阶段。

（1）职业准备阶段（18岁以前）。这一阶段的主要任务是发展职业想象力，对职业进行评估和选择，以及接受必要的职业教育和培训。该年龄段的个体基本为学生，处于这一阶段的他们开始了解社会上的各种职业，对某些职业进行体验和评估，结合个人的目标和兴趣等进行初步的职业选择，并通过学校教育、专业培训等获得基本的职业能力，取得相应的从业资格证书。

（2）进入组织阶段（18～24岁）。这一阶段的主要任务是在获取足量信息的基础上，在一个理想的组织中尽量选择一种合适的、较为满意的职业。对大多数职场新人来说，毕业初期利用一段时间找到工作，就职后进一步熟悉和了解所处的行业和职位，处于继续适应和学习中，如果对企业文化、行业前景等不满意，可能就会选择离职换工作。因此，进入组织阶段往往是人们的职业体验期，人们要在这一阶段的工作中了解自己真正的职业兴趣，评估职业，找到最适合自己的岗位。

（3）职业生涯初期（25～39岁）。这一阶段的主要任务是学习职业技术、提高工作能力，了解和学习组织纪律和规范，逐步适应职业工作，融入组织，为未来的职业成功做好准备。不论是学习、生活还是工作，找到自己的兴趣，发现自己的天赋，满怀兴致地从事自己期望的职业，这才是最理想的职业生涯。因此，在职业生涯初期，我们需要把自己的职业和所在的行业、企业组织相融合，这是职场升职的必要基础，能为职业生涯发展做好必要的准备。

（4）职业生涯中期（40～55岁）。这一阶段的主要任务是对职业生涯初期重新评估，强化或改变自己的职业理想，选定职业、努力工作，争取有所成就。个体经历了前期的实践，对职业发展可能有了重新评估和选择的想法，是延续此前的发展道路继续前行，做出一番理想的事业；还是未雨绸缪，转换职业，是在这个阶段需要做出的重要决策。在这个年龄段，家庭、生活等各方面的责任与负担使我们的选择不容有丝毫的闪失。

（5）职业生涯后期（55岁以后直至退休）。继续保持已有职业成就，维护尊严、准备退休是这一阶段的主要任务。个体一方面继续发挥余热，另一方面也应对退休后的生活及时做出规划。年轻时的爱好、理想、未曾实现的愿望，都能够成为打发时间、寻找快乐的行动根源。

格林豪斯的职业生涯发展理论从个体的工作角度对职业生涯进程进行了阶段性划分，涵盖了个人的整个职业生涯，逻辑也很清晰，但从实际可操作性上来说，似乎略显单薄。在实际应用中，我们往往会结合其他细分阶段的理论分析与整合特点，将大阶段分解为小步骤、小目标，以此带动生涯发展的大循环。

（三）职业生涯决策理论

职业生涯决策理论是从职业生涯决策的组成要素、步骤、程序、阶段以及相关问题的角度出发，对个体在进行职业选择、职业决策时存在的规律的探讨和总结。

在早期的职业生涯理论中，人们虽然认识到决策过程的重要，但只将此过程视为自然发生的。以帕森斯为代表的职业选择派学者认为，个人只要掌握了充分且正确的数据资料,就能在职业选择时做出正确的决定。他们较为强调资料的重要性,而决策则成为次要的必然结果。

1. 认知信息加工理论

认知信息加工理论作为职业生涯决策理论的代表,由盖瑞·彼得森(Gary Peterson)等人吸收决策制定策略中的各项理论基础,并在加以发展后提出,他们于1991年提出的信息加工金字塔模型以及信息加工CASVE循环的核心观点,是人们在进行生涯决策时简单且行之有效的方法。

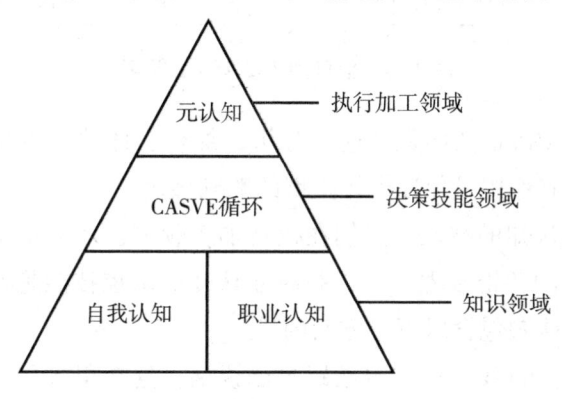

(1)信息加工金字塔。信息加工金字塔模型包括人们做出职业生涯选择时所涉及的各个阶段,主要由三级组成。信息加工金字塔模型如图1-3所示。

图1-3 信息加工金字塔模型

①知识领域。该领域类似计算机中的数据文件搜集和整理的过程。个体通过对性格、价值观、素质能力等的自我认知,以及对职场环境、职业教育等职业认知这两个环节,来处理和加工相关信息,从而解决生涯问题并制定决策。

②决策技能领域。该领域类似计算机的程序,主要包括进行良好决策的五个步骤,即CASVE循环,指导个体如何进行职业生涯决策。

③执行加工领域。该领域类似计算机的工作控制功能。在该领域中,个体将思考职业生涯决策制定的整个过程,决定为实现目标而以何种方式工作,决定解决生涯问题应采取何种方法等。在该层级中还涉及元认知的概念,认知是指人们的思维方式和人们对信息加工的过程,元认知则是认知的认知,是对认知过程的认知,又称反省认知。

(2)信息加工CASVE循环。在认知信息加工理论中,作出决定是职业生涯发展的关键环节,该理论中的CASVE循环将逐一分析个体作出决策的具体过程。信息加工 CASVE 循环如图 1-4 所示。

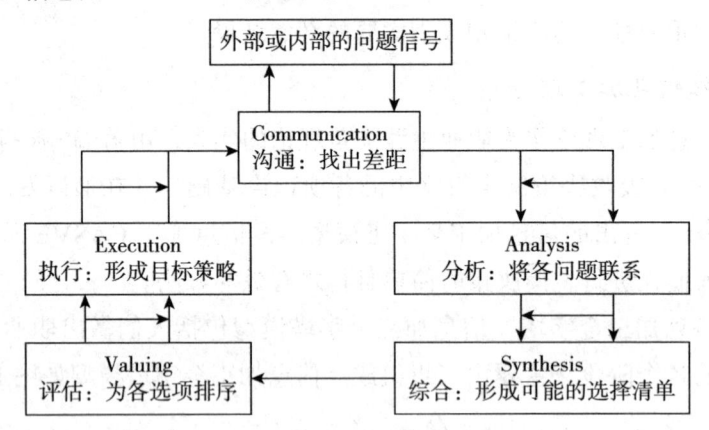

图 1-4 信息加工 CASVE 循环

信息加工 CASVE 循环是沟通、分析、综合、评估、执行这五个步骤的往复循环过程，其作用是保证个体决策的顺利做出。

（3）改善元认知的技能。我们在执行加工领域已经初步了解元认知的概念，在决策制定的关键步骤中，提高对元认知的掌控技能是实现目标的重要途径。通常，元认知包含以下三方面的过程。

①自我对话。自我对话即自己跟自己说话，这在很大程度上是一种重要的心理暗示，这些暗示也有正面作用与负面作用之分，认为自己在某领域能胜任工作、有能力实现目标，能够有意识地进行自我对话是有必要的。积极的自我对话使人对决策的制定有一种积极的期待，它能强化个体积极的行动。反之，消极的自我对话对职业生涯决策有负面作用，会严重打击个体的自信心，导致其在决策制定上犹豫不决，阻碍正确决策的顺利做出。

②自我觉察。自我觉察是对行为和情绪的觉察。个人认识到自己是任务的执行者，在从事信息加工任务的时候不仅要关注自己的感受，而且要关注身边他人、团队的需要，适时调整，平衡自身、他人及社会的各方利益，做出合适的选择。

③控制监督。对认知的控制监督的过程，左右着我们行为和情绪的步调。例如，对决策过程中可能出现的冲动性反应做出及时的权衡、意识到自己与目标的差距并关注各项准备工作、提醒自己承诺的期限等，这些都是受自我对认知的控制监督的影响。要使计划中的目标实现过程和实际行为步调相一

致,人们就需要把握好对认知的控制监督方式。

2. 克朗伯兹的社会学习理论

美国斯坦福大学职业生涯规划专家约翰·克朗伯兹(John Krumboltz)吸取阿尔伯特·班杜拉(Albet Bandura)社会学习理论的精华,继承并发展了该理论。在分析职业生涯选择影响因素的同时,他还提出了职业生涯决策的具体步骤,主要分为以下七个过程。

(1)界定问题。认识自我,明确自己想要什么,厘清自己的需求和个人的现实状况,了解自己的优势和不足,在此基础上明确目标并制订出实现目标的大致时间表。

(2)拟定行动计划。在明确自己目标的基础上,分析可能达到目标的各种行动方案,制订达到目标的流程。

(3)澄清价值。界定个人的选择标准,澄清自己的价值观要求,明确自己最想要的是什么,并将该标准用于评估各项备选方案。

(4)找到可能的选择。通过搜集资料,找到可能实现目标的备选方案。

(5)评价各种可能的选择。依据自己的评价标准,逐一评价各种可能的选择,分析比较各自利弊,找出可能的结果。

(6)系统地删除。有系统地删除不合适的方案,挑选最合适的选择。

(7)开始行动。开始执行行动方案,尽力达成预定的目标。

克朗伯兹的社会学习理论特别强调社会及自身遗传因素对自我决策的影响,即个人在做出职业选择时不仅要考虑个人因素,而且还要考虑社会、遗传等因素。在职业选择过程中,学习的重要性不言而喻,职业生涯决策被视为一种可以习得的职业技能,并且这种技能也是可以通过学习来提升的。

3. 丁克里奇的决策风格论

风格是指不同的人在做事方式上表现出来的习惯性偏好。决策风格是影响决策效果与决策效率的重要因素。丁克里奇(Dinklage)通过访谈研究确定了个体在进行职业生涯决策时所采取的策略和决策类型。丁克里奇发现,个人在决策时有八类风格:冲动型,进行决策时相当冲动,非常随意;宿命型,相信命运,相信可遇不可求,一定要等到必然的机会才进行决策;顺从型,自己无法做主,顺从他人为自己做出的决策;延迟型,喜欢拖拉,不到最后一刻不进行决策;烦恼型,总是希望尽可能多地收集与决策相关的信息,但又无法摆脱担心和烦恼；计划型，理性、有条不紊、按部就班地收集信息，做出分析并进行决策；直觉型，相信感觉，依据感觉的好坏来进行决策，但无法具体说明原因；瘫痪型，愿意承担进行决策的责任，但十分恐惧、焦虑，不能进行任何实质性的决策。这八种决策风格没有绝对的优劣之分，各有其适用的范围和局限性。决策风格既受个性的影响，又受环境的影响，并非绝对无法改变。

第三节　职业生涯规划与高职学生职业生涯规划影响因素

一、职业生涯规划的认识

（一）职业生涯规划的内涵

职业生涯规划，是指个人依据自身情况、眼前机遇和制约因素，为自己确立职业目标，选择职业发展路径，制订教育、培训和发展计划等，为自己实现职业生涯目标而预先设计的系统安排。职业生涯规划具有个人主导性的特点，即职业目标的实现需要个人以负责任的态度，积极、主动地开展职业发展方面的实践。简单地说，职业生涯规划＝知己＋知彼＋抉择＋设定目标＋行动＋调整。

职业生涯规划关系到和个体职责有关的多个领域，总的来说，可将这些领域分为八个主要的方面，即健康、家庭、工作、人际关系、理财、心智、休闲及心灵。其中，健康规划是基于个体的身心健康发展而进行的规划，在职业生涯规划中具有基础性的作用，因为没有健康的身体和心理，一切规划都将是空谈。家庭规划是对新生家庭进行的规划，新生家庭是指个体脱离原生家庭而组建的新家庭，其在规划过程中要重点解决什么时候组建家庭、和谁组建家庭、在新生家庭中怎样担当家长角色等问题。工作规划在职业生涯规划中占核心地位，它除了涉及正式的职业规划以外，一些非职业的兼职性质的规划也包含在内。人际关系规划指的是规划个体的社会归属性，爱和归属感都是人的基本需求，人往往都处于一定的组织当中，人际关系规划就是帮助个体构建支持系统，为个体将来营造好的工作环境及生活环境。理财规划就是规划财务，涉及各种股票、基金、兼职工作等。心智规划是指个体对自身观念、能力、心理状态等方面的规划。判断一个人是否成年不只是要看其年龄，其心智的成熟度也是非常重要的判断标准。如果一个人的心智比较成熟，则更容易获得成功，因此，个体要规划好自己的心智发展。休闲规划指的是在工作之余进行的非谋生娱乐活动，以自己的兴趣爱好作为重要内容，良好的休闲规划有助于缓解人的生活压力。心灵规划指的是个体在人生思想境界、思想道德、信仰等方面进行规划。

（二）职业生涯规划的意义

职业生涯规划不仅可以帮助人们正确认识自身的特点，客观分析自身的优势和劣势，还可以帮助人们确定自己的职业兴趣，树立正确的人生观和价值观。通过对职业要求与个人能力的分析，人们可以确定自己在职业技能方面的差距，进而通过科学可行的方法开发自己的潜能，提高自己的职业素养。

职业生涯规划如一张生命蓝图，引导人们朝着自己的职业理想而努力。人生如果没有目标，就失去了前行的动力。人只有做出正确的职业生涯规划，为未来的发展树立目标，并按照规划和目标脚踏实地地去努力，才有可能一步步走向成功。

一个人是否具有明确的职业生涯规划，直接影响到他的职业选择。相关学者在对职业生涯规划明确性与职业选择满意度之间的相关性进行研究后发现，一个人的职业生涯规划越明确，他对自己的职业选择越满意；相反，一个人的职业生涯规划越不明确，他对自己的职业选择越不满意。在现实生活中，有些人因为不理解职业生涯规划的确切含义，没有认识到职业生涯规划的重要意义，不了解职业生涯规划的程序和技巧，以致在选择职业时随波逐流、盲目从众，无法做出科学理性的决策。

当今社会，求职竞争加剧，人们在求职时，需要充分掌握个人与职业的相关信息，科学地分析客观形势，做到知己知彼，灵活应变。职业生涯规划可以帮助人们对自我、职业和环境进行深入的剖析，对各种求职信息进行综合评估，并在此基础上做出正确的决定。

(三)职业生涯规划的特征与原则

1. 职业生涯规划的特征

良好的职业生涯规划应包括以下特征。

（1）可行性。规划要有事实依据，要根据自身的兴趣、特点和条件来规划，并非是美好幻想或不着边的梦想，否则将会延误生涯良机。因此，个人在制订职业目标时，要在分析主观和客观实际的前提下进行，防止错过最佳的职业生涯发展机会。

（2）适时性。在规划职业生涯时，个体要规划好具体的步骤，并明确每一步所需的时间，这样在实际践行时就能够有条不紊，不至于手忙脚乱，同时，这也有助于在固定时间对践行的效果进行检查。

（3）适应性。事物总是不断发展的，个体在一年前制订好的发展计划也会受到可变因素的影响发生改变。有的计划要求我们要克服一切阻碍，按原本的计划行事；而有的计划可能是与现实相脱离的，这时候我们就要根据实际情况做出合理的调整。也就是说，个人的职业生涯规划应根据时局的变化及时进行调整，从而提升其适应性。

（4）持续性。在人的职业生涯中，职业生涯规划始终贯穿其中，所以一定要具备持续性与连贯性。

2. 职业生涯规划的原则

时间流逝无法追回，人生之旅只发单程车票，任何人都希望自己在有生之年把握机遇、走向成功。所以，在制订个人职业生涯规划时，既要有挑战性，又要避免好高骛远，注意适时调整，更重要的是掌握制订个人职业生涯规划的原则。制订职业生涯规划须遵守人职匹配原则、可操作性原则、时间性原则、动态发展性原则、全面评价原则。

（1）人职匹配原则。做职业生涯规划时，首先要遵守的原则就是人职匹配原则。个体一定要认真了解个人与环境的现实情况，并对未来的发展做好切实准备和预判，最大限度地达成个体因素与职业特征的匹配。世界上不存在完全相同的两个人，不同的个性让我们区别于他人，这种人与人之间的差异还体现在身心条件、生活经历、家庭背景等许多方面。同样，我们面对的职业世界也是纷繁复杂的，不管是职业的数量，还是职业的类型都表现出很大差异。从某种意义上说，职业生涯规划的最终目的就是要在这两个复杂的系统之间寻找具有一定联系的个体因素与职业特征。虽然这个过程十分复杂，需要经历较长时间，甚至承担一定风险，但是只有最终达成这两种因素的关联，才能真正实现人职匹配，个人职业发展才能走上稳定上升的道路。职业生涯规划是一项因人而异的设计任务，没有适用于所有人的模式，必须在科学调研、准确预估的基础上针对个体的具体情况展开。

（2）可操作性原则。从某种意义上说，任何人或多或少都有关于自己职业发展的计划或设想，但也有很多只是空中楼阁，不切实际，一到具体实施阶段就会出现各种问题，导致人们无法按照自己的设想继续下去，最终不得不放弃。因此，个体的职业生涯规划必须具备可操作性，要建立在可靠认知和调研的基础上，只有这样才能保证按照既定路线去实现目标。所谓职业生涯规划的可操作性包含三层内容，即具体性、可行性和可查性。具体性是指计划不能是一个模糊而庞大的梦想，而是应该按照一定的标准（如时间）将其分解为许多可以预见的目标，并设定完成每一个目标需要进行的准备和操作；可行性是指计划的目标和路径必须是符合自己能力范围的、在规定的环境中通过自身努力最终能够达成的，且实现目标也能满足自身一定需求；可查性，即计划的可检验性，任何计划即便考虑得再仔细也不可能完美无缺，因为现实情况是随时变化的，这就要求我们必须随时监控计划的实施情况，在现实情况发生变化时能够及时调整计划，因而计划必须能够被检验，这样我们才能判断计划执行得是好是坏，以及是否需要对计划做出改进。

（3）时间性原则。我们的生命是有限的，所以时间性原则非常重要。规划中的每一个目标都要有两个时间，一个是开始时间，一个是预计实现的时间。没有行动就永远达不到预期的目标，因而第一个时间比第二个时间更重要。

（4）动态发展性原则。人的职业发展贯穿人一生中的大部分时间，跨越成年后的几乎所有年龄阶段。一般情况下，职业发展的阶段与年龄发展的阶段是相对应的，如职业准备阶段、职业探索阶段、职业稳定发展阶段、职业退出阶段等。因此，职业生涯规划也必须依据各阶段的特点和需求制订对应的、切实可行的计划和目标，这就是职业生涯规划的动态发展性。常言道，计划赶不上变化，对跨越时间如此之长的职业生涯规划来说，更是体现得淋漓尽致。很多计划初期设计得很不错，但是随着年龄的增长、心理的发展、环境的改变，可能到某阶段时原计划已不再适用，这就需要个体根据新的情况调整甚至大幅改变原来的计划。从今天的社会现状来看，基本上没有任何职业生涯规划是丝毫不需要调整即可适用终身的。例如，某高职学生在高考填志愿时十分想学土木工程专业，但当他工作后，发现预期与实际的差异过大而无法适应，便通过考研成为一名教师，最后发现曾经十分排斥的教师职业原来如此适合自己。类似的例子在许多高职学生身上都发生过，所以认清职业生涯规划的动态发展性，随时监控、做好调整，才是更好地实践计划的关键。

（5）全面评价原则。全面评价原则是指对职业生涯进行全过程评价和全方位评价。人的发展是分阶段的，人的发展任务也是分阶段完成的，因而要注重对阶段目标完成与否的评价，使个体在职业生涯发展的过程中不断有自我实现感。

（四）职业生涯规划的内容

1. 自我分析

自我分析的关键在于对自己性格、兴趣以及特长的分析。首先，性格是职业选择的前提，假如让一个性格内向的人去从事经常与人沟通、交往的外向性工作，其往往是难以取得职业成功的。其次，兴趣是人能够积极面对工作的动力，个体所从事的职业如果和个人兴趣是一致的，那么人就会将工作当成乐趣，会将工作的过程当作是享受，这样更有利于工作的顺利完成。不过，兴趣并不等同于特长，所以，自我分析是职业生涯规划的基础，是关系到人生事业成功与否的关键。

2. 环境分析

人是无法脱离群体而独自生活的，必须生活在一定的环境中，个体能够在其所生活的环境中获得活动的空间、发展的条件以及成功的机遇。尤其是近些年，由于社会和科技不断发展，市场竞争也越来越激烈，这对于个体的人生发展有不小的影响。假如可以好好利用起来，将会大大促进个人在事业上取得成就，反之，就会屡屡碰壁，即使付出了很多努力，也很难取得事业上的成功。

3. 目标抉择

对于个体的人生发展，目标的确定是至关重要的。就像我们在坐车的时候，势必要先确定乘车的目的地；在盖高楼大厦之前，势必要先设计出图纸，而人在人生发展过程中，也必须确定好发展的目标与方向。凡成功人士，都有自己的奋斗目标；而没有明确目标的人，往往是难以取得成功的。

目标抉择包括职业的选择及职业生涯发展路线的选择。选择职业是事业发展的第一步，选择的对与错也会直接影响事业的成与败。选择职业生涯发展路线指的是个体要确定自己以后是走专业技术发展路线还是走管理路线。选择不同，发展方向就不同，对人的要求也就不同。所以，在人生发展中，职业的选择及职业生涯发展路线的选择也是非常关键的一个环节。

二、职业生涯规划的流程

职业生涯规划的流程有职业意识觉醒，自我评价，职业定位，职业兴趣的培养，职业能力的塑造，实施、评估、反馈与调整六个环节。

（一）职业意识觉醒

职业生涯规划的前提是个体能够意识到职业的重要性和意义。职业意识是指个体在职业问题上的心理活动，是个体对职业的一种觉醒。职业意识包括两个方面：一是个体对自己现状的认识，二是个体对自身职业的期望。职业意识的觉醒，是一个由模糊到清晰的发展过程，将经历以下三个阶段。

首先，幻想阶段，这一阶段主要在小学时期。这一阶段的学生都会有一个向往的职业，如有的男孩子从小就立志当人民警察。这个时候，个体的职业意识处于萌芽状态，个体不会去考虑职业与自己的性格、兴趣、能力之间的联系。

其次，价值观主导阶段。进入中学后，很多学生进入了青春期。这时候学生已经积累了一定的经验，初步形成了自己的兴趣爱好和价值取向，有了模糊的职业倾向。

最后，成熟阶段，这一阶段是一个由主观愿望落实到具体计划的过渡期。一般来说，高职学生正处于这一阶段。这个时候，个体的职业意识，已经不再单纯地以自我为中心，而是会考虑到社会的总体需求、薪酬待遇等实际问题。而此时的学生，也已经开始转向为将来的职业进行有针对性的培训的阶段，因此这个时候个体的职业意识趋于现实和具体。

（二）自我评价

有效的职业规划，往往是建立在充分且正确认识自身条件与相关环境的基础上的。我们需要对自己有一个客观清楚的认识，这就是指自我评价。自我评价包含多个方面，如兴趣、特长、性格、学识、技能、智商、情商、思维方式等。个体在进行自我评价时要弄清我想干什么、我能干什么、我应该干什么、我要什么、我更看中什么等问题。我们可以向自己提出以下几个问题。

（1）我现在的年龄多大？我选择的专业是什么？

（2）我有什么样的需要？寻找工作是追求更多的发展机会还是追求更多的经济收入？是愿意从事有挑战性的工作还是追求舒适的工作？

（3）我的气质属于哪种类型？我认为这种类型的气质适合什么样的工作？

（4）我的性格属于哪种类型？是外向性格还是内向性格？我认为这种类型的性格适合什么样的工作？

（5）我的兴趣爱好是什么？是喜欢与人打交道还是与事务打交道？是喜欢从事文科工作还是理工科工作？是喜欢固定工作时间还是不固定工作时间？

（6）我的能力有哪些？这些能力对完成什么样的工作有积极作用？

一般来说，在选择职业之前和工作初期，个体对自我的评价可能还只是初步的，对自我的评价不够准确或不够到位，还有一些隐形的因素没有发掘。通过与所选职业进行一段时间的磨合后，我们会对自我有更新的了解和认识，自我评价也会更清楚、准确。

（三）职业定位

职业定位就是人们在觉醒职业意识并进行自我评价后，会对以后要从事的职业有一个简单的预想，并做出抉择。对于职业生涯规划的制订来说，职业定位具有关键性作用。

基于不同的分类标准，可将职业定位分成多个类型。根据定位清晰程度划分，可以分为两种类型，即精确定位和模糊定位。前者指的是个体对于自己的未来发展方向有明确的认知，并且会一直朝着这个目标去努力；后者则是指个体对于自己以后的职业还没有一个清晰的预想，抑或仅仅是基于自己的价值观做出了模糊的抉择，如有的人基于薪资待遇考虑，有的人基于社会地位考虑，有的人基于父母的期望考虑等，不管是基于哪方面的考虑，这都属于一种模糊的标准。根据定位客体划分，也可以分为两种类型，即短期定位和长期定位。前者的定位目标更为具体些，但是也更加容易发生改变，后者则通常要经历长时间的努力奋斗才能实现。

个体在进行职业定位时有以下几点需要注意：第一，要充分考虑客观事实以及自己和社会的关系；第二，了解自身情况和职业性质、要求等方面的匹配度，然后选出自己喜欢、有发展前途且自己可以胜任的工作；第三，要知道没有完美的职业，要将职业的主要方面作为重点去考虑；第四，要审时度势，根据实际情况及时进行择业目标的调整，不要执迷不悟、固执己见。

（四）职业兴趣的培养

人们总说，兴趣是最好的老师。因此，对于职业规划来说，兴趣的培养也有着至关重要的作用。职业兴趣就是个体对于职业的喜好及忠诚程度，而要想培养出职业兴趣，就要以职业定位以及自我评价为前提。个体的职业兴趣有时候和自身能力是相同的，但有时候又是不同的。比如一个人喜欢文科，他的理科成绩同样非常好；而有的人喜欢文科，但是他可能更加擅长理科。这个时候，如果个体是相对成熟的，那么他就会在各种权衡利弊后接受自己擅长的学科，同时对其产生认同感，这就是兴趣的来源。职业兴趣通常在价值观上建立，所以，中学后期以及大学前期是培养与塑造个体职业兴趣的关键时期。

（五）职业能力的塑造

能力指的是影响某种活动的完成且对活动完成效率造成直接影响的个性心理特征。由于职业的不同，每个职业对个体能力也有着不同的要求。职业能力通常指的是个体在职业中应具备的具有实用性的知识、技能等。在职业规划中，个体职业能力的塑造是非常关键的环节。职业能力的塑造主要涉及两方面，一是掌握基础性知识及技能，二是积累专业性知识及技能。前者的知识和技能没有很强的针对性，如外语知识、计算机知识、理解能力、沟通及表达能力、分析能力等，这基本上是每一个个体都应该具备的基本素质，区别在于个体与个体之间的掌握程度不同。后者指的是和职业对口的专业性很强的知识和技能，如身为水手要掌握地理方面的知识和技能，身为医生要具备医学方面的知识和技能等。

（六）实施、评估、反馈与调整

在有了职业意识并进行自我评价、职业定位、培养职业兴趣及塑造职业能力后，就到了最后的环节，即职业规划的实施。

不管个体做出怎样完美的规划，终究都要根据现实中的实施效果进行检验。但是值得一提的是，职业规划的实施情况并不是在短时间内就能够被检验的，它可以说是对个体一生的规划。所以，个体在实施职业规划时，一定要根据评估出的问题积极寻找应对方法，也可对职业规划做出合理的调整。其实，这种调整并不是只能出现在规划实施的过程中，个体在各个阶段都可以根据自身实际情况以及外部因素对职业规划进行调整。

三、职业生涯规划的方法

（一）归零思考法

个体在进行职业生涯规划时，可以用五个问题进行归零思考，这五个问题如下所示。

1. 我是谁

个体要对自己进行一次深刻的反思，清醒地认识到自身的优点和缺点，并一一列举出来。

2. 我想做什么

这是对自己职业发展心理趋向的检查。每个人在不同人生阶段的兴趣和目标并不完全一致，有时甚至是完全对立的。但兴趣和目标会随着年龄的增长和经历的增多而逐渐固定，并成为终身理想。

3. 我能做什么

这是对自己能力与潜力的全面总结，一个人职业的定位最根本的还要归结于他的能力，而他的职业发展空间则取决于其潜力。了解一个人的潜力应该从几个方面着手，如对事物的兴趣、做事的韧性、临事的判断力以及知识结构是否全面、是否坚持学习等。

4. 环境支持我做什么

客观的环境支持包括个体所在区域的经济情况、企业制度、人事政策等多个方面；主观的环境支持则包括领导态度、同事关系等，这两方面的因素缺一不可，要综合看待。

5.我的职业目标是什么

在对前面的四个问题有了明确的回答以后，个体就要从这些问题中总结出影响职业目标实现的有利和不利因素，然后找出哪个职业目标是不利因素最少，且自己愿意为之努力的。这样一来，个体对自己的职业目标就会有一个清晰的框架。

（二）"三角模式"职业生涯规划法

美国伊力诺依大学的斯威恩（R.Swain）教授为帮助学生对自己的职业生涯做出良好的规划，提出了职业生涯规划的三角模式。在斯威恩看来，影响职业生涯目标决策的依据主要来源于自我、环境以及教育和职业这三方面。职业生涯规划就是个体要基于自身的兴趣点、风格以及价值观对自己进行评估，再与家庭、所处环境等社会背景相结合，分析职业规划实施的助力及阻力，然后基于自己在实践过程中树立的榜样，逐渐发展自己的职业认同感，最后确立自己的职业目标。如图1-5所示，是"三角模式"职业生涯规划示意图。

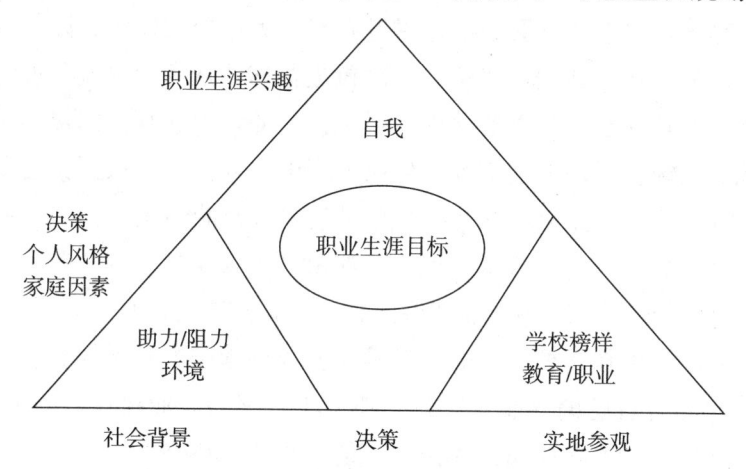

图1-5 "三角模式"职业生涯规划示意图

（三）职业测评法

职业测评法是了解个体和职业相关的心理特征的、具有科学性的测评方法，会经常被用于职场，对职场人进行心理测评。测评的方面包括被测者的能力、性格、气质、兴趣等，通过测评结果分析被测者特点，再结合工作要求,帮助被测者进行职业选择。需要注意的是,职业测评有着一定的相对性,一方面,测评方案的设计及测试活动的实施都是凭借施测人的个人经验进行的,而不同的施测人对测评目标的理解、测评工具的使用及测评结果的解释难免带有个人色彩,不可能完全一致;另一方面,测评对象的素质是抽象模糊的,构成是极其复杂的,且测评工具本身也带有一定的局限性。因此,我们只能把测评的结果和职业规划指导师的意见作为参考,规划适合自己的职业生涯还需要结合自己的特点和实际情况来进行。

四、职业生涯规划的影响因素

(一)个人因素对高职学生职业生涯规划的影响

对于高职学生来说,其职业生涯规划主要受内因的影响,内因也就是学生的个人因素。个人因素主要包括三个方面:一是职业兴趣与职业需求;二是个人性格与个人能力;三是人生阶段。

1.职业兴趣与职业需求对高职学生职业生涯规划的影响

(1)对于人的事业发展来说,兴趣有着至关重要的作用,因此,个体一定要对自己的职业兴趣加以明确,然后再进行职业选择。也就是说,职业生涯规划需要职业兴趣作为重要前提。霍兰德是职业兴趣理论的提出者,在他看来,职业兴趣会对职业适宜度产生巨大影响。如果一个人所做的职业刚好符合其个人兴趣,那么这个人在工作中就容易发挥自身的能力,展露自己的最佳水平从而取得一定的成就;反之,如果一个人所从事的职业是自己不感兴趣甚至是讨厌的,那么其就很难在工作中获得成就感,且难以获得成功。

虽然高职学生在学校所受的教育都是专业性很强的技术性教育,但是他们依然可以结合自己的专业及个人兴趣做出合理的职业抉择。通常情况下,个人兴趣不同,所对应的岗位也是不同的,高职学生在学习时要注重自身兴趣和专业的结合。比如机械修理专业的学生乐于与人沟通,愿意帮助有困难的人,那么他可以做一名修理工,也可以做行政人员。如果学生在学习过程中发现自己始终对所学专业没什么兴趣,那么就可以结合自己的兴趣、能力等各个方面对适合自己的职业类型做出正确的筛选,然后为之努力。

(2)职业需求指的是个体对职业会产生不同的期望,而职业需求又和职业兴趣、个人性格以及能力息息相关。因此,可以将个体的职业需求作为促进个体职业发展的动机,这样就能够使个体的职业需求对其职业选择以及为实现职业期望所做的准备产生重要影响。如果对职业需求进行细分,还可分为管理需求、安全需求等几种类型。

如果一个人具有管理需求动机,那么他就愿意去管理他人,而有着独立自主需求的人往往也会有管理需求。专业知识是促使一个人成功的必要条件,但绝对不是充分条件,也就是说,并不是只要具备了扎实的专业知识就一定能成功。当然,也不是所有技术高超的人都不能成为优秀的管理者,例如,比尔·盖茨是一位优秀的程序设计者,但他同时也是一位成功的企业管理者。对于很多高职学生来说,他们长期接受的都是专业的技术教育,所以对于以后自己从事管理职务是没有什么信心的。其实大可不必,高职学生也完全有机会转型去做管理,可以将自己掌握的技术和管理进行结合,然后慢慢转向管理的发展道路。

安全需求指的是有安全意识的人想要自己的职位稳定的动机。职业教育可满足人的安全需求,也就是说,如果人学到了一技之长,不管在什么时候都不用过于担心自己会遭遇失业。近些年来,高职学生就业率不断提高的原因也在于此,甚至还有很多学生上完本科后又接着读高职的情况。高职学生如果有安全需求,就愿意从事稳定的、挑战性低的工作,因此适合进入事业单位工作。

高职学生在读书期间就要对自己的职业需求有一个清晰的认知,然后将其与自己的专业相结合,对自己做出正确定位。对于高职学生而言,如果可以真正将自己学到的技术应用到实际中,那么可以算得上非常令人欣喜的事了。

2. 个人性格与个人能力对高职学生职业生涯规划的影响

(1)个人性格能够严重影响高职学生的职业生涯规划。职业心理学家曾做过研究,最终得出职业不同,对于个体性格要求也不同的结论。美国心理学家卡特尔(R.B.Cattell)等人通过研究,提出了职业者的16种个性因素,并且还编制了相关的调查问卷,如今成为国际通用的职业性格测试问卷。性格的发展除了受先天因素影响以外,后天培养也有着很大的影响力,因此,高职学生的职业生涯规划要重视职业性格的养成。列维托夫将学生的性格分成为四种不同的类型,一是目的方向明确,且意志坚强型;二是目的方向明确，但意志薄弱型；三是缺乏目的方向，但意志坚强型；四是缺乏目的方向，且意志薄弱型。人的职业能力与目的方向都会受性格的影响，而且，个人的性格也会对其职业生涯发展产生重要影响。实际上，由于个体之间的差异性，很难出现一个人的性格完全匹配某种职业的情况，但是却可以基于个体的专业及职业倾向对其进行相应的职业性格的培养。学生的不同性格会影响其以后的职业道路，同时也会影响其在事业中能否取得成功。

（2）个人能力也会影响高职学生的职业生涯规划。毫无疑问，能力和职业是存在直接联系的。能力决定着一个人是否可以从事一项职业，假如能力不足，也就无法从事这份工作，也就更谈不上什么职业生涯规划了。我们这里说到的能力也叫作职业工作能力，指的是劳动者开展某项社会生产的能力，这并不是一种抽象素质，是可以通过职业角色来展现的。基于不同的工作性质、工作内容以及工作环境，可以将职业划分成多种类型，而不同的职业类型对于人的能力要求也有所不同。

对自己的能力倾向有一个清晰的了解，同时清楚各种职业对于能力的不同要求，在我们进行职业选择时，能够起到良好的作用。能力不同，个体在进行职业选择时也会体现出差异性。联合国教育、科学及文化组织曾指出，"学会求知，学会做事，学会共处，学会做人"是教育的四大支柱。高等职业教育当然也是以这四个支柱为中心开展的。而高等职业教育与其他教育的不同之处在于，其更加注重学生动手能力的培养，而在以后的就业中，这也将是高职学生的一大优势。

所以，高职学生在规划自己的职业生涯时，就可以将自己的优势和职业联系起来，从而明确自身的职业类型，然后基于自己目前及以后将会达到的能力水平对职业层次进行确定，使自己的能力和职业向一致的方向发展。高职学生在职业生涯规划中要对自己的能力优势有一个明确的认知，然后再以此为依据去选择与自己优势相匹配的职业，在进入工作岗位以后，要抓住机会培养和提升自身的能力，从而使自身职业角色的作用可以充分地发挥出来。

3.人生阶段对高职学生职业生涯规划的影响

人的思想意识和需求总是在不断变化，所以在不同的人生阶段，人们也会对职业产生不同的看法。之所以会出现这一变化，一方面是由于个体年龄的增长会促使其身心状态发生改变,另一方面则是由于个体在不同年龄所处的环境不同,其能够获得的工作机会也不同。人生阶段对于职业生涯规划的影响主要体现为以下两点。

第一,年龄会影响高职学生的个性心理。个体个性发展可以分成三个阶段。一是个性形成阶段,个体在这一阶段会对职业进行探索,同时开始步入成年人的世界。二是个性成长阶段,个体在这一阶段会做出一个职业选择,同时建立职业道路。三是自我维持和自我调节阶段,个体在这一阶段可能会接受现实,继续以往的职业生活,也可能会自我调整,寻找其他职业。对于高职学生来说,其所处的阶段恰恰是进行职业生涯规划的最好阶段,此时的高职学生刚刚走进校园,脾气性格开始慢慢稳定,同时在能力方面还有很强的可塑性与发展空间。假如高职学生可以利用这一阶段明确自己的兴趣方向、发现自己在某方面的长处、积极参与实践活动,就可以更好地找到与自己个性、能力相匹配的职业发展道路。

第二,所处的人生阶段不同,高职学生面临的挑战和机遇也有所不同,这就会对学生在进行职业选择时产生重要影响。对于高职学生来说,他们刚刚由高中生转变为大学生,不管是生活环境、学习环境还是交往对象都发生了巨大的改变,可以说,这是一种机遇,更是一种挑战。而高职学生通过几年的学习与生活,在知识结构、专业技能,甚至是性格气质方面都会有所提升。当他们完成学业步入社会以后,又将步入工作、结婚、育儿等不同的人生阶段,在这些不同的阶段里,每一个人都不再扮演学生这一个角色,而是要扮演员工、丈夫(妻子)、父母等多种角色,承担着多种责任。所以,其为了与这些角色匹配,也会进行不同的职业生涯规划,从而使自己的能力最大化,以实现自己的价值。

(二)环境因素对高职学生职业生涯规划的影响

环境因素也叫外部因素,也是影响职业生涯规划的一个非常重要的因素。个人所处的环境不同,选择的职业道路可能会大相径庭。环境因素主要指教育环境和社会环境,教育环境对高职学生职业生涯规划的影响可分为家庭教育影响与学校教育影响,社会环境对高职学生职业生涯规划的影响可分为社会文化影响、工作环境影响、政治经济环境影响。

1. 教育环境对高职学生职业生涯规划的影响

教育环境对高职学生职业生涯规划的影响可分为家庭教育影响与学校教育影响。

（1）家庭教育对高职学生职业生涯规划的影响。就像金兹伯格说的那样，对于每一个个体来说，家庭都是其最重要的生活空间，也是最早形成的单位，个体对职业产生认知往往也是从父母或亲戚的职业开始的。因此，对于个体的职业选择，家庭会产生非常重要的影响。萨柏也曾表示，家庭是个体自我概念与职业自我概念实践过程中的一个重要角色，并与个体未来的职业满意度和适应度相关联，职业经家庭中角色的认同而获得稳定或改变。

家庭教育对高职学生职业生涯规划的影响主要在父母期望以及家庭社会上体现。家庭背景不一样，往往给孩子带来的受教育机会也是不一样的。一般就读高职院校的孩子，家庭条件都不是太好，父母的受教育程度往往也不高，所以也就无法为学生提供更多的职业知识并有针对性地锻炼其职业能力。此外，部分高职学生的父母希望孩子能够在高职院校学一门好专业、掌握一项能力之后找一份工作养活自己，以减轻家里的经济负担；还有部分父母会有恨铁不成钢的心态，想让孩子继续向本科等更高的学历深造。因此，父母的期望对于高职学生职业生涯规划的影响也是不小的，如果父母期望过高，就会对高职学生的职业发展造成一定的阻碍，但是随着学生年龄的不断增长，这种来自父母期望的影响也会慢慢降低。在成为一名高职学生后，很多人就要去考虑自己的职业理想、明确自己的职业目标，此时，父母要做的就是为他们提供更多可选择的空间，让他们能够自主地去制订职业生涯规划。

（2）学校教育对高职学生职业生涯规划的影响。学校教育是专门培养人的社会活动，会对人的社会化、全面发展等起到重要影响。如果个体的教育程度不同，那么面对职业选择的时候，就会有不同的侧重点。

高等职业教育是高等阶段的职业技术教育，其培养目标是培养高级技术型人才。高职学生要想合理地进行职业生涯规划，成为合格的高级人才，离不开学校的教育。随着国家对高等职业教育的重视，高职学生能够享受到更好的教育条件和良好的社会文化环境，受到更好的教育和熏陶，从而为自身的职业发展打下更好的基础。此外，高职学生学习经历的差异也导致他们对待职业选择与职业生涯发展的态度有所不同。高职学生所学习的专业类别、职业种类，对其职业生涯有着决定性的影响；高职学生所接受的不同等级的教育、拥有的不同教育资源、所学的不同学科门类、所在的不同院校及其受到的不同的教育思想，都使他们形成了不同的思维模式与意识形态。

2. 社会环境对高职学生职业生涯规划的影响

（1）社会文化影响。社会文化对人们的成长和发展具有深远的影响。在这个日益复杂多元的世界里，一个人的价值观、思想观念和职业选择往往会受到社会文化因素的塑造。其中，学校教育只是社会文化传播的一个方面，而社会文化对人们价值观的熏陶和影响则更为广泛和深入。个体思想发展和成熟的过程，可以看作是个体对社会主体价值观念进行理解与接受的过程。社会价值观会通过影响个人价值观，进而影响个人的职业选择和发展。对于生活在社会环境中的高职学生而言，他们也必然会受到社会主体价值观念的影响。在求职和工作过程中，不少高职学生会认为自己低人一等，这种观念是源于对技术工作者的歧视性群体观念的影响。这种观念与认识上的错误，不但会影响高职学生的生活方式，也会影响高职学生的职业生涯规划。

（2）工作环境影响。大部分高职学生在步入社会之后、正式参与工作之前，都通过兼职、实习等方式参与过校外工作，从而获得了一定的经验，这些经历使他们能够在实际工作环境中学到更多的专业知识，并学习怎样为人处世，这对于其职业生涯规划有着积极作用。如果高职学生在校期间所做的兼职与毕业后从事的工作一致，那么不管是他的职业技能，还是其学业成绩都会得到很大提升，从而使其工作态度更加积极，促使其职业生涯得到好的发展。工作环境中的实践机会，可以让高职学生提前适应职场，培养团队协作、沟通、领导等职场所需的技能。这些技能对他们在未来职场竞争中具有很大的优势。同时，这些实际工作经历还能帮助他们发现自己的兴趣和擅长的领域，从而做出更明智的职业选择。

（3）政治经济环境影响。政治经济环境对高职学生的职业生涯规划具有重要影响。政治与经济是相互关联的两个因素，政治状况不仅会影响到一个国家的经济体制和社会经济发展水平，而且会对企业的组织体制产生影响，进而影响人的职业发展；政治制度与社会氛围会潜移默化地影响一个人的追求，进而影响其职业生涯规划。如今我国经济正在不断向新的时代迈进，实力雄厚的企业不断涌现，这些企业对高职学生的需求也在迅速增长。与此同时，高职学生获取职业信息的途径变得更加广泛，这使得他们在选择职业时拥有了更多的机会。政治经济的发展为高职学生提供了更广阔的发展空间，有利于他们的职业生涯发展。

五、高职学生职业生涯发展的影响因素分析

对影响高职学生职业生涯发展的因素详细分析，我们可以采取SWOT分析法来进行。SWOT分析法由美国旧金山大学管理学教授韦里克（Weihrich）在20世纪80年代提出，是管理学中一个常用的分析工具。SWOT取自四个英文单词strength（优势）、weakness（劣势）、opportunity（机会）、threat（威胁）的首字母。通过SWOT分析，可以检测个体或组织的能力、喜好和职业机会，可以知道个人或组织的优势和缺陷，清晰地认识个人和组织。运用这种方法，有利于人们对目前所处情景进行全面、系统的分析和研究，从而制定发展战略和计划，还能够使人们针对存在问题采取有效的对策与措施。

进行SWOT分析的第一步就是要对影响对象的各种因素进行详尽全面的分析，包括外部环境因素和内部能力因素。外部环境因素是指外部机遇和威胁，内部能力因素主要指个体或组织的优势和劣势。结合前文影响高职学生职业生涯规划的各种因素对高职学生职业生涯发展进行SWOT分析，能够得到解决方案，如图1-6所示。

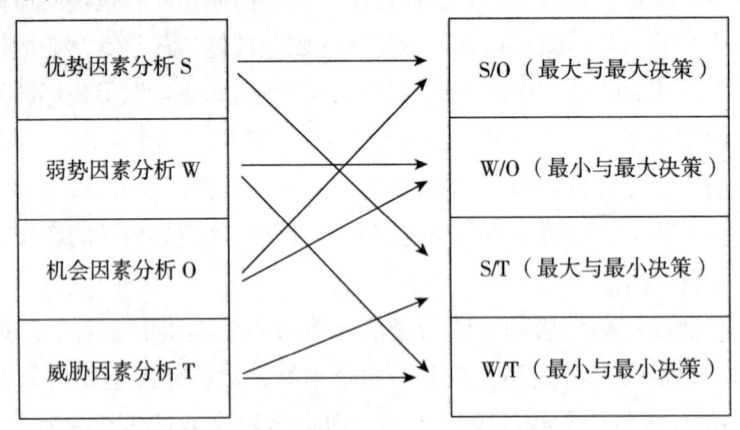

图1-6　高职学生职业生涯发展SWOT分析图

（一）高职学生职业生涯发展的优势因素

高职学生职业生涯发展的优势因素主要包括以下三个方面：高职院校培养目标的优势、高职学生专业技能的优势、高职学生培养成本的优势。

1. 高职院校培养目标的优势

高职院校的主要目标是培养符合我国社会主义现代化建设要求的高级技术应用型人才，他们可以在生产、建设、管理、服务等一线工作中发挥重要作用。高职学生享有高等、专业化的职业培训，这种培训以市场需求为导向，为他们提供了良好的就业竞争力，这也是当前高职学生最突出的优势之一。高职院校为学生的职业生涯发展奠定了坚实的基础，为他们未来的职业方向提供了明确的定位。高职院校根据社会需求和技术领域的需要设置专业，并有计划地招生，以帮助学生在激烈的就业竞争中获得一席之地，为他们的职业生涯发展提供广阔的空间。

2. 高职学生专业技能的优势

高职院校更加注重对学生基本技能的培养，高等职业教育以明确学生的职业岗位为目标，秉持"以服务为宗旨，以就业为导向"的原则，重视对学生专业技能和实践能力的培养。高职学生的专业技能优势是在优质的专业技术教育下形成的。他们不仅掌握了行业岗位所需的扎实专业理论，还具备了出色的专业技能和实践能力。这些能力不仅为他们的就业提供了有力的支持，也为他们未来的职业生涯发展提供了广阔的空间。调查显示，如今培养出的高级技术人员对于社会来说供不应求，这也证明了高等职业教育在培养高级技术人才方面所起的重要作用。高等职业教育使高职学生成为既具备专业知识又拥有技术的技能型人才，增强了高职院校毕业生在人才市场上的竞争力。作为一种培养技能型人才的教育形式，高等职业教育为学生提供了宝贵的实践机会，使他们在学术和技能方面都取得了显著成果，这些成果不仅为他们带来了就业优势，还为他们的职业生涯发展奠定了坚实基础。

3. 高职学生培养成本的优势

和普通高等教育相比，高等职业教育的时间成本要小很多。目前所实行的高等职业教育的学制通常是两年或三年，高职学生比普通高等教育的学生更早地迈出校门、走入社会。所以，即便是高职院校没有对学生进行职业生涯规划教育，高职学生也会很早就开始进行职业定位，以确保步入社会后职业生涯发展的顺利。从家庭投资的角度来说，本科学生的培养成本相比高职学生相对更高一些，所以，高职学生的就业期望也会低于本科学生。换句话说，对于同一种专业来说，高职学生在待遇等方面的要求要低于其他学历的竞争者，所以，高职学生在教育上的低成本及就业上的低要求，使其在职业生涯发展中占有一定的优势。

（二）高职学生职业生涯发展的劣势因素

高职学生职业生涯发展的劣势因素主要包括以下三个方面：学历层次劣势、基础知识劣势、学习能力劣势。

1. 学历层次劣势

如今很多用人单位对于学生的学历要求都所有提升，很多公司即便是招技术型人才，对于应聘者的学历要求也都是本科生甚至是研究生。随着普通高等教育本科院校近几年的不断扩招，高职学生就很容易因学历的限制而在职场中处于劣势地位。

2. 基础知识劣势

从学制上看，高职院校学制要短于普通高等教育本科院校学制，因此，普通高等教育本科院校的学生相比高职学生来说，所掌握的基础知识往往更多。此外，普通高等教育本科院校还有三方面的优势：第一，教师队伍素质高；第二，图书、教学设备等基础设施条件更好；第三，学习环境更好。而且，二者在培养目标方面也是有很大差异的，普通高等教育本科院校更加注重对学生理论知识的培养，而高职院校则更加注重培养学生的专业技能。

3. 学习能力劣势

学习能力对学生的职业生涯发展具有重要影响，通常高职学生的年龄要比普通高等教育本科院校学生的年龄小一些，而且很多都来自农村地区，或者是经济条件较差的家庭。并且，如今的独生子女很多，所以对家庭有着很强的依赖性，这些因素可能导致他们的自我要求较低、求知欲望不强烈，从而影响学习成绩和学习效率，使得他们的学习能力处于劣势，而这一方面的劣势就会对其以后的职业生涯发展造成很多不好的影响。

（三）高职学生职业生涯发展的机会因素

高职学生职业生涯发展的机会因素主要包括以下两个方面：较多的就业岗位、较大的发展空间。

1. 较多的就业岗位

市场人才需求呈金字塔结构，直接操作的普通工人和高级技术人员处于最基层，普通管理人员和高级管理人员处于中层，最高层则是企业老板。高职学生作为受高等教育的群体之一，具备多样化的就业选择。他们既可以成为高级技术人员，也可以担任普通管理人员和高级管理人员，有的甚至有潜力成为企业老板。高职院校所开设的专业往往紧贴社会需求，以满足市场对各类专业人才的迫切需求，这也使高职学生有了更加广阔的职业选择空间，使他们不再局限于传统的工人角色。相较于本科生，高职学生在专业技能和实践经验方面具有更明显的优势，这使得他们在职场中更具竞争力。随着社会对各类人才需求的不断变化，高职学生的职业发展前景将愈发广阔。同时，他们在职业生涯中所积累的丰富经验和学习的技能也将为他们未来的职业成功奠定坚实基础。

2. 较大的发展空间

（1）继续深造。高等职业教育从学历层次上讲属于专科学历，高职学生毕业后如果想继续深造、提高学历，可以参加高等教育自学考试，也可以选择出国。这样一来，从职业生涯发展的角度讲，毕业后选择继续深造的高职学生往往比选择直接参加工作的高职学生的职业生涯要晚起步几年。所以，选择继续深造的高职学生可以利用这几年的时间，在新环境中多听导师的教导，丰富自己的知识，并进行职业生涯规划。

（2）经济发展扩大就业。近些年来，我国的经济处于高速发展的状态，国内生产总值在稳定上涨。经济的增长会对就业产生有力拉动，就业的岗位也会因此而增多。另外，由于经济结构、产业结构的不断调整，还出现了大量的新兴职业与岗位。因此，经济与社会的发展，使得高职学生的就业空间被扩大，这给高职学生职业生涯发展带来了很大的益处。

（四）高职学生职业生涯发展的威胁因素

就目前的形势来说，影响高职学生职业生涯发展的威胁因素主要来自两个方面，一是日益严峻的就业形势，二是社会对高职学生的偏见。

1. 日益严峻的就业形势

随着社会的发展，就业形势日益严峻。生育高峰、大学扩招、农村劳动力向城市转移等情况导致社会中的岗位已经无法满足失业人员的就业需求，而每年高校毕业生数量都在不断增长，这也是导致高职学生就业难的重要原因。如果没有工作岗位提供给学生，即便学生的职业生涯规划做得再好也毫无用处。所以，对于高职学生来说，对其职业生涯发展影响最大的就是严峻的就业形势。

2. 社会对高职学生的偏见

不得不说，目前社会上对于高职学生依然存在着很多质疑与偏见。在很多家长的观念里，都会把高职与职高画上等号，觉得高职的学生毕业以后也会和职高的学生一样，只能去当技术工人，而没有更多其他更好的选择。这样一来，高职学生也会对自己的能力产生怀疑，从而产生一些消极的心理。因此，在社会偏见的影响下，高职学生就会在职业生涯发展中处于不利地位。

（五）制定策略

基于对以上四种影响职业生涯规划因素的分析，我们可将各种策略都列出来制成SWOT图。在对高职学生的职业生涯发展进行SWOT分析时，我们应当将分析所得到的各种因素根据轻重缓急或影响程度深浅等来排列。在这个过程中，要将那些对高职学生的人生选择和长远发展有直接的、重要的、迫切的、长期的影响因素先排列出来，将其他间接的、次要的影响因素排列在后面。通过以上对高职学生职业生涯发展影响因素的分析，我们可以得到四种决策方案。

1. S/O（最大与最大决策）

该决策主要考虑优势因素和机会因素，要努力使这两种因素都趋于最大，高职学生可采取的措施如下。

（1）努力提高理论知识水平。

（2）适当降低就业期望，但是不要偏离自己职业生涯规划的主干道。

（3）考虑响应国家号召，为自己提供更多的职业发展空间。

2. S/T（最大与最小决策）

该决策主要考虑优势因素和威胁因素，要努力使优势因素最大，而使威胁因素最小，高职学生可采取的措施如下。

（1）了解自己，正确认识和评估自我。

（2）树立正确的职业理想，不受他人错误观点的诱导。

3. W/O（最小与最大决策）

该决策主要考虑劣势因素和机会因素，要努力使劣势因素最小，机会因素最大，高职学生可采取的措施如下。

（1）及早确立职业方向，为今后的职业生涯发展做准备。

（2）培养自己的职业能力，使自己适应市场的需求，适应不同的职业和不同层次的职位。

4. W/T（最小与最小决策）

该决策主要考虑劣势因素和威胁因素，要使各种不利因素趋于最小，高职学生可采取的措施如下。

（1）改变学习态度，认真钻研，积累知识，为自己的职业生涯发展打下坚实基础。

（2）高职学生的身份意味着个体在职业生涯起点时已拥有比别人更强的动手和实践能力，要转变高职毕业生低人一等的思想。

（3）既要做优秀的技术人才，又要注意自身人文素质的培养，逐渐改变社会对高职学生素质较低的偏见。

有了SWOT分析图之后，就能直接从分析图中了解高职学生的特点以及其面临的机遇和压力，然后经过客观判断与分析进行对策的合理制订，形成具体的解决方案，从而为高职学生的职业生涯发展提供帮助。

第四节　就业指导概述

一、就业指导的产生和发展

一个国家进入现代社会之后，生产力高速发展，职业也出现分化，社会中涌现出大量可供人们选择的职业。同时，由于科学技术的迅猛发展及其在各个产业中的广泛应用，出现了大量的剩余劳动力。这样一来，这些剩余劳动力就需要重新选择职业。同时，由于教育的普及和发展，大量的学生，特别是高职学生也年复一年、源源不断地走向社会。面对形形色色的职业，所有求职者都必然会考虑这样的问题：从事哪些职业能够获得较大的收益？哪些职业更适合自己的个人条件？哪些职业较为稳定？哪些职业更适合个人发展的需要？于是，各种各样的职业困惑应运而生，毕业生迫切需要有专业的人员和机构来为他们进行指导，就业指导随之产生。

　　作为一种专门的社会服务工作和研究课题，就业指导产生于19世纪末，发展于20世纪初。在20世纪50年代之前，人们对就业指导的认识基本上处于狭义阶段，无论是帕森斯的特质因素论，还是霍兰德创立的"人格—职业匹配论"。在20世纪初，美国就业指导理论家帕森斯提出了一个命题，他认为职业选择是人的生理、心理特点要与职业对人的要求相匹配，而就业指导就是个体了解自己、了解职业、实现人职匹配的过程。就业指导理论就由此提出，并得到了广泛的应用。但它容易使人把就业指导理解为择业指导，因此在实践上，择业指导逐渐取代就业指导，而就业指导也就变成了"就业安置"，就业指导基本模式由此建立。这一阶段的就业指导，主要是为有就业意愿的劳动者传递就业信息，帮助他们与用人单位建立联系，时间主要限于择业期。而开发劳动力市场，推荐、介绍劳动者，组织招聘会等与就业有关的综合性社会咨询服务活动还远未能提到日程上来。对于各级各类在校学生而言，这是远远不够的，因为对他们来说，相对于职业选择，职业的准备过程更为重要。尤其是对高职学生来说，他们的整个在校学习期间实际上都处于这个准备过程之中，仅限于择业期的狭义的就业指导，是远远不够的。

　　随着经济和各项社会事业的发展，人们对就业指导的认识不断深化；同时，由于心理学理论的发展，人们对就业指导的认识发生了巨大的变化。20世纪50年代，金兹伯格等人提出了"职业发展是一个与人的身心发展相一致的过程"的新观念，职业指导即协助个人发展并接受统一完整的自我形象，同时发展合适的职业角色形象，使个人在现实世界中接受考验，并转化为实际的职业，以满足个人需要，同时造福社会。20世纪60年代初，人们在观念上认识到，学生选择职业不是毕业时才有的一个临时性的事件，而是一个发展的过程。由此，就业指导逐步进入学校教育领域，融入指导学生职业生涯发展的全过程。

二、就业指导的内涵和外延

（一）就业与就业指导

1. 就业

要了解就业指导，首先要对就业的概念有所了解。所谓就业，就是社会成员通过合法的程序参加工作、从事职业劳动并取得相应报酬、得到社会承认的社会活动。这一定义揭示了就业必须具备的三个条件：其一，就业者必须从事职业劳动；其二，就业者所付出的职业劳动必须获得相应的劳动报酬，即就业者必须获得薪酬；其三，就业者所从事的职业劳动必须得到社会的承认，即其所从事的工作必须是正当的、合法的。只有同时具备了这三项条件，社会成员才算是真正就业，不具备这三项条件，就不能称为就业。

就业是一项社会系统工程，它需要一定的社会条件，即职业和职业岗位；也需要从业人员具备一定的个人条件，即从事某项职业活动所必须具备的知识、技能、能力、素质等；还需要有连接这些社会条件和个人条件的因素，即相关的就业指导、就业服务、就业管理等工作。其中，就业指导占据着非常重要的地位，对包括高职学生在内的初次就业者来说有着极为重要的影响。

2. 就业指导

不同的国家，对于就业指导的称谓也是不一样的，英国、美国等将就业指导称作职业指导或者是职业辅导，而在法国与日本则分别叫做方向指导和出路指导。虽然各个国家在就业指导的称谓上存在着一定的差异，但是其含义都是差不多的。简单来说，就业指导就是根据有就业意愿的人的身心特点，帮助其进行职业选择的社会活动。

就业指导的定义可以从广义和狭义两个角度来讲。狭义上的就业指导指的是在择业期内为有就业需求的人提供就业信息，帮助他们与用人单位建立联系的社会活动，指导对象往往是刚刚大学毕业的学生或再次就业者。从广义上讲，就业指导除了包括狭义的就业指导，还包括预测有就业意愿的人力资源和社会需求量，搜集、传递就业信息，培养求职者的劳动技能和能力，开发劳动力市场，推荐、介绍劳动者，组织招聘会等与就业有关的综合性社会咨询服务活动。广义就业指导的指导对象通常是还未毕业的大学生或者是初次就业者，时间贯穿了择业准备和职业选择的全过程。相对于职业选择而言，高职学生的择业准备过程更为重要，就业指导在高职学生的职业生涯规划中扮演着重要角色。

（二）就业指导的分类

1. 一般分类

按照不同的标准进行划分，就业指导有不同的分类。从过程上划分，就业指导可以分为全程就业指导和特定期（主要指择业期）就业指导；从对象上划分，就业指导可以分为针对包括学生在内的初次就业者的就业指导和针对再次就业者的就业指导；从形式上划分，就业指导可以分为课堂就业指导、讲座就业指导、专题报告会就业指导、媒介就业指导、站点就业指导等。

2. 典型类别——毕业生就业指导

可以说，在各种就业指导中，以从学校走向社会、初次就业的各级各类学校的毕业生为对象的就业指导是最为全面、最为系统的就业指导。以这种就业指导为典型，从内容和范围上划分，可以将就业指导分为以下八个主要方面。

（1）职业生涯设计。职业生涯设计旨在打破求职者职业意识的朦胧状态，指导其树立明确的职业意识，并将这种意识转化为自我意识，使其根据自己的身心特点，充分考虑社会需要，科学地制订职业生涯发展规划。

（2）政策导向。政策导向旨在提升求职者职业认识的层次，指导其了解相关的政策与制度，明确自己在求职方面拥有什么样的权利、应当承担什么义务、有什么样的限制条件；帮助他们更正不正确的认识，使其避开择业误区，少走弯路，为顺利就业奠定初步基础。

（3）信息服务。信息服务旨在扩展求职者的职业视野，指导其打开信息渠道，了解社会需求的基本信息，掌握收集、鉴别社会需求信息的方法，使其能够从中筛选有价值的信息，增加其选择职业的机会。

（4）思想指导。思想指导旨在启迪求职者树立正确的思想和正确的职业价值观，端正其对职业的看法和态度，引导其以事业为重、以诚信为本，着眼长远发展，努力寻求个人专长与社会需求的契合点。

（5）技巧指导。技巧指导旨在对求职者进行择业技巧方面的指导，帮助其了解应聘、就业程序，掌握自我推荐的方法和相关的应试礼仪，避免由于方法不当带来的求职障碍。

（6）个人特征评价。个人特征评价旨在指导求职者正确、客观地评价自己，通过心理学的方法对其进行测评，使其认识自己的职业适应性，以便合理地确定职业适应范围，理智地进行职业选择。

（7）择业心理咨询。择业心理咨询旨在稳定求职者的心态，使之消除心理障碍、减轻心理压力，以健康的心理状态迎接挑战、参与竞争。

（8）创业指导。创业指导旨在对求职者进行创业意识教育，对求职者从知识、素质、能力等方面进行发展性的指导，致力把创业教育延伸到学生的职业生涯发展规划之中。

三、就业指导的内容与形式

（一）就业指导的内容

1. 就业形势与政策宣传

在影响学生进行职业选择的因素中，就业形势与政策是非常重要的，所以在就业指导中，对于就业形势与政策的宣传就成了其中的重要内容。从就业形势角度而言，高职院校要对经济、社会发展的总趋势有一定的了解，然后结合就业的新形势，为学生进行客观、有用的分析与指导，使学生能够把握当前的就业形势，了解就业中的积极因素与存在的困难，从而使其对自己的就业期望与心态进行及时调整，正确定位、找准方法、积极主动地去迎接各种挑战，从而实现顺利就业。从就业政策宣传角度讲，由于经济体制的改革，我国在人事制度以及就业政策方面都进行了很大的调整，因此，高职院校在为学生进行就业指导时，要全面、准确地为学生进行就业政策的宣传，以促进学生顺利就业。

2. 就业信息传达

做出正确的就业选择与就业决策的重要条件之一就是学生对就业信息的掌握。因此，高职院校要及时为学生提供有用的就业信息，为学生进行信息指导，使学生对当前的就业形势有一个更及时的了解。就目前的就业市场来说，供求信息都是瞬息万变的，不同地区、不同时间的求职人数、空缺岗位等都会不断改变，而就业市场的供求信息对于求职者来说是非常重要的，很多人甚至会将其作为现实依据来为自己以后的职业生涯发展明确方向。所以，在就业指导工作中，就业信息传达就成了非常重要的内容。

3. 就业技巧指导

在影响择业的因素中，正确的方法和技巧也非常重要。不过就目前的实际情况来看，很多高职院校毕业生在这方面都是比较欠缺的，他们并没有掌握一定的就业技巧。很多毕业生在求职过程中，往往就是将自己的简历投递给用人单位后就匆匆离开了，还有些学生在求职过程中只是简单地与招聘者交流几句就离开了。这些都体现了求职者就业技巧的缺失。其实，那些看似没有太大用处的就业技巧，如建立较好的第一印象、运用沟通艺术等往往可以在实际的求职过程中发挥很大的作用，这就启发高职院校在就业指导中要注意对学生就业技巧的指导和培养。值得欣慰的是，如今很多高职院校也逐渐意识到了这个问题，纷纷加强对学生就业技巧的指导。

4. 就业能力培养

有一点需要明确，在学生的就业过程中，就业形势是以外因的形式而存在的，学生自身的能力才是根本性的内因。因此，如果不注重学生自身能力的培养，不想办法提高学生的职业素质，那么学生的就业问题也就无法从根本上得到解决。因此，可以得到一个启示，那就是在就业指导中，高职院校必须注重培养学生的就业能力。就业能力主要涉及三个方面，一是基本专业能力，指的是学生应具备扎实的理论知识与实践能力；二是基本职业素养，指的是学生要具备团结协作、时间管理、信息沟通等能力；三是学习和应变能力，指随着企业的不断发展以及市场的不断变化，学生能够不断调整自己以适应工作岗位的变化与市场环境条件的变化。这三方面的能力对于学生进入职场后能否快速融入职场、胜任工作岗位等具有重要作用。

5. 职业生涯规划

生涯这一词语是从"职业"一词扩展来的，其指的是一个人一生的发展道路和发展途径。进行职业生涯规划是为了从更为广阔的视角对人的职业选择与人生发展之间的内在联系进行审视，同时，以此为前提去评估个体各方面的资源，引导个体进行职业生涯规划及职业选择，使个体在自主、有序的发展过程中更好地与社会实现积极互动，这也是职业生涯规划意义的体现。

如今很多的就业指导往往会使用"就事论事"的指导方法，其更加强调从问题的根本入手去彻底解决问题。职业生涯规划引导学生先制订出自己的职业生涯发展规划，基于各方面的信息去设计和明确自己的职业生涯发展目标，然后在此基础上找到实现目标的具体方法和手段，使其更好地实现自己的职业理想。

6. 就业心理辅导

学生在选择一份职业时，通常会遇到很多困难，可能是现实中的障碍，也可能是学生心理上的障碍。所以，在对学生进行就业指导时，对学生进行心理辅导也是必不可少的。而对于学生的就业心理辅导，应该以培育学生好的择业心态作为切入点，引导学生用客观、理性的心态看待当前的就业问题，使其对当前的就业形势有一个明确的认知，对自身的能力、用人单位等进行一个客观的分析。如果发现学生在面对就业问题时出现了心理上的异常，教师就要及时进行干预，引导学生进行心理调节，使其提高自身的抗压能力，养成一个积极向上的心态，从而更好地面对就业问题带来的挑战，以良好的心态参与社会的竞争。总而言之，不管是对于学生就业心态的培养，还是在学生遇到心理问题时及时进行干预，都要报以引导教育的态度进行，以调节学生的心态，排除学生的心理障碍，促使其顺利步入职场，实现自己的人生价值。

（二）就业指导的形式

就业指导的形式可划分为三种：一是课堂群体学习指导；二是个性化指导；三是主题活动指导。

1. 课堂群体学习指导

课堂群体学习指导包括就业指导课程、专业介绍、渗透有就业指导知识的专业课程教学及就业相关讲座。

（1）就业指导课程。就业指导课程是通过正规教学的形式，由专职教师或就业指导专家讲授，或者利用音像资料对学生进行就业指导，全面系统地向学生传授就业知识，帮助学生探索自我，了解职业世界，以及合理地规划自己职业道路的课程。播放形象、直观、生动的音像资料是现今就业指导课程中受欢迎的方式之一。

（2）专业介绍。专业介绍又称新生入学教育的专业介绍，这是学生进入高校后了解职业和专业关系、解读专业的第一课。专业介绍往往由专业教研室组织全体专业教师向新生宣讲并进行师生交流，这是权威、生动、重要的一课。

（3）渗透有就业指导知识的专业课程教学。教书育人的任课老师在专业课程教学（包括专业专家讲座）中，不仅会教授具体的专业知识和技能，而且会阐明这些知识与技能在职业领域中如何应用，以及在应用过程中应遵循的各种规则。通过专业课程教学，学生能学到专业的知识和技能，并懂得如何成为一名合格的职业工作者。

（4）就业相关讲座。就业相关讲座一方面由从事就业指导工作的专职教师、负责学生就业工作的领导或用人单位人事主管等开展，为学生传授相关就业政策、就业信息和就业知识；另一方面则安排优秀校友返校演讲，以榜样教育的方式为学生传授如何积极提高个人素质及如何自信、成功地走向社会。

2. 个性化指导

个性化指导内容包括性向测试、职业信息、自我评价、专业学习、知识积累、素质养成、能力培养、就业政策、就业心理、求职技巧等各个方面。在对学生进行个性化指导时，教师可以针对不同学生的个性化问题进行探讨、协商并给出建议。

高校的就业指导工作一般由专设机构和专人负责。目前我国高校已基本完成高校学生个人成长档案的建立工作，这种方式是通过心理测量、生理测量、观察、谈话、调查等途径，收集每位学生的个人资料，包括入学前的有关记录、学习期间的考试成绩及其他方面的表现等资料，这便于指导人员把握每位学生的具体情况与动态特征，为个性化指导提供参考。

3. 主题活动指导

主题活动指导指教师要根据教材内容编排一个模拟情景，以最接近真实情况的设计，让学生进入模拟场景中，扮演求职者角色。这种形式可以使学生提前感受人才交流会、面试等场景，对其求职时知识的运用、心态的调整、决策能力的训练、价值观念的澄清等都有课堂教育难以达到的效果。

通过兼职、试工、参观、访问、调查等社会实践活动，学生可以亲临工作现场，接触职业工作人员，增进其对职业的感性认识。各类劳动实习也是一种较为直接的职业教育形式。学生一方面可以体验工作的直接感受，另一方面可以从实习劳动中检验自己的各种素质，并将这一经验作为进一步调整与改进职业生涯规划的依据。此外，高校也可以利用各种读物辅助就业指导，高校可以指定一些课外读物，让学生进行课外阅读，促进学生了解各种就业政策、职业特点以及职业成功的条件。

第二章 职业理想、职业道德与人生价值观

第一节 职业理想

理想代表人对未来的追求与向往。理想可以看作是一种个人意识，也可以看作一种精神活动，它对人的行动具有一定指引作用。个体理想的具体形象，对个体的成长发展具有重要意义。高职学生都对未来怀抱美好理想，这种理想就包括职业理想。高职学生的职业理想形成于主客观条件的相互作用下，与社会环境、高职学生的心理状态、思想变化等多个方面密切相关。职业理想对高职学生未来的职业生涯发展具有重要影响，高职学生应明确其对自身成长发展以及人生道路选择的意义，以坚定的职业理想引导自己走上正确的职业发展道路。

一、职业理想的内涵与特点

简单地说，职业就是指个体从事的能为其带来合法收入且比较稳定的工作。职业不仅是个体谋生的重要途径，还是个体与社会之间沟通的桥梁，从这一性质上看，职业活动是一种社会活动。在《当代大学生理想论》一书中，作者从心理学角度、社会学角度、政治学角度以及哲学认识论角度分别对"理想"的内涵做出了诠释：理想是指从事实践活动的主体，以客观为依据，把事物发展的可能性与人们的需要结合起来所构想的关于未来的观念形态[1]。黄朝椿则提出"理想是人类特有的精神现象，它与人生目标相联系，是

---

[1] 朱炎.当代大学生理想论[M].成都：西南交通大学出版社，2006：5.

一种符合客观规律的可以通过努力而实现的目标"[1]。基于上述对理想内涵的总结，人们用"认知—思想—价值—价值观—理想"几个环节概括了理想的形成机制，理想只有经历了这几个环节，才能内化并升华，成为个体的信仰和信念。站在心理学的角度上看，理想形成的心理机制是意、情、知三种心理过程共同作用的结果。总的来看，理想是一种高级心理活动，它涉及个体的意志、兴趣、需要、情感、动机、认知等心理因素；理想的深层次结构是价值观，价值观的具体类型与形象会影响理想追求。

（一）职业理想的内涵

从字面上看，职业理想由"职业"与"理想"两部分组成，但在概念上，职业理想的含义不是两个概念的相加。在对理想的内涵进行分析后，可以发现，理想可以作为一种精神现象存在，也可以作为一种观念形态存在，它是在职业领域中个体理想的具体体现。所以，应以理想的内涵为基础，全面把握职业理想的定义。有学者认为，个体对未来职业的追求与向往就是职业理想。这种界定方式能够将职业的目标导向作用凸显出来。笔者认为，职业理想是一种与个体价值观、人生观、世界观息息相关的精神活动，它对个体的职业动机、职业目标有直接影响。类比理想的形成机制，职业理想的形成过程为"职业认知—职业价值观—职业理想"，职业理想受职业价值观的指导，同时还能反映职业价值观。职业认知是形成职业理想的起点和出发点，职业理想能表现出个体对职业热爱的深化。理想的构成离不开思维、动机、意志、需要、兴趣等多种因素，同样的，职业理想的形成也离不开职业兴趣、职业追求、职业动机、职业信心、职业兴趣等的共同作用。由此，我们可归纳出职业理想的内涵：职业理想指在价值观、世界观和人生观的共同指导下，个体对未来从事工作的种类、部门、职业、事业成就等的向往与想象、设计与追求，职业理想是个体职业价值观和职业目标的反映，是人生理想的重要组成部分。

职业理想主要有以下几方面的内涵。首先，职业价值观是职业理想的核心内容之一。职业价值观能集中反映个体在职业目标与职业生活上的价值观念，代表个体对职业的看法与根本态度。对职业理想而言，职业价值观是更深层次的内容，能够指导职业理想；对职业价值观而言，职业理想是其最高

---

[1] 黄朝椿，福建. 青春期人生与理想教育[M]. 长春：吉林文史出版社，2006：132.

表现形式，是个体对职业向往和追求的反映。因为个体的职业价值取向可以通过职业价值观反映出来，所以，职业价值取向在一定意义上属于职业理想的组成部分。其次，职业认知与职业规划是职业理想必不可少的组成部分。职业理想是一种在意、情、知三种心理过程合力作用下形成的精神活动，职业认知在很大程度上能够影响职业理想的形成。以职业理想的内涵为出发点，职业理想主要表现为对事业成就大小的设计和对职业目标的想象，这种设计与想象以合理的职业规划为前提。再次，职业理想的心理因素包括职业成就欲望、职业信心、职业动机。其中，职业成就欲望指个体对未来从事某一职业能取得的成就的期待程度与追求程度；职业信心指个体对实现职业目标的相信程度；职业动机指个体在职业发展和实现职业理想过程中需要的内部动力。在研究当代高职学生的职业理想时，必然需要探讨分析这三项心理因素。最后，职业理想能反映个体在其未来职业发展过程中，对工作地点、部门、种类的设想与选择。虽然这些内容在职业理想内涵中只是微不足道的层面，但这一话题值得相当一部分高职学生密切关注和思考。

（二）职业理想的特点

职业是一种能建立个体与社会之间联系的有效手段，职业理想则能建立社会理想与个人理想之间的联系。职业理想的特点如下。

第一，职业理想具有社会性特点。职业理想可以反映个体脑海中与其生产方式相适应的声望与职业地位。参与职业活动是人们履行社会义务的主要方式之一，因此，无论从事哪种职业，个体都需要承担相应的社会责任。个体的职业理想会随着社会的发展变革而变化，各地区社会生产力水平的不同会导致生活在各地区的人有不同的职业目标，这种职业目标会从深度与广度两个层面受社会实践的影响。其中，职业发展与社会分工对个体职业理想的变化具有决定性影响，经济发展、社会稳定等社会因素对个人是否能够实现职业理想有很大的影响。

第二，职业理想具有时代性特点。无论哪个时代、哪个国家地区、哪种家庭背景的青年，其职业理想的形成都会受到历史背景、时代条件和社会环境的影响。随着生产方式的不断改进，社会分工精细化程度不断加深，可供青年选择的行业与职业类型越来越多。据《中华人民共和国职业分类大典》收录的职业种类显示，截至2022年，职业种类与2015年相比，净新增了

158个。同时，随着科学技术的不断进步，职业演化速度不断加快，人们有了更多的职业选择。例如，围绕绿色经济、数字经济等的发展要求，很多新兴职业如碳汇计量评估师、机器人工程技术人员等涌现出来。现如今，个人职业理想的塑造，不仅要与岗位晋升和职业演变的内在规律相符，还要与所在行业的发展趋势和时代进步的客观要求相符。

第三，职业理想具有发展性特点。人们的社会阅历会随着年龄的增长逐渐丰富，在此过程中，个体的职业理想也会发生变化。个体形成职业理想需要经历从感性到理性、从朦胧到现实、从波动到稳定的过程。随着经济的不断发展与社会的不断进步，个体的职业理想也会不断发展变化。高职学生应时刻关注社会变化，结合自身实际情况，对自身职业理想进行适时、适当的调整。

第四，职业理想具有差异性特点。由于每个人所处环境和自身条件不同，个体所形成的职业理想也有所不同。个体的技能水平与知识结构会对其职业理想的层次产生影响；个体的价值观、道德水准、人生观、思想政治觉悟等会对其职业理想的塑造方向产生影响；个体的生理特质（如身体状况）和心理特征（如意志、性格）会对其职业理想的定位产生影响。因此，高职学生应以自身实际情况为依据，确立科学的职业理想。

二、职业理想对当代高职学生的重要意义

无论对青年自身的成长发展来说，还是对国家与社会的建设而言，职业理想都具有重要作用。职业理想不仅是个体人生理想的重要内容，也是个人生活的重要成分，职业理想对个体未来职业生活具有决定性影响。当代高职学生应深入了解科学的职业理想对其个人成长成才、就业发展的重要意义。

（一）职业理想为高职学生就业成才指明方向

职业理想能反映个体的职业价值观，指导人的择业行为，其对个体发展具有重大意义。高职学生的职业理想能反映其有怎样的职业价值取向，这种职业价值取向在一定程度上影响着他们的职业发展方向。可以说，确立科学的职业理想，代表高职学生的人生道路拥有了一个良好开端。职业理想的树立，有助于高职学生准确掌握未来的职业发展方向，从而找到适合自身长远发展和成长的职业岗位。现如今，面对日益复杂的社会环境、国际环境，当

代高职学生只有确立明确的职业目标，才能走好未来的职业发展道路。而职业理想在高职学生确立职业目标的过程中具有坚定其意志、指明其发展方向的作用，职业理想的确立有助于高职学生明确未来就业方向、坚定职业发展目标，并为未来职业发展做出合理、科学的规划。

（二）职业理想为高职学生拼搏奋斗提供动力

职业理想是高职学生人生理想的重要组成内容，与高职学生人生目标的实现息息相关。职业理想的树立能坚定高职学生的意志，为其努力拼搏、实现人生目标提供源源不断的精神动力。通常情况下，在个体力所能及的范围内，科学合适的职业目标会为个体带来持久、充足的动力。职业理想源于现实又高于现实，与现实相比，职业理想更具吸引力，能吸引高职学生为接近和实现它而不断努力，还能在高职学生感到迷茫时为其指明前进的方向，更能坚定高职学生的意志，使高职学生持久、自觉地追求它和实现它。在职业理想的激励作用下，高职学生会更珍惜在校学习的时光与机会，积极自觉地学习专业知识和职业技能，提升自身面对挫折、解决困难的能力，为实现目标努力拼搏。

（三）职业理想激励着高职学生人生价值的实现

人生价值指个体活动对社会与自身人生发展的意义和作用，简单来说，个体的人生价值可以从社会价值与自我价值两方面体现。历史唯物主义的价值观认为，个体的人生价值应通过奉献社会的方式实现，这一观点将个体活动对历史的影响和推动作用，以及个体活动是否与社会发展的客观规律相符合作为评价人生价值的根本尺度。在现实生活中，就业是广大高职学生群体必须面对的问题，高职学生需要通过职业活动取得事业上的成功、实现个人抱负以及人生价值。高职学生在从事职业活动、创造精神财富与物质财富的同时，也需要不断完善自我，强化自身在各方面的素质与能力，从而更好、更快地实现人生价值。职业理想在此过程中发挥的作用是无可替代的，它不仅为高职学生从事职业活动提供指导，而且能够在其实现人生价值的过程中不断激励他们。因此，树立合理科学的职业理想对高职学生实现人生价值具有重要作用。职业理想能够指导高职学生在顺境中奋发向前，激励高职学生在逆境中积极进取，使他们不断激发自身潜能，为实现个人理想、创造个人价值、成为社会建设的人才而努力。

第二节 职业道德

一、职业道德概述

在社会生活中,职业的要素主要包含三个方面的内容。一是职业职责,每种职业都有其对应的社会责任,从事某一职业就必须担负起该职业相应的社会任务,建设社会。二是职业权利,每种职业都有其对应的职业权利,职业人员在从事某项职业时,必然享有该职业为其带来的权利,而这一职业之外的人则不享有该职业带来的权利。三是职业利益,每种职业都能为其任职者带来一定的利益,如奖金、工资、荣誉等,同样,该职业之外的人则不享有。无论何种职业,都集职业职责、职业权利、职业利益于一体。

职业不仅是人们谋生的手段,还是人们沟通社会、深入社会的主要渠道。职业互动往往会涉及参与各方的利益,事关利益,就需要通过调节避免和减少矛盾。职业道德是调节职业互动的重要元素之一。

职业道德是符合职业要求的道德品质、道德情操、道德准则的总和,它与人们的职业活动密切相关。对于从业人员而言,无论从事哪种职业,都应遵守职业道德。例如,救死扶伤是医生要遵守的职业道德,为人师表、教书育人是教师要遵守的职业道德等等。

职业道德是在日常职业活动中,从业人员必须遵守的行为要求与准则,同时还是本行业需要承担的社会义务与道德责任。职业道德是个体在职业生活环境中具体化的社会道德,对于职业道德的理解,可以从以下四方面进行。

首先,从内容方面看,职业道德是一种道德准则,它能明确表达职业责任、职业行为和职业义务。职业道德反映的是产业、行业、职业中的特殊利益要求,而非一般的阶级道德与社会道德要求;它形成于特定的职业实践基础,而非一般意义上的社会实践基础。因此,职业道德是某职业特有的道德习惯与道德传统的一种表现,能反映该职业的从事人员特有的道德品质与道德心理,甚至能导致不同职业的从事人员在气质与外观上的差异,如人们常说的"农民意识""军人作风""学究气""工人性格""学生味"等。

其次,从表现形式方面看,职业道德具有灵活、具体、多样的特点。职业道德以本职业的交流活动作为出发点，通过对公约、誓言、守则、承诺、制度、条例、口号标语等的灵活运用，加强从业人员的接受程度与遵守意愿，合理运用这些形式易于从业人员形成职业道德习惯。

再次，从调节范围方面来看，职业道德不仅能对从业人员内部关系进行调节，强化行业、职业内部人员之间的凝聚力，而且能对从业人员与其服务对象之间的关系进行适当调节，为从业人员塑造良好的职业形象。

最后，从营造效果方面来看，职业道德不仅能使阶级道德或社会道德的规范与原则达到一定程度的"职业化"，而且还能促进从业人员的个人道德品质逐渐"成熟"。虽然职业道德形成于特定的职业生活中，但它始终不能且不会脱离阶级道德与社会道德而独立存在。职业道德在阶级社会中的存在与发展与阶级道德、社会道德密切相关；阶级道德、社会道德以及职业道德三者之间一直以来就存在着个性与共性、一般与特殊的关系。职业道德无论以哪种形式存在，都会在不同程度上体现阶级道德与社会道德的要求，同时，职业道德能在很大程度上具体地体现阶级道德与社会道德。职业道德具备较强的连续性与稳定性，与各种职业生活和职业要求密切相关，能促使人形成稳定的职业习惯与职业心理，能使个体形成于少年生活阶段的品行发生重大变化，使道德主体改变道德风貌。

二、职业道德教育

（一）职业道德教育的内涵与特征

1. 职业道德教育的内涵

在对高职院校学生的职业道德教育内容进行探讨时，应先对职业道德教育的基本内涵形成一定了解。在参与职业活动时，人们需要遵循的基本准则与道德规范就是职业道德。

立足道德这一角度，职业道德是从业人员必须遵守的行为道德准则，对人们的职业行为具有一定约束作用。职业道德与实际的职业实践密切相关，劳动者在从事某一职业时，其个人能力的发挥需基于获取对应报酬的这一前提，由此，在社会分工体系中，职业成为劳动者在社会分工体系中，通过从事稳定的工作、完成专门的业务、获取对应报酬的一种特定的劳动角色。对职业道德所蕴含的内涵进行深入了解，有利于我们对职业道德教育内涵的全面了解。

职业道德教育，顾名思义，是一种围绕"职业道德"开展的教育活动。在职业道德教育活动中，教育者须结合社会发展需求，通过创设一定的职业道德教育情境，组织开展各类社会实践活动，并运用一定手段方法，对受教育者进行适当引导，使其形成正确的职业道德态度与职业道德认知，形成良好的职业道德意志，最终使其养成良好的职业道德行为习惯。作为职业道德教育的主要内容，职业道德对受教育者面对社会规则时的职业态度作出了强调；职业道德教育则对受教育者是否能够接受职业道德教育，从而养成良好职业道德行为习惯更为重视。为了加强高职学生的职业道德教育，高职院校应将职业道德教育作为主要教学内容，其中，思想政治理论课可作为职业道德教育的主要课程，通过教师在课堂上的讲授，帮助学生充分了解其在工作时需遵循的职业规范。

西方的职业道德教育一般采用理论与实践相结合的方式进行，以培养受教育者未来在社会上、职业领域中甄别和解决职业问题的能力。在实际职业道德教育过程中，西方教师主要承担合作者与引导者的角色，强调充分调动学生学习的主动性与积极性，锻炼学生面对和解决职业问题的态度与能力。我国高职院校在组织开展职业道德教育时，应充分重视职业道德教育的实践性，要基于本国国情，充分借鉴世界各国在职业道德教育方面的优秀经验。在职业道德教育过程中，高职院校教师不仅要帮助学生充分了解职业道德的概念、内涵、规范、原则，还要向学生提供大量的社会实践机会，帮助学生养成面对职业问题时的良好心理素质和应对、处理职业问题的优秀能力，从而引导学生形成良好的职业行为习惯。

2. 职业道德教育的特征

（1）职业道德教育内容的实践性。相比普通高校，高职院校在组织开展职业道德教育时对培养学生的实践能力更为注重。普通高等教育本科院校侧重向学生传授理论知识，而高职院校则侧重对学生开展实践教学，帮助学生将所学理论知识充分应用到实践活动中。高职院校往往会结合企业与社会发展的种种需求，面向学生开展对应的职业道德教育。高职院校以为事业单位、各类企业培养高素质人才为办学宗旨，在教育中，注重培养学生的自信心，注重引导学生的思想价值观念，从而帮助学生正确认识所学专业的社会价值，使学生真正喜欢和热爱所学专业，同时明确所学专业在职业岗位中的义务与权利。在职业道德教育方面，高职院校拥有多元化的教育内容，比普通高等教育本科院校的教育内容实用性更强，更符合社会建设、企业发展对人才的要求，也更能反映时代发展的特点。不同行业有不同的行业特征，其行业规范也各不相同，因此，高职院校在设置安排教学内容时应尊重并体现行业特征，要使用具体专业、职业的真实案例向学生提供类型分明的教育内容。最后，高职院校应将职业道德教育与行业要求相结合，并以此为依据设置教育内容。

（2）职业道德教育教学形式的灵活性。与普通高等教育本科院校相比，高职院校在开展职业道德教育工作时采取的教学形式更为灵活，除普通高等教育本科院校运用的教学形式外，高职院校还经常组织学生进入实训室、工厂车间、企业等进行实践、实训、实习。从内容上看，高职院校不仅通过学校教师的课堂授课向学生传授专业的理论知识，还通过企业工厂、操作车间中经验丰富的师傅、工人向学生传授实操经验与操作技巧。与此同时，高职院校不断改进自身职业道德教育形式，以便能够更好地结合理论知识教学与实践教学，协调教与学的关系，将过去灌输式的课堂教学模式转变为以学生自主学习为主、教师引导为辅的教学形式，在实践教学的过程中融入职业道德教育内容，帮助学生自主、积极、充分学习职业道德教育内容。

（二）高职院校职业道德教育的特殊性

高职院校组织开展的职业道德教育具有一定的特殊性，与普通高等教育本科院校、中等职业学校开设的职业道德教育课程存在实质上的不同，这种不同主要表现在以下方面。与普通高等教育本科院校相比，高职院校职业道德教育具有更强的操作性、针对性和更显著的行业特色；与中职学校相比，高职院校职业道德教育无论在教学的内容、效果、途径还是手段上，都更加优化，其所培养的学生在面对高端行业需求与社会发展时也有更强的适应能力。具体而言，高职院校职业道德教育的特殊性主要表现在以下五个方面。

1. 教育目标：培养兼具道德与技术的高端应用型人才

高职院校在组织开展职业道德教育工作时，要在培养学生职业技能的同时，帮助学生塑造人格、强化品德，使其形成职业道德情感、加强职业道德认知、养成职业道德行为习惯、拥有职业道德人格，帮助学生实现全面发展。通过塑造和培养学生的职业品质，提升学生进行自我职业道德教育的自觉性与职业行为自律,帮助学生在技术技能提升的基础上实现道德品质与技术能力的互促式发展。可见,高职院校职业道德教育的这一人才培养目标是在对学生培训行业技能的同时,持续加深学生对职业的认知,提升学生就业的情感,推进职业教育的高端化,为社会、企业培养兼具良好道德品质、专业素质与技术技能的高端应用型人才。

2. 培养对象:职业道德价值观的养成

高职院校职业道德教育的现代化,要求将学生在教学过程中的主体性突出表现出来,还要求强化教师在教学过程中的引导作用,帮助学生形成良好的职业道德选择、道德判断、道德认知能力,并在学生道德养成过程中强化其超越性、自主性、创造性、能动性。这一过程要求高职院校的教师要充分考虑学生的爱好、兴趣,在职业道德教育途径、内容、方法上给予学生自由选择的权利。另外,高职院校在帮助学生不断完善自身职业道德人格的过程中,应立足社会建设的实际需要,通过规范化的职业道德教育,加强师生之间沟通交互的平等化,增强学生的职业道德感与职业认同感,提升学生对待本职工作的责任心,使学生将来进入职场后,能胜任工作岗位,不会导致因职业道德品质不过关、消极怠工而被用人单位辞退的现象。

在职业道德价值观的塑造方面,也能体现高职院校职业道德教育的特殊性。明确高职院校职业道德价值观的主要内容是高职院校培养学生职业道德价值观的首要要求。不同行业有不同的知识技能体系,不同职业有不同的职责内容,但经归纳,我们不难发现,职业的责任感、合作精神、创新精神、敬业精神、诚信精神等几乎是所有高职院校共同追求的职业道德价值观。高职院校对学生职业道德价值观的培养,需要社会、学校、家庭三股力量的通力合作,在社会、家庭、学校营造恪尽职守的风气与环境,通过学校、教师、家长的言传身教,时时刻刻在每个具体实践环境中引导学生养成对工作负责的良好行为习惯。针对学生个性特点的不同,高职院校教师要结合各种特殊案例,选择适当的手段,提升职业道德教育的实效性。面对学生在心理认知上对职业道德价值观的偏差,高职院校教师应采取适当的教学方式与手段,结合心理教育与思政德育,向学生全方位、多角度展示职业道德价值观的多维内涵,帮助学生建立对职业道德价值观的正确认知。在实际社会实践中,高职院校应充分发挥职业道德价值观的规范和引导作用,帮助学生对职业道德价值观形成深入的理解，巩固职业道德教育成果。

3. 教育方法：兼顾理论传授和实践教学

西方国家在职业道德教育方面一直主张教育的主体性，主张将社会生产活动与职业道德教育有机结合起来，为学生提供边学习边实践、边工作边巩固的机会，使学生对职业道德教育产生更深刻的认知，从而对职业道德形成坚定信念。从总体上看，我国高职院校所开展的职业道德教育更倾向于理论讲授，其实训实操形式的隐性课程教育与社会实践的力度还有待进一步提升。目前，国内外所采取的两种不同的职业道德教育方法各有优劣，如何结合国内外的职业道德教育方法，推动国内职业道德教育的发展，是关乎高职院校职业道德教育实效的重要问题。

国外高校的职业道德教育方法具有较强的实用主义特色，他们将学生作为职业道德教育的主体，对教师的主导作用有所忽略，从一定程度上看，这是不重视教师在职业道德教育中引导和讲授作用的表现，会导致学生对职业道德的理性认识少于感性认识，从而影响学生的职业发展。而国内高职院校在组织开展职业道德教育时，对理论知识的传授十分重视，这为学生投入实际生产实践奠定了坚实的基础。尤其是一些学校理论与实践并重的教育方式，使学生往往会在刚开始接触实践操作时，因缺乏经验和对理论知识的实际检验看上去"不娴熟"，但只要给予学生一定的指导，学生必然可以快速进入状态。可见，只有兼顾理论传授与实践教学，才能促进学生成功就业，快速满足行业建设发展的迫切需要。

4. 教育内容：不同行业依据不同的职业道德教育标准

在掌握职业道德教育标准与一般性内容的同时，还应对职业道德教育中可能发生的具体情况有所了解。高职院校要以不同行业的职业道德标准与内容的特殊性为依据，采取与之相适应的职业道德教育方式。在我国，职业道德教育与社会主义核心价值观息息相关，其以为人民服务为基本核心，以服务群众、诚实守信、爱岗敬业、奉献社会、办事公道五项内容为基本规范，坚持集体主义基本原则，这是对我国传统职业道德规范的继承和发展。在实际工作中，从事各种职业的人应坚持遵守工作岗位的义务要求、责任要求和行为规范。经长期职业实践，各行业形成了不同的职业道德行为习惯、职业道德传统等，这些不同的职业道德行为习惯、职业道德传统是人们在实际工作中形成的道德品质与道德心理的具体表现。各行业有不同的服务内容、服务对象、工作性质、社会责任、服务方式等，各行业施行的职业道德标准因此各不相同，且具有一定特殊性。在《高职大学生职业道德教育理论与探索》一书中，作者对高职院校职业道德规范教育作出了细致的阐释，该书共涉及三大类行业，分别为生产管理类行业、财经类行业和服务类行业，不同行业有不同的职业道德标准[①]。

5.*教育管理：教师队伍职业道德教育实效考评的特殊性*

提升高职院校职业道德教育水平、强化学生职业道德素质的一个关键条件就是组建一支思路开阔、管理能力强、教学水平高的教师队伍，从而有效推动高职院校职业道德教育工作顺利、高效开展。

首先，在职业道德教育工作中，高职院校的班主任或辅导员作为具体落实者与教育教学工作的组织者，是与学生接触最频繁、最密切的人，他们与学生的接触覆盖学习、生活的方方面面，以及心理、思想等各个层面，真正做到了与学生全方位、立体性的接触。组建精良的班主任或辅导员队伍能为学生职业素养的提升提供可靠保障。在具体教育工作中，班主任或辅导员应深入了解高职学生的心理与思想动态，潜移默化地增强学生对职业道德的认识，提升其职业道德素养。除课堂教学之外，班主任或辅导员还可以组织学生到实习基地或见习单位学习，对学生们在顶岗实习过程中遇到的问题给予解释和指导，担当起技能型教师的责任，注重在日常实训中培养和强化学生的职业道德意识，引导学生将其在课堂中学到的理论知识、技术技能、职业道德规范落实到企业实习的实际操作过程中，帮助其巩固所学知识，使其形成坚定的职业道德信念。

其次，在授课过程中，专业教师应充分发挥自身的引导作用与监督作用，一方面要注重向学生系统地传授专业知识，另一方面要加强培养学生的职业道德素质。在实际教学中，专业教师应将职业道德教育作为出发点，重视提升学生专业技能水平与综合素质水平。为此，专业教师应在具体教学实践中重视对学生敬业精神的培养，充分发挥自身示范作用和榜样作用，用自身行动深刻影响学生的思想行为习惯。各专业教师还可以采取任务分工、互助合作等方式培养学生的团结合作精神。

---

① 李斌.高职大学生职业道德教育理论与探索[M].长沙：湖南师范大学出版社，2011：21.

第三节 人生价值观

一、人生价值观的理论审视

（一）人生观、价值观与人生价值观

1. 人生观

人与社会环境、周围环境中的其他个体会形成各种联系。人的一生涉及生活、学习、爱情、工作、友情等各个方面，有欢乐也有痛苦，有成功也有失败，有幸福也有苦恼，人的一生总是丰富精彩的。有人对人生的美好发出赞叹，有人因人生的无奈而深切感慨；有人一生歌颂奉献与创造，有人一生追求享乐与索取……提及人生，总离不开什么是人生，人活着是为了什么，人应怎样活着等一系列问题。对于这些问题，不同的人因不同的人生经历而具有不同的看法，这些看法就是人生观。概括地说，人们对人生问题的态度与根本看法就是人生观，人生观的基本内容主要有人生价值、人生态度、人生目的。人生价值为人们树立正确的人生目的、形成并坚持客观的人生态度提供了落脚点；人生态度是人生观的实际表现；人生目的则是人们在人生旅途中必不可少的重要指引，对人生态度与人生方向有决定性作用。

2. 价值观

价值观是一种基于价值关系的观念系统，通常为实践主体依据自身需要对客体重要性的认知。简单来说，一个人将哪种事物看得最具价值、最有意义，最重要的态度与观点就是价值观。从心理学的角度看，价值观在一定程度上取决于人的个性倾向，可通过个体对事物的选择性态度反映出来。价值观是个性心理的核心成分，与个体的价值倾向密不可分，即人们往往更倾向做自己认为最重要、最有价值的事。个体在衡量事物重要性和价值高低时，常以价值观作为衡量标准，价值观对个体的行为倾向具有调节作用。

3. 人生价值观

作为价值观系统的关键内容，人生价值观对人的价值观具有调节与支配的作用。什么是人生价值观？关于这一问题，不同的人看法不一。研究者通

常以自身研究的角度为切入点，提出各自的看法。有的研究者认为，人生价值观是个体认识与评价自身人生目的、人生意义、社会地位、人与人的关系、人与社会集体的关系等持有的基本观念；有的研究者认为，人生价值观是人们通过人生实践，从自己和他人的经验中总结得到的一些关于人生问题的根本看法，它是对人生价值衡量标准、人生活动的作用与意义等问题的解答；也有研究者认为，人生价值观就是人们认识和评价自身人生实践活动与人生目的的基本观点。通过对以上研究者观点的叙述，我们不难发现，人生价值观就是人们围绕人生价值这一主题产生的各种观点，尽管在人生价值观的定义上，至今仍未形成统一答案，但上述研究者们的回答已形成基本共识。概括来讲，人生价值观是对"什么样的人生才有价值"这一问题的主要回答。人生价值观主要包括人生价值目标、人生价值手段以及人生价值评价三个方面。其中，人生价值目标是对"人活着是为了什么"这一问题做出的回答；人生价值手段是对"人怎样活着"这一问题做出的回答；人生价值评价是对"人怎样活着才有意义"这一问题做出的回答。人生价值观在个体价值观体系中处于主导地位，对人生总体价值取向与总体价值目标的设定具有决定性作用，对同一价值观体系中的其他价值观具有制约与指导作用。从某种意义上看，人生价值观可通过其他价值观具体体现出来，因而在对价值观进行研究时，人们通常将人生价值观作为研究的基点。

（二）人生价值观的形成

价值观形成的一般规律同样适用于人生价值观的形成，但人生价值观的形成特点不同于其他价值观，具有其自身的特殊性。通常情况下，只有个体具备一定心理条件时，人生问题才能进入价值观念领域，这一点反映了人生价值观的形成不同于其他价值观。在探讨人生价值观的形成时，应对人生问题进入意识领域的特点和价值观的形成进行综合分析。

价值观在个体能动的价值选择与接受、社会价值观习得之间的双向互动过程中形成。社会主导的价值观就是社会主义核心价值观，这种价值观既无法通过遗传获得，也无法由个体通过自己领悟的方式形成，它产生于文化建设、教育、制度等，通过隐性或显性方式使个体不断感受，最终形成自己的价值观体系。与此同时，生活在社会环境下的个体在自身能动性的推动作用下，通过认知、认同、践行价值观，将社会主义核心价值观整合和内化成为其价值观体系的重要内容，这时，个体就树立了理念，形成了自己的行为规范。袁贵仁以教育评价理论作为依据，认为学生接受价值观念的过程包括五个环节，分别为"接受、反映、估价、组织、性格化"[1]。周莉、陈章龙认为在形成个人价值观的过程中，价值心理会先升级转化为价值观念，再升级转化为价值观，并由此提出了个体形成价值观的心理机制：价值理解—价值认同—价值整合[2]。这一点与价值澄清理论在一定程度上相类似，价值澄清理论认为价值观的形成需要经历选择、赞扬、实践三个基本模式。

人生价值观在形成过程中不仅遵循形成价值观的一般过程，而且会因个体的个性特点形成其自身的特殊性。人生问题在个体价值观领域中不断融合渗透，最终形成人生价值观，这一过程需要满足三个方面的前提条件。一是个体的思维应发展到一定水平，二是个体的自我意识应发展到一定水平，三是个体的社会性需求应发展到一定水平。个体自少年时期就能够逐渐形成对人生的感性体会，但少年时期的个体往往不能全部满足上述三个条件。到了青年初期，个体虽经常、主动地接触活动事物和认识、探讨关于人生的思想行为，但由于身心发展不稳定，其在选择人生道路时常常犹豫不定，因此，处于青年初期的个体，人生观与其一样，正处于发展的重要时期。在这一时期，个体步入大学阶段，对这一时期的个体来说，人生问题在其思想意识的引导下融合渗透，价值观融合领域的三个条件得到满足，个体的人生观逐渐形成并稳定发展。在此期间，个体思维获得抽象概括，具备了思考社会事件意义的能力，同时其辩证思维、理论思维也逐渐发展成熟，不仅会经常反思生活，而且会经常反思自我存在的意义与价值，同时尝试解决自我矛盾。个体在青年中期会全面形成社会性需要，从而对自身需要承担的社会责任进行认识与思考，所以说，青年中期是个体形成人生价值观的关键时期。

人生价值观教育将遵循其形成规律作为基本要求，这一要求是维持教育有效性和科学性的重要保障。由于人生价值观形成具有一定的特殊性，高职院校在为学生开展人生价值观教育时，应注重为其提供良好的教育环境与适当的引导，对高职学生人生价值观的形成过程与特点也要予以重视。

---

[1] 袁贵仁.价值观的理论与实践[M].北京：北京师范大学出版社，2013：132.
[2] 陈章龙，周莉.价值观研究[M].南京：南京师范大学出版社，2004：74.

二、高职学生人生价值观

(一) 高职学生人生价值观内涵

高职学生认识和评价人生目的、意义的内在尺度，就是其人生价值观的内涵，它综合了高职学生社会行为、心理、生理等各个方面的整体观念，代表着高职学生内在与外在两个层面品质的总和。对于广大高职学生而言，人生价值观作为其人生观与世界观的核心内容，可以统一高职学生围绕人生价值设定的目标、为实现人生价值采取的手段和对人生价值的评价，还可以使高职学生的社会价值与自身价值得到统一。个体的人生价值观不是生来就有的，它的形成离不开学校、家庭、社会的共同引导和作用，处于大学时期的高职学生会逐渐形成稳定的人生价值观。当时代背景、生活学习环境相似、年龄相同或相近时，高职学生对人生价值的看法基本相同，因而会形成大部分一致或普遍相近的社会行为模式。

(二) 人生价值观与高职学生成才的关系

人生观以人生价值问题作为重要内容和基石。站在科学的角度挖掘人生价值的内容和内涵，把握好对人生价值的评价尺度，保持人生价值取向积极正确，树立端正的人生价值观，探寻实现人生价值的合理途径，对树立并完善高职学生人生价值观，全面提升高职学生的整体素质具有重要意义。

1. 正确的人生价值观能为高职学生选择人生道路指明方向

人生价值观是集人生价值的目标、手段及价值评价为一体的观念系统，处于心理结构最高层次，对人的行为和认识具有调节和支配作用。因此，在使用不同的人生价值观，对人生意义与人生价值进行衡量时，个体所依据的尺度与标准也不同，这就是为什么不同学生有不同的行为方式，并且他们对人生的看法也各不相同。科学积极的人生价值观能为高职学生指出正确的人生方向，激励学生积极向上，而正确的人生方向与积极的人生价值观能够深刻影响其一生。高职学生只有树立并坚持集体主义，遵循以集体为先的人生价值观，克服以个人为中心的价值取向，才能使自身人生价值观与社会要求相契合，从而成为国家发展、社会建设所需要的人才。正确积极的人生价值观能帮助高职学生确立符合实际的人生目标，明确人生道路的发展方向。

2. 正确的人生价值观能促使高职学生成才

个体思想意识的形成和发展深受其人生价值观的影响，人生价值观与个体人生价值的实现程度、对社会的贡献大小都有十分密切的关联。高职学生一般根据自身对人生的了解和把握探求人生发展方向、选择人生目标、规划职业生涯，在这个过程中，人生价值观发挥了至关重要的作用。不同的人有不同的生活环境、不同的成长经历、不同的个性特点与不同的人生信条，也就造就了不同的人生价值观。只有树立正确的价值观、人生观，个体才会在成长过程中充满动力，克服人生道路上的艰难险阻，始终以旺盛的斗志、坚韧的精神面对挫折、解决困难，最终成长成才，成为能促进国家发展、为社会建设添砖加瓦的有用之才。总的来说，人生价值观是否积极正确，会从横向质量与纵向程度两个层面对个体一生的成长发展产生深刻影响。

3. 正确的人生价值观能保障高职学生的心理健康

正确的人生价值观能帮助高职学生对自己以及自己的人生有正确、全面的认识，能对高职学生的心理健康产生积极的影响，使其以积极健康的心态度过生活学习、成长成才过程中的每个阶段，克服挫折困难，消除挫折困难带来的焦虑、失望、不安、悲观的情绪，使其在复杂的社会环境中坚守本心，不因外界各种诱导因素迷失前进的方向。因此，正确的人生价值取向能在很大程度上保证高职学生的心理健康成长。在高职学生成长成才的过程中，正面积极的人生价值观能起到关键性作用，它不仅能帮助高职学生确立人生发展目标和人生各阶段的目标，还能引导其排除一切干扰因素，保持正确的发展方向，选择正确的人生道路，实现人生理想。此外，正确的人生价值观能使高职学生形成良好的集体荣誉感和社会责任感，使其在实际生活、学习、工作中，能以客观的态度面对"集体协作"与"个人奋斗"的关系；还能使高职学生树立端正的职业意识与专业思想，能认真对待学习与职业工作，协调好兴趣爱好与个人成长之间的关系，时刻提高自身的思想觉悟与道德素质，最终形成健康、积极的心理。

4. 正确的人生价值观有助于提升高职学生的综合素质

正确的人生价值观能引导高职学生形成积极向上的思想觉悟，使其养成热爱学习、积极进取的好习惯，对提升其综合素质具有重要意义。作为未来社会建设需要的高等技术应用型人才，高职学生所要面对的人才竞争，不仅要求其具备一定的生产技能与专业知识，而且要求其具备较高的综合素质，这种综合素质包括品德、政治、思想、心理、审美等多个方面。所以，高职院校职业道德教育不仅要向学生系统地灌输理论知识和传授生产技能，而且要对学生的人格品质进行全方位的塑造，引导其形成端正的价值观、世界观和人生观，使其形成高尚的道德情操，最终成为德才兼备的人才。与此同时，高职学生应顺应科学、正确的人生价值观的指引，严格要求自己的行为，树立各阶段的人生目标，争取早日成才，为国家、为人民、为中华民族伟大复兴事业而奋斗。

（三）高职学生人生价值观研究的意义

1. 有助于进一步丰富、发展和完善高职学生人生价值观教育理论

一方面，现阶段理论界在研究大学生人生价值观时，大多对普通高等教育本科院校的学生较为侧重，对高职学生群体的讨论略少；另一方面，理论界在对高等职业教育展开讨论时，论题往往围绕办学特色、办学理念、人才规格、办学模式等方面进行，对高职学生人生价值观教育、思想政治教育的研究尚未构成系统性结论。因此，有关人员可灵活使用比较研究法、实证调查法、经验总结法、文献查阅法等学科研究方法，进一步研究高职学生的人生价值观，对高职学生的行为趋势与思想动态有科学的把握，以此丰富高职学生人生价值观的研究成果，为高职院校职业道德教育理论与高职学生人生价值观教育理论的完善提供依据，为高职院校建构科学合理的人生价值观教育模式提供可靠的理论指导与实践支持。

2. 有助于帮助高职学生正确思考人生，坚定成才方向

开展高职学生人生价值观研究的意义在于，能够帮助他们树立正确的人生观和价值观，增强他们的内在动力和自我价值感，进一步推动其个人成长，促进社会发展。现实生活中，高职学生面临着各种挑战，如就业、创业、人际关系等问题，而他们的人生价值观的确立将对其未来的成长和发展产生重要的影响。

高职院校通过开展高职学生人生价值观教育研究，可以让学生们明确自己的人生目标和价值追求，避免盲目跟风和从众心理，提高其自我认知和思考能力。此外，通过人生价值观教育引导，学生们也可以理解和接受不同的价值观，尊重多元文化和思想，培养自己宽容和包容的心态。

3. 有助于提高高职学生人生价值观教育的针对性和实效性

教育的出发点应兼顾共性与个性两个方面，这是实施素质教育、推动教育质量全面提高的必然要求。作为德育的核心内容之一和素质教育的关键内容，高职学生人生价值观教育同样需要遵守共性与个性这两条教育原则。

我国高等教育始终提倡"以人为本"，不断推进素质教育的发展进程。为了达到更加理想的教育效果，高职院校必须坚持"以学生为中心"，尊重学生在教育中的主体地位，激发学生的积极性，关注学生的个体差异，遵循对学生"因材施教"、在教学方式上"因人而异"的教学原则，提升研究高职学生人生价值观教育的针对性、系统性以及层次性，使教育成果得到进一步完善。在当今社会发展的新形势下，应尽可能增强高职学生人生价值观教育的实效性、针对性和科学性，为我国高职教育事业的健康发展提供推动力量。高职院校加强并重视研究高职学生人生价值观，通过科学的方法手段引导高职学生形成科学、正确的人生价值观，这不仅是高等职业教育事业的要求，还是高等职业教育工作者在当今时代必须肩负起的特殊使命。

三、高职学生就业指导中的价值观教育

（一）时代背景

向高职学生提供就业指导时，高职院校应同步加强对其进行价值观教育。从根本上看，这样做是为了在当今就业市场竞争日益激烈、市场经济与高等教育不断变革、文化与价值观念越来越多元化的环境背景下，提高我国高职学生与社会需求的匹配程度，满足时代发展和社会建设的要求。随着我国教育事业的发展，越来越多高校毕业生涌向就业市场，就业市场竞争压力激增，高职学生的就业心理与职业价值观往往因此发生显著变化。正是因为就业形势的日益严峻和复杂，在高职学生就业指导教育中融入并强化价值观教育就显得尤为重要。

1. 高等教育大众化时代下高职学生就业指导中的价值观教育

当今时代，我国教育发展的一个重要趋势就是高等教育大众化，这一发展趋势对我国高职院校组织开展就业指导工作和高职学生的就业具有深刻影响。高等教育大众化在概念上具有质变与量变相统一的特点，在《从精英到大众再到普及高等教育的反思：二战后现代社会高等教育的形态与阶段》一

文中，美国教育社会学家马丁·特罗（Martin Trow）首次以高等教育毛入学率为指标，将高等教育划分成精英（Elite）阶段、大众（Mass）阶段以及普及（Universal）阶段，并对这些阶段做出了量化描述。其中，高等教育毛入学率指的是高校可容纳学生数量在同期适龄接受高等教育人口总数中的占比。特罗指出，当高等教育毛入学率的增长不足15%时，高等教育的发展处于精英阶段；当毛入学率达到15%时，高等教育的发展从精英型开始向大众型转变；在毛入学率超出15%，但未达到50%的这一阶段，高等教育保持在大众型阶段；当毛入学率超过50%后，高等教育模式会再次发生转型，发展成普及型教育模式[①]。马丁·特罗提出的这一理论得到了学界的广泛认可与应用。

马丁·特罗提出的高等教育大众化理论指出，高等教育大众化的概念不但能体现量的变化，而且具有质变性质。大众化在这里指接受高等教育学生数量的增长，高校教育规模的显著扩大，教育模式与培养目标的多样化，教育理念的改变，教育功能的扩大，以及高校的教学方式、管理方式、课程设置、入学条件等基于社会发展变革发生的一切变化。在当今时代，随着高等教育普及程度的提升，高职院校招生规模越来越大，高等教育的大众化趋势也越来越明朗。然而，有关人员在研究高等教育大众化理论及高等教育大众化发展时，由于大众化是质变与量变辩证统一的复杂概念，应从多维角度对我国高等教育进行分析判断，明确我国高等教育大众化发展的具体阶段。马丁·特罗认为，高等教育体系真正追求的是个性的充分表达。从这一点上看，真正意义上的高等教育转型不仅要以教学规模这一量变角度着手，高职院校更要通过开展价值观教育提升学生的综合素质，以实现质变层面上的改变。这就要求我国高职院校向学生实施个性化教育，注重对学生自我发展能力与独立自主人格的培养，重视塑造学生健康积极的价值观念，使学生通过个性化教育实现发展全面化、个性独立化、收益最大化。

2. 市场经济时代

市场经济通常指一种竞争、开放、自由的经济体制和体系。在这种经济体制和体系中，服务与产品生产、分配、交换、流通的各个环节完全遵循市场的自由价格机制主导，与之相关的一切活动都完全遵循市场价值规律的作

---

① 王玉华，赵庆年. 贡献、反思与借鉴：中国高等教育大众化[J]. 煤炭高等教育，2021，39（1）：10-22.

用。市场经济在本质上具有法制性、竞争性、开放性、平等性等特征。

法制性指市场经济的运行必须遵循一定的法律制度,每个参与市场经济活动的组织或个人都应无条件遵守相关的法律法规。从这一角度看,法制性对市场经济的健康发展起到了维护作用,所以说,完善的法制体系是保持市场经济健康发展的必要条件和根本保障。

竞争性指商品经营者和生产者为争取市场份额和有利的产销条件而进行的角逐与竞争。对市场经济而言,自由竞争不仅是其基本特征,而且是其发展所依据的根本规律。适者生存、优胜劣汰是市场竞争遵循的普遍规律,可以说,竞争是市场经济中永恒不变的无情法则,而竞争又为市场的有序运行和健康发展提供了不可忽略的内在动力。经营者与经营者、经营者与生产者、生产者与生产者之间都存在竞争,因此,经营者和生产者只有不断创新生产技能、更新生产与经营理念、改变营销方式,才能提升生产或经营的效率,从而提升自身竞争能力,使自身在竞争中立于不败之地。

开放性是经济市场的一个典型特征。开放是一种空间意义上的概念,在市场经济中,是指市场面向所有生产者、经营者,服务与商品开放,随着经济全球化程度的不断加深,市场经济的开放深度与广度也会不断扩大,从而形成在世界范围开放的大市场。经济全球化浪潮以极其强势的姿态将中国卷入世界市场中,受世界市场开放的影响,我国国内市场经济的开放程度日趋提高,这有助于提高社会劳动分工的合理性,增强劳动的协作性,还有助于针对经营管理方式与科学技术开展跨国学习交流,有效优化资源配置、提高生产效率。可见,市场开放是我国提升国际市场竞争能力与顺应时代发展潮流的必然要求。

平等性指经济主体间具有相对平等的地位与身份。在市场经济环境中,每个经营者、生产者和消费者都是市场中的独立主体,他们在生产、交换、流通过程中享有平等的权利和同等的机会,在买卖活动中共同遵守等价交换原则,从这一角度看,平等性体现了市场经济条件下的经济民主与经济自由。

3. 价值多元化时代下高职学生就业指导中的价值观教育

随着全球化发展的趋势越来越明显,世界各国、各地区之间有着越来越密切的文化往来,文化的多元性与多样性更成为当今时代发展的一道主旋律。价值观与价值作为文化的灵魂,必然会因文化的多样性变得多元化。从这一点来看，在当今时代，价值多元化也成为人类社会发展的一个主要特征和必然趋势。通常来说，价值多元化就是承认并尊重人存在于社会生活中的多元价值取向和多种存在意义，从实质上看，价值多元化能够容纳多种不同的价值追求与价值标准。价值多元化时代下高职学生就业指导中的价值观教育主要表现如下。

一方面，在世界各国、各地区之间日益频繁的文化交往中，受各国间对话交锋的影响，文化和价值观汲取各国特征，越来越多元化。受信息网络化和经济全球化影响，时空不再是人与人之间交流的限制，跨时空交流和传播文化逐渐成为常态。另一方面，全球多个国家与地区尊重彼此之间在文化与价值方面存在的差异，倡导以兼收并蓄的态度面对世界各民族多元的文化价值观念。随着经济全球化趋势的不断扩大，国与国间不同文化与价值观念相互碰撞交流成为必然，从这一点来看，经济全球化带动了文化全球化发展，世界各国、各地区、各民族的多元文化共同构成了全球化的文化体系。然而，客观存在的文化差异使人类在面对文化多样性的同时，还必须面对文化的差异性，并思考如何面对不同文化之间的差异性。随着时代的发展，人们逐渐认识到价值观念在世界各国的发展与流动，并在"应以哪种态度对待文化和价值观的多样性和差异性"这一问题上达成了共识，即要明确社会主义核心价值观在本国、本地区或本民族的主导地位，探寻不同文化价值相容的可能性，尊重不同文化、价值与制度之间的差异。对此，我国应以包容的心态面对本国与其他国家在文化和价值方面的沟通，以兼收并蓄的态度面对各种不同的文化价值观念。我国高职院校也应在坚持社会主义核心价值观引导作用的这一前提下，帮助学生在多元化价值观中坚守本心，为学生灌输良好积极的文化价值观。

（二）提高高职学生就业指导中的价值观教育实效性的建议

就我国高职院校就业指导课程当前面向学生开展的价值观教育而言，职业价值观与人生价值观都对高职学生的就业具有深刻影响。高职院校就业指导中开展的价值观教育不仅涵盖职业价值观教育，还包含人生观、世界观与价值观三方面的教育。高职院校将这些内容纳入其就业指导课程的价值观教育中，不仅是为了国家建设和社会发展培养职业人才，而且是为了全面发展高职学生的综合素质。基于马克思主义理论的指导和现有理论研究成果与长期实践总结得来的经验，要真正做到高效、健康、快速地在高职院校就业指导中推行价值观教育，就必须结合时代变化和学生个性发展的各方面要求，对教育教学的内容与目标进行合理安排，由此为国家与社会培养知礼守法、爱岗敬业的合法公民和优秀职业者。一方面，从其动力机制上看，职业价值观教育与人生价值观的引导作用相辅相成，能合力促进高职学生正确价值观的养成。另一方面，高职院校通过在就业指导过程中发挥其在职业价值观教育、人生价值观教育、职业生涯规划教育、就业心理健康教育等方面的教育合力，结合社会主义核心价值观与马克思主义科学原理的合力，在三力合一的情况下，从整体上提高高等职业教育的质量与发展水平，提升高职学生的道德素质与专业能力，双管齐下，实现提升就业质量与就业率的目的。

1. 价值观教育应有贴合实际、与时俱进的目标和内容

（1）在设计教育目标和制订教育内容时，高职院校应坚持以人为本和注重其层次性的体现。在设定教育的内容和目标之前，需要先了解教育对象，只有教育内容贴合教育对象的现实状况，才能使其真正对教育对象起作用，从而取得良好的教育效果，实现教育目标。随着高等教育的不断改革，我国当代高职学生已与以往学生有明显不同，我国当代高职学生处于时刻会发生动态变化的社会环境中，其兴趣爱好、人际关系、知识结构、接受与适应能力、社会经验等都会对高职院校教育内容的选择产生直接影响，其当前价值观修养为我们构建高职院校价值观教育内容体系提供了直接依据，只有依据高职学生的现有条件进行教育内容体系的具体制订，才能得到科学的结果。近年来，我国高等教育快速发展，教育规模不断扩大，招生数量大幅增长，高职学生变得复杂化，这种复杂主要表现在高职学生价值观呈现多元化的特点，不同学生对价值的选择、认识和判断等不同，由此，高职院校必须依据当代高职学生价值观培养的新要求和其发展的新特征，设定和选择高职学生价值观教育的目标与内容，并联系实际情况，循序渐进、有选择性、针对性地展开，通过有机配合取得良好的教育效果。总而言之，在构建价值观教育内容体系时，应以高职学生在实际生活学习中的价值观特点为依据，并注重其层次性。

层次性指在确立高职学生价值观教育目标时，高职院校应结合高职学生对价值观的不同选择、判断能力和实际情况区别对待，从多个方面、层次、

角度进行合理设定。在确立价值观教育目标后，高职院校应构建对应的教育内容体系。价值观教育目标不是一个预期实现的目标，而是由众多能具体落实到每个高职学生身上的价值观教育目标集合而成的有层次结构的目标体系，其中，每个目标都对应着不同学生的受教育期望。因此，高职院校应将高职学校在教育中区分开来，因材施教，不能"一刀切"。目前，高职学生数量十分庞大，不同层次、不同类型的学校里，高职学生的价值观呈现不同状况，即便在同一所高职院校中，专业、年级不同的学生之间，其价值观教育状况也各不相同。并且，不同高职学生个体对价值观的认知能力、选择能力和判断能力也不同，因此，高职学生的价值观具有层次之分，与之对应的，高职院校价值观教育内容体系在构建过程中也应考虑自身层次性，这就要求高职院校对学生价值观的实际情况和特点有一定了解，避免盲目。在具体教育过程中，首先，高职院校要建立能有效剖析、测量、评价、反馈的机制体系，对高职学生的就业心理与职业价值观进行科学、全面的观察和研究，围绕研究结果推测其心理变化趋势和价值观发展趋势，再依据此趋势制定合适的教育内容和目标。其次，高职院校应结合实际情况，选择既切合高职学生实际成长发展情况，又能推动价值观教育目标实现的教育内容，并注意使各层次、各系列的教育内容做到横向搭配、纵向连贯。最后，高职院校应基于对层次原则的正确理解选择适当的教育内容，对教育内容进行层次划分的目的是更好地满足学生的受教育需求，而非将学生划分成不同等级。另外，高职院校应注意不同层次教育内容之间的相互渗透、相互关联和相互促进。

（2）在制订教育目标和内容时，高职院校应坚持实事求是原则，以体现其实在性。坚持实事求是原则，指的就是高职院校在制订高职学生就业指导中的价值观教育内容与目标时，要以既定现实与学生实际情况为出发点，以观照未来指向为前提，使之一方面要高于高职学生现有水平，另一方面要限制在能被高职学生接受的范围内。我国在社会主义市场经济的推动作用下发生了深刻变革，在价值视野与价值追求方面，高职学生对自身生活发展、成长成才等现实问题更为关注，因此，高职院校就业指导中价值观教育内容的设定应依据时代发展的新特征和社会发展对当代高职学生的新要求进行。时代的发展与社会的变化都是持续的，教育内容与目标只有随时代和社会的变化而变化，才能成为真正意义上满足高职学生受教育需要、满足社会人才需要的教育，才能达到理想的教育效果。因此，高职院校应根据时代特征、具体社会需求以及学生的实际状况制定可行的教育内容与目标。首先，高职院校应充分了解高职学生的实际利益需求与价值观变化状态，再科学设置价值观教育的内容和目标，这就需要高职院校对高职学生价值观和心理状态的现状进行具有时效性的调查研究。其次，高职院校需要对动态变化的市场需求与高职学生就业形势做出科学准确的调查研究，并及时通过教育实践与教育内容向高职学生反馈，以便高职学生能及时了解就业市场变化动向，做出及时的应对。

2.合力推进价值观教育的践行

（1）加强职业价值观教育、就业心理健康教育、职业生涯教育和人生价值观教育，形成原动力。高职院校加强对高职学生的职业生涯教育，有助于提升高职学生对自身发展目标与职业理想的自我设计、自我选择和自我判断能力。职业生涯教育一般指具有持续性、综合性和目的性特点的教育活动，具有帮助受教育者实现自我价值、提升收入水平、享受成功人生的目标宗旨。职业生涯教育的开展有助于高职学生清晰地认识自我，使其确立职业理想与职业发展目标，充分发掘自身个性特质，更好地平衡社会现实与个人理想之间的关系；还有助于高职学生根据对自身的了解，结合实际选择适合自己的职业发展方向，制订科学的职业发展规划。职业生涯教育已逐渐成为当今时代高职院校职业价值观教育的重要内容，对提高高职院校就业水平、提升我国高职学生就业率、改善我国高职学生就业质量有着至关重要的作用。高职院校可将以下几个方面作为切入点，科学开展高职学生职业生涯教育工作。

首先，高职院校应加强对高职学生的职业生涯指导，通过广大教育工作者的引导，使高职学生树立正确的职业规划理念，并对未来人生发展和职业发展做出合理、正确的规划。高职院校应充分发挥其在职业生涯教育中的重要作用，一方面，要通过开展理论教育活动使高职学生形成良好的理论认知能力，另一方面，要通过组织社会实践活动提高高职学生的动手实践能力，从整体上提升高职学生的竞争能力，使其在人才市场中占据一定优势地位。这要求高职院校与企业、社会互相配合、积极合作，共同帮助高职学生确立职业价值观念和职业理想。

其次，高职院校应加强就业指导课程建设，不断完善职业生涯教育体系。

就业指导以职业生涯规划为基础，以课程建设为关键，其中，职业生涯规划作为承担全部就业指导任务的关键载体，为就业指导工作的顺利展开和职业生涯规划理论知识的普及提供了重要支持。高职院校职业生涯教育体系应具有目标明确、针对性强、循序渐进、完整性等特点，该体系的构建可从以下三方面着手：第一，应将就业指导课程摆在战略位置上予以重视，将就业指导纳入高职学生必修课程和高职院校的教学计划，以学分制的形式检验教学效果；第二，应给予高职院校就业指导课程教材足够的重视，结合高职院校与高职学生的实际情况，对教材进行科学编写或者选择与时俱进且高质量的教材；第三，应为不同年级的高职学生提供科学合理、有针对性的就业指导和实习训练，以此巩固高职学生的专业知识学习成果、提升其动手实践能力、培养其适应社会的能力。

最后，高职院校应加强就业指导的专业化建设，提高面向高职学生就业指导的质量与效率。作为高等教育的重要内容，就业指导对高职学生的职业发展和就业、创业具有重要意义，因而，增强就业指导的专业程度，构建专业、完善的就业指导体系刻不容缓。高职院校可从以下三方面着手构建就业指导体系。

①通过加强职业价值观教育，使高职学生形成认识和把握社会价值与自我价值的能力。引导高职学生对自身个性特质有正确、充分的认识是职业价值观的重要作用之一，它通过在价值观层面对高职学生进行引导和教育，能够帮助高职学生准确地了解和评估现实与个人理想之间的差距，从而使其结合社会现实与自身职业定位，对自身能力优势与现有资源进行把握与利用，挖掘更多的就业机会。在职业价值观教育的具体实践中，高职院校要引导高职学生对客观现实与真实的自己有清晰的认知，使其对自己有客观、公正的评价，帮助高职学生选择和确立适合自己的、可行的职业发展目标。

高职院校通过以下途径，能有效进行就业指导中的职业价值观教育：第一，通过心理测验对高职学生的能力、性格、潜质、兴趣等进行科学测量，根据霍兰德人格—职业匹配理论对测量结果进行具体分析，结合测试与分析的结果，帮助学生更全面、客观地认识自身性格、理想、价值观和兴趣，并使其根据自身在各方面的优势和特点树立职业理想，明晰未来职业发展方向，以端正的职业态度与对成功标准正确恰当的理解确立职业目标，制订并执行

第二章 职业理想、职业道德与人生价值观

未来职业规划。第二，培养学生自我批评和自我反思的好习惯。一方面，高职学生需要通过与他人在学习成绩、人际关系、实践能力方面的素质高低的对比，了解自身的优势与不足，同时，他们也需要通过他人对自己的客观评价总结自身的优缺点，有针对性地提升、完善自己；另一方面，高职学生应积极参与社会实践，并通过实践对自身专业知识和职业技能的掌握水平进行检验，及时查漏补缺，发扬长处，填补不足。

②通过加强人生价值观教育，引导学生形成正确、积极的人生观、世界观、价值观，使其形成健全的品格与良好的道德素养，这也是人生价值观教育的主旨。健全的品格，积极健康的价值观、世界观、人生观，良好的道德素质会为高职学生的择业、就业和创业提供价值观方面的借力。首先，高职院校要培养高职学生自我价值和社会价值相统一的价值观念，通过社会主义核心价值观对学生进行正面的教育和引导，培养其奉献精神与服务意识，以时代精神为以引导，使其深入了解个人价值的意义；鼓励高职学生积极参与创造，紧跟时代发展步伐，为社会的建设发展奉献自己；使高职学生扮演好在学校、家庭、社会中的每一个角色，找到自身在不同环境中存在的意义，创造自我价值，实现生命意义。其次，高职院校要组织开展适当的挫折教育，这有助于高职学生养成良好的调整适应能力和较强的抗压耐挫能力，使其形成坚定顽强的意识与较为成熟的忧患意识，不怕挫折与困难，并且能在经历失败后积极总结经验，弥补自身的不足，提升自身对未来的掌控力。最后，高职院校应对高职学生实施适当的自信教育与希望教育，使高职学生养成宽广的胸怀，不拘小节，为实现职业理想，选择行之有效的方法，更使其无论面对怎样的境遇，都能以不屈不挠的精神面对人生、面对职业。

③通过加强就业心理健康教育，培养高职学生积极健康的就业心态以应对就业问题。同健全、科学的价值观一样，健康、积极的就业心态也能对高职学生的就业质量和就业走势造成重要影响。随着改革开放的不断深入，文化多元化、经济全球化、社会信息化程度不断加深，我国文化、政治、经济等各领域逐步深化改革，这些都给高职学生的就业带来了一定影响。对此，高职院校必须从行为方式、心理认知、意志力、理想信念、情绪情感等方面对高职学生进行价值观与心理方面的疏导，这些也是高职院校心理健康教育与就业心理辅导的核心环节和首要前提。高职院校要通过开展科学的就业心

理辅导和专业的就业知识辅导实施对高职学生的"疏导",帮助高职学生清楚认识社会认知与自我认知二者间的关系,对高职学生的就业心理结构进行完善,帮助高职学生形成积极正确的就业态度、就业行为和就业认知等。具体可从以下方面着手。

第一,在就业知识与技能方面加强对高职学生的培训。高职学生通过学习和掌握就业基础知识,能够更好地了解就业政策,熟悉人力资源理论与就业市场运行规律等方面的知识,从而树立积极的择业观。高职院校对学生加强就业知识与技能方面的培训,有助于学生将现实情况与自身情况结合起来,对就业职位和未来工作岗位形成较强期望,并通过对自身职业发展的合理定位,选择适合自己成长的行业、企业、地域等;高职院校为学生培训就业技能不仅能培养和提升学生的适应能力和学习成长的能力,而且能帮助高职学生学习并掌握面对心仪岗位时的自荐方法、求职准备、笔试面试技巧等,使其主动出击,把握理想的就业机会。

第二,在心理素质方面强化对高职学生的训练。强化高职学生的心理素质,有助于提高高职学生的心理韧性,使其养成强大的心理素质,这样能使其很好地克服就业时产生的退缩、恐惧和迷茫等心理;还有助于提升高职学生面对困难、应对挫折、自我认知的能力,使其能够始终保持乐观积极、自信向上的心态面对就业过程中的一系列问题。

第三,就业指导工作的开展应围绕学生进行。就业指导教师应合理利用各种渠道,包括但不限于网上讨论、单独谈话、电子邮件、集体探讨等方式,与学生之间密切互动,实现对高职学生心理需求和思想动态的实时了解和掌握,并以此为基础向他们提供更具实效性和针对性的就业指导。

第四,应对就业心理咨询工作给予重视。在就业指导工作中,就业心理咨询工作作为重要环节,对高职学生的心理健康成长、就业态度、职业价值观的形成等具有重要意义。开展科学的就业心理咨询,能有效提升学生对本专业的认识深度和热爱程度,提升其对自身未来职业发展的接受和认同程度,对当今社会的就业政策、就业形势形成一定了解,从而树立恰当的职业理想和职业发展目标,并形成合理的就业期望。高职院校经常开展就业心理咨询工作能有效避免高职学生在面对就业时产生的迷茫、不适应、消极等负面心理,提升高职学生的自信心,使其树立正确的就业观念。

第二章 职业理想、职业道德与人生价值观

（2）充分发挥社会实践教育与家庭教育的作用，合理助推高职学生顺利就业。在正确树立高职学生价值观的过程中，社会、家庭应与高职院校共同承担教育责任，国家教育相关部门单位、社会相关组织机构、社会大众、高职院校教师等也应承担起相应的责任。就业指导中价值观教育的目标，需要社会实践教育、家庭教育与学校教育合力实现，这要求教育实施载体不局限于教育方面的行政服务部门和高职院校教学部门，社会组织、家庭、企业与高职院校之间应形成长久有效的互助与联动。

首先，应提高家庭教育在就业指导价值观教育实践中的参与度，使家长的示范与监护作用充分发挥出来。家庭是高职学生灵魂的归宿与心灵的港湾，虽然高职学生大多数住校，但其与家庭之间的情感一直十分牢固，家庭教育能直接影响高职学生的价值观塑造。在紧张的高考结束后，高职学生的身心得到暂时的放松，这时其对自身的要求就会逐渐降低；再加上一部分高职学生进入高职院校是首次离家在外生活，在没有家长管束的情况下，总会对学习松懈。家长应重视对孩子的教育，无论孩子是否在身边，都应采取适当的方式保持与孩子的联系，坚持对孩子的教育，同时，家长也要与班主任密切沟通，对孩子思想的动态变化及时进行捕捉和了解，从而以更合适的方式与学校相互配合，全方位对孩子开展各种形式的教育，使他们充分利用大学时光，深刻领悟并牢牢把握专业知识技能、就业知识技能，为未来职业发展奠定坚实基础。此外，家长还应充分发挥自身示范作用，以自身规范的言行为孩子树立学习的榜样。

其次，应鼓励高职学生走出校园，使其快速适应社会，积极走向社会。在高等职业教育中，社会实践教育是必不可少的一个环节，社会实践教育是高职院校衔接社会的教育，高职院校通过组织开展丰富多彩的社会实践活动，巩固高职学生的学习成果，提升高职学生的实操实践能力、综合素质水平、实践创新能力，以及社会适应能力，有助于高职学生树立正确的价值观念、形成良好的创业精神，社会实践教育对高职学生的健康成长具有积极的引导作用。随着高等教育规模的不断扩大，高校毕业生的逐年增长以及社会发展对人才需求的不断变化，拥有实践创新能力逐渐成为当今社会用人单位招聘人才时重要的依据和标准。作为社会的重要组成部分，高职院校应重视各种社会实践活动在高职学生综合能力与素质提升、良好职业价值观养成等方面

的重要作用,结合实际对目标进行精准定位,并积极实施这些社会实践活动。具体操作方法如下。

①推动高职学生就业、创业与社会实践活动有机结合。一直以来,高职学生的就业问题备受学生本人、高职院校、学生家庭、社会各方面的关注。社会实践活动是高职学生毕业入职前的一次演习,能帮助高职学生快速发现并弥补自身在综合素质与专业知识技能等方面的不足。社会实践活动的价值在于,通过开展丰富的社会实践活动,使高职学生快速了解社会、企业单位、市场的实际状况和真实需求,并通过在实际实践过程中的锻炼不断完善自我,提升自身的竞争力和综合素质。高职学生还能通过社会实践活动积累就业和创业经验,形成良好的创业精神与意志,为自身确定合适的职业发展道路,为自己之后的就业创业奠定坚实的基础。

②建立并完善高职学生社会实践基地机制,推动高职学生社会实践教育可持续发展。高职院校应基于便利原则和就近原则,以企事业单位、爱国主义教育基地、社会服务机构等为依托,围绕合作双赢的目标建立有效可靠、长久稳定的高职学生社会实践基地,推动高职学生社会实践教育可持续发展。高职学生社会实践基地可划分为以下类型:实习基地、公益服务基地、道德教育基地、创业孵化基地等,高职院校要对这些基地进行分级管理和分类指引,以网络化手段管理社会实践基地,为培养高职学生社会实践能力提供保障。

③将社会实践活动作为试金石,检验高职学生的综合能力与综合素质水平。高职院校开展社会实践活动能在很大程度上扩展学生视野,提高学生对社会的认识程度和适应能力,使其对社会有更充分、全面的了解,帮助他们更好地融入社会。从这一角度来看,社会实践活动对提升学生综合素质与能力具有有效的检验作用。作为领导者和组织者,高职院校应不断加强自身与企业、社会之间的合作,向学生提供丰富、切合实际的社会实践活动,建立健全灵活的社会实践能力考察与测评机制,培养学生积极的社会实践意识,提升他们的社会实践能力和创新意识。

第三章 高职学生职业生涯规划准备要素

第一节 竞争能力要素

一、职业道德修养

(一) 高职学生加强职业道德修养的重要意义

1. 对社会的意义

(1) 职业道德建设是社会道德建设的重要组成部分。随着人们物质文化生活的日益丰富,加强社会道德建设已经成为人们的迫切需求。人们将人类社会生活分成了多个不同领域,如家庭生活、职业生活、社会公共生活等,并在这些领域内提出了相应的道德标准,如家庭道德、职业道德、社会公德等,职业道德是职业生活中一般社会道德的具体体现,也是道德的重要领域。由于人们的道德品质往往是在生活实践中通过学习和锻炼而形成的,所以,在进行职业道德建设时就可以将整个社会道德建设作为突破口。高职学生是社会备受关注的群体,社会道德建设的方向会受到他们的行为、道德水平的影响。因此,加强高职学生的职业道德教育,提高他们的职业道德修养,为社会造就有理想、有道德、有文化、有纪律的社会主义新人,对于推动社会道德建设和构建和谐社会具有重要意义。

(2) 高职学生加强职业道德修养能够有效改善社会关系与社会风气。如果高职学生具备了良好的职业道德修养,在他们真正走进社会、步入工作岗位后,就能对社会关系以及社会风气的改善起到良好的推动作用。从而营造健康、和谐的社会氛围,促进人与人之间形成良好的社会关系,推进精神文明建设。

2. 对高职学生个人的意义

（1）加强职业道德修养是高职学生成才的重要条件。对于每一个高职学生来说，成才是他们为之不断奋斗的目标。在新时代的发展背景下，社会主义人才不但要掌握扎实的理论知识、具备熟练的职业技能，而且要拥有良好的文化修养以及身体、心理的良好素质。新时代下优秀的职场人要有灵活应变的能力以及应对挫折的能力，服务意识要强，要有团队协作精神；他们不仅要有坚定的政治方向，而且还要有良好的道德观念，其中最关键也是最少不了的就是良好的职业道德品质。高等教育的主要任务就是为我国社会主义事业的发展培养一批又一批具有创新能力、实践能力的优秀人才。高职院校在进行人才培养时，一定要注重对学生职业道德的培养，要不断提高学生的职业道德修养，从而使高职学生可以更好地适应社会。

（2）加强职业道德修养是高职学生个人成功的需要。成功就是获得预期的结果，从某种意义上讲，成功就是获得了幸福和快乐，这是每个人一生的追求和梦想。但成功不是一蹴而就的，俗话说，万丈高楼平地起，高职学生想要取得成功，就必须加强自身的职业道德修养、热爱本职工作、忠于职守、遵守职业纪律、敬业奉献。

（二）提升高职学生职业道德修养的途径

1. 高职学生要自觉加强自身的职业道德修养

自觉性是提升职业道德修养的关键因素。"修"有整治、锻炼之意，"养"有养成、涵养之义。"修"犹切磋琢磨，"养"犹涵育熏陶。"修养"作为动词，其意为休息调养；作为名词，指理论、知识、艺术、思想等方面的一定水平。在提升高职学生职业道德修养方面是否能够取得良好的效果，除了一些客观因素外，学生的自觉性也是非常重要的影响因素。对于高职学生来说，提升自身的职业道德修养，也是在促进他们进行人格的自我完善，高职学生在提升个人的职业道德修养过程中，一定要意识到自觉性的重要作用，要勇于剖析自己，敢于自我批评，保持自我的道德评判和选择能力，不断提高自身职业道德修养的自觉性。以下从三个方面介绍高职学生自觉加强自身职业道德修养的途径。

（1）自觉提高对职业道德的认识。职业道德涉及多项内容，如职业道德基本理论、职业内部关系与外部关系等，高职学生只有提升了自身的职业道德，才能形成明辨是非的标准，并提升明辨是非的能力。没有正确的职业道德认识，就不可能形成正确的职业道德观念、拥有道德判断能力，也就不可能做出正确的行为选择、养成良好的行为习惯，提高自身的职业道德修养就将成为没有根基的空中楼阁。

（2）自觉加强职业道德理论学习。职业道德理论是马克思主义理论的重要组成部分，也是社会职业道德修养的指导思想，学习职业道德理论是提高自身职业道德修养的前提。一般来说，高职院校都开设了职业道德课程，但是学生们对这门课程开设的意义往往没有正确的认识。有些学生觉得只要自己的技术好，掌握的技能扎实，就可以找到一份好工作，而学习职业道德课程并不会使自己的技术得到提升，所以就认为这门课程没什么用。如果说高职学生可以在专业课中学会怎样做事，那么职业道德课教给他们的就是怎样做人，所以，高职学生要正确看待职业道德理论课，并认真学习课程内容，以提高自己的思想觉悟和道德品质，选择正确的职业道德发展方向，学会如何做人。

（3）自觉向具有高尚职业道德的光辉榜样学习。对高职学生来说，通过广泛地阅读道德模范人物的光辉事迹，从中体会、感受模范们的伟大、崇高，使自己得到高尚职业道德的熏陶和感染，是一种很好的提高自身职业道德修养的途径。2007年以来，我国每两年都会评选一次全国道德模范人物，其中有的是科学家、公务员，有的是乡村教师，有的是偏远山区的邮递员，还有的是普通的农民等。尽管他们的身影微小，但是他们的形象却散发着闪耀的光辉。他们恪尽职守、任劳任怨，坚守在平凡的工作岗位上奉献着自己人生，做人做事不图名利，对得起自己的良心，这些平凡的人们以自己的行动诠释着职业道德的内涵和价值。他们的无私奉献和坚守，不仅为我们树立了崇高的职业道德榜样，也让我们深刻体会到职业道德的伟大力量。我们应该向这些平凡的人学习，不断弘扬崇高的职业道德精神，做一名品德高尚、业务精湛的职业人士。

2.高职学生要在实践中提高职业道德修养

高职学生要想塑造良好的职业道德品质，提高自身的道德境界，最根本的渠道就是将理论和实际相结合。道德的最终归宿是道德实践，修养本质上并非理论问题，而是一个实践问题。人只有真正参与道德实践，才能真正明白道德的内涵，然后从内心产生道德情感，形成坚定的道德信念与道德意志，进而养成良好的行为习惯。学习职业道德理论的目的是分析和解决从事职业过程中遇到的实际问题。高职学生虽然没有直接从事职业实践，但可以尽可能地在现实的生活和学习中培养与职业有关的道德修养。

首先，高职学生应该努力学习专业知识、扎实提高职业技能。职业技能是职业道德的重要组成要素，只有掌握扎实的职业技能才能够更好地为社会和经济建设作出贡献。因此，高职学生要端正学习态度，制订明确的学习目标，为学习较高的职业技能夯实基础，为培养良好的职业理想和职业态度做好准备。其次，校方也要对学生加强管理，为其进行思想政治教育，帮助学生树立正确的职业观念和职业道德意识，使他们明确职业责任，自觉遵守职业道德规范。最后，高职学生要严格要求自己，通过自律规范自己的行为，树立较强的纪律观念。只有通过不断的自我约束和自我规范，高职学生才能够更好地锤炼自己的职业素养。

3. 高职院校教师要改进教学模式，提升学生修养认识水平

为了提高高职学生的职业道德素养，高职院校的教师可以采用多种创新的教学模式，如"翻转课堂"教学模式，让学生成为课堂的主体，使学生通过自主学习、课堂交流、小组讨论等方式来学习专业知识和职业道德规范。这样的教学模式可以激发学生的学习兴趣，增强他们的学习动力，更好地培养他们的自主学习能力。情景式教学是另一个有效的教学模式，其可以通过情景模拟让学生提前体验"职场工作"，在此过程中，教师可以设计一些突发事件来考验学生，然后根据学生的行为进行指导，引导其形成正确的职业道德规范行为。这样的教学方式可以让学生更好地理解职业道德观念，提高他们的职业道德素养。此外，教师还可以组织开展一些和职业道德修养相关的知识竞赛、讲座等活动，通过这种方式让学生充分地掌握职业道德修养相关知识。在知识竞赛中，教师可以采用分组比赛的方式，让学生在团队合作中学习、交流和互助，这样不仅可以有效提高学生的学习积极性，还能培养学生的团队协作精神，让学生更好地掌握职业道德修养的相关知识。

4. 高职院校要将职业道德教育模块贯穿专业课程和实训中

高职院校的职业道德教育需要根据学生的不同阶段制订不同的培养目标。在入学阶段，教师需要引导学生制订职业规划和职业理想，让他们充分认识

所学专业的发展历史、现状和特点，并激发学生的学习热情。在学习阶段，教师应将职业道德教育融入专业课程和实训中，让学生在学习专业知识的同时，形成职业道德修养。在实习阶段，学生需要到相关单位实习，提高自身职业技能和素养，学校应与实习单位保持良好的沟通，可通过走访实习单位、对实习单位主管进行访谈、对实习单位发放调查问卷等形式了解学生在实习中的表现以及他们的职业道德表现情况。

5. 高职院校要建立健全的职业道德教育评价体系

对于高职学生来说，经常会遇到一个现象，就是有的高职学生在学校各方面都表现很好，但是步入职场后却没有很出色的表现，之所以会出现这样的问题，主要在于对学生进行评价的主体不一样。对此，校方要基于企业需求，建立健全的职业道德教育评价体系，既要结合学生的个体特点，又要结合职业的具体特性。具体的操作步骤如下。

（1）学校应当结合学生的日常表现，填写学生的日常道德评价，以家访或者电话访谈的形式来了解学生的日常道德评价。

（2）学校需要了解实习单位对学生实习表现的评价，主要是技能表现和职业道德表现这两个方面。

（3）对学生毕业后的表现进行跟踪调查，了解用人单位对毕业生的满意程度。

二、心理素质

（一）高职院校学生心理特点

1. 独立性与依赖性并存

高职学生处在特殊的发展阶段，有着爱自由、讨厌被约束的心理特征，同时他们的独立意识也很强，希望有一个独立的自我，讨厌父母、同学等人过多干涉自己。不过，处于这个年龄段的学生往往生活阅历不够丰富，心理也尚未成熟，所以在处理很多事情的时候不免出现这样或那样的问题，在遇到种种困难和阻碍的时候，他们就可能会产生退缩或者逃避的心理，依赖父母、教师等为其提供帮助。另外，高职学生在经济与日常事务上也会对家庭有着较强的依赖性。总之，高职学生一方面渴望独立，另一方面又不得不在很多方面去依赖他人，从而产生矛盾感，这一阶段的学生心理是独立性和依赖性共存的。

2.有强烈的人际交往需求，但人际关系协调能力弱

高职学生正处于青春成熟期，因此在人际交往方面的需求是非常强烈的，同时在面对人际关系时也非常的敏感和脆弱。由于地域、文化、生活习惯等各方面的不同，再加上如今的高职学生大多为独生子女，因此，很容易导致其以自我为中心。这样一来，高职学生在日常的人际交往中就很容易出现问题，而且他们在遇到这些问题的时候，又很少与父母、老师去沟通，再加上网络时代的背景下，学生与学生之间过多依赖网络进行交流，在现实中的沟通越来越少，因此他们的人际交往能力就得不到很好的锻炼，这就可能会导致其人际交往需求和人际关系协调能力的失衡，从而使高职学生在人际交往方面产生一定的心理压力。

3.自立意识较强，自我控制和自我约束能力较差

很多高职学生认为自己已经是大人了，因此有着很强的自我意识，不愿意别人插手自己的事，也不愿意被别人约束。但是，高职学生的心智尚未成熟，所以自我约束与自我控制能力往往很差，意志力也不够坚定。在处理问题时，高职学生就很容易因情绪不能自控而做出不理智的事。还有很多学生会过于自信，高估自己的能力，话说得很漂亮，但做起来却相去甚远。

（二）高职院校学生心理素质提升策略

1.加强全程就业心理素质教育，为高职学生求职时有良好的心理素质做好准备

（1）及时对高职学生进行系统的就业心理教育，促使学生树立正确的就业心态，提升自己的心理素质。高职院校要为处于各个发展阶段的高职学生有针对性地进行心理辅导，多组织相关的讲座，使学生心理上的困惑得以消除；培养学生自信、自强、自主的心理素质，教给学生进行自我心理调节与保健的方法；增强学生在意志、社交、决策等方面的能力，防止学生在以后的求职中出现从众以及依赖他人的心理，或者是过于理想地看待就业问题，为他们以后的择业打下基础。

（2）促进高职学生自我认知的提高，从而使其对社会人才需求有一个明确的认知，同时也能使其对自身进行比较客观的评价。加大高等职业教育的宣传力度，及时向高职学生传递社会信息，让高职学生更多地意识到未来就业市场的广阔；在高职学生对当前的就业形势有一个全面了解的基础上，使

学生可以用一种正确的心态去面对就业压力,并且能够进行客观的自我评价,然后基于自身的情况去选择适合的职业,而不是选择别人觉得好的工作。高职学生不应该以攀比等心理去对待就业问题,要树立正确的择业观。

(3)教授高职学生应聘、面试的心理技巧,提高其应聘和面试的成功率。培养其积极应对突发问题的能力和遇到难题时自信、乐观的心理素质,增强其就业竞争力。针对高职院校准毕业生对就业心理咨询的迫切需要,高职院校就业指导服务部门应积极组织面向毕业生团体和个人就业心理咨询,教给学生克服焦虑、自卑等心理障碍的技巧和方法。

(4)加强就业心理素质教育的师资队伍建设。高职院校可建立一支专职、兼职相结合的心理素质教育师资队伍。这支队伍既要掌握就业政策和行情,又要懂得心理学理论。高职院校教师要通过心理辅导帮助毕业生建立一个良好的择业心态,指导毕业生及时调整就业期望值,避免攀比、从众心理,克服自卑、焦虑等心理障碍,使学生有一个良好的面试心理,提升就业竞争力。

2. 加强人才规格设计,将人才质量作为提高高职学生就业心理素质的根本,提升高职学生的就业能力

从宏观的角度讲,高职院校对于人才培养的规格以及总体目标都要明确,还要掌握人才市场动向、提高人才质量,为保证高职学生具备良好的就业心理素质打下基础。从微观的角度讲,就业心理素质教育要体现人本化,抓好自我认同和设计,以确保学生养成良好的就业心理素质。具体来说,主要包括两方面的内容。

第一,高职院校就业心理素质教育要以高职学生为主体。在高职院校实施就业心理素质教育的过程中,要以学生为本,要在学生走进学校校门的时刻起,就对其开展这一方面的教育课程。高职院校教师在实施就业心理素质教育时,要抓住学生的个性特点,有针对性地设计教育内容,给予学生更多的关心与爱护。同时还要基于学生的兴趣爱好、专业知识掌握情况以及认知水平,利用心理普测,使学生能够对自身有一个正确的认识,同时对自身素质、学校、所学专业等做出客观评价,然后找到个人与社会的切合点,正确定位,进行自我设计,为自己设计切实可行的目标,不盲目追求难以达到的目标。这样,有利于高职学生形成稳定良好的就业心理素质,为自己将来的择业早做准备,不断为自我设计的目标而努力,从而增加从容就业、竞争成功的概率。

第二，从心理学的角度讲，高职学生完成自我设计以后，就如同确立了一个发展道路更为宽广的"可能的自我"，而这个"可能的自我"的确立，可以为自身的行为起到一定的激励作用。高职院校可以将课堂教学和课外实践充分结合起来，引导学生进行自我设计，使学生的就业心理素质及就业能力都得到提升，促使学生朝着"可能的自我"努力奋斗。

3. 依托互联网等相关技术，为高职学生心理素质提升提供创新思路

随着高职学生心理健康问题逐渐凸显，高职院校应采取多元化的心理课程教学方式，借助网络为学生提供更为便捷、丰富的心理教育资源。一方面，高职院校可以依托网络平台，整合和分享心理课程资源，为学生提供多样化的学习内容和形式，如通过搜索引擎收集关于心理健康教育的视频，邀请专家直播，共享心理教育相关书籍等，以此激发学生的学习兴趣和积极性。另一方面，高职院校也可以发挥互联网的便捷性，探索多样化的心理课程教学方式，如在线学习、网络测评、网上心理问卷调查等，以满足不同学生的学习需求。同时，高职院校教师可以利用网络化心理教学课堂，邀请心理专家进行知识讲解，根据学生个性化需求设置网络课堂，提高心理辅导的针对性。在线下，高职院校教师可以通过心理辅导、心理游戏等实践活动，促进学生的心理健康发展，最大程度地发挥心理教学的效果。

此外，随着社会的发展，大数据已成为重要的工具，能够为高职院校的心理防治工作提供更加全面、精准的支持。利用大数据手段开展学生心理防治工作的意义重大。首先，大数据能够实现实时动态的教学管理，通过全面检测学生的心理状况，及时发现和解决学生的心理问题。例如，通过收集学生的学习和行为数据，大数据分析可以帮助教师发现学生心理问题的趋势和规律，及时采取相应措施进行干预和预防。其次，要构建完善的心理教育评价体系，通过建立学生心理健康档案，建立完善的心理健康评价体系，从而有针对性地对学生进行心理干预。通过分析学生心理健康问题的成因，设计个性化的心理防治方案，为学生提供更加全面的心理服务，进一步提高心理防治工作的有效性。

三、职业核心素养

（一）职业与教育互动中的职业核心素养及其价值

1. 基于职业人才培养的职业核心素养理解

（1）职业核心素养是职业发展变化对人才素养的要求。经济社会的发展会对职业核心素养的发展产生重要影响，归根结底，职业核心素养都是随生产力及生产方式的变化而不断发展的，它是对职场新人的素养要求，带有明显的职业特色，并呈现出明显的时代特征。从职业核心素养中就可以看出在不同历史阶段里，职场对于劳动者所提出的不同素养要求，农业社会、工业社会以及信息社会对核心素养的不同要求都为"需要具备什么素养的劳动者"的问题做出了科学回答。在此过程中，职业核心素养在特征以及结构上也势必会体现出发展性、动态性的特点。社会是不断发展变化的，社会分工的变化、技术的进步以及生产变革的更新都会对个体的职业发展产生很大影响，那么社会对职业素养的要求也会处于动态变化中。而且，个体的职业素养并不是天生就具备的，而是后天在诸多因素影响和要求下不断发展形成的。

（2）职业核心素养直接对接具体职业环境和岗位素质。职业工作会在社会分工体系中有所体现，在职业发展变化情境中，职业核心素养会直接和具体的岗位素质以及职业环境对接，会涉及一个人在职场中的岗位竞争力、社会适应性以及职业发展性。首先，岗位竞争力指的是劳动者在某一岗位中所具备的能力与素质，如工匠精神，如果劳动者具有追求卓越、精益求精的特质，那么其岗位存在感就更好，岗位竞争力也就更强。其次，社会适应性是基于个体由"学习者"向"职业人"进行角色转变时的要求。如果劳动者的学习能力、职业品格以及技术等方面都发展得很好，那么其社会适应性也会相对好一些。最后，职业发展性是在技术变化、生产变革背景下的必然要求，其能够促进职业实现可持续发展，主要体现为发展力以及生长性。对于如今的信息社会来说，如果劳动者的领导力、责任心、创新意识等都比较突出，那么他就更容易实现职业的可持续性发展。对于个体的职业发展来说，以上三者之间的关系是相互关联和相互支撑的，每一个都是不可缺少的。岗位竞争力为职业发展提供动力与保障，职业发展性则为个体提供目标与发展方向，社会适应性是岗位竞争力和职业发展性的基础。职业核心素养不仅是重要的素养，同时也是高级的素养，它的核心特质体现在其是一般职业素养的灵魂，能够起到对其他素养进行活化与联结的作用。

（3）职业核心素养和高职院校的职业教育以及培养活动是息息相关的。高职学生职业核心素养是学生在以后步入职场、参与社会分工时，必须具备的能力与品格。在人的职业发展中，能力与品格属于核心品质，二者不仅具备相对独立性，还在内涵、特点以及形成机制上都具备独特性；然而，二者的内部又存在一定的关联性，它们在内涵上是相互交叉的，在形成上又是相互促进的。不管是能力还是品格，都和高职院校的教育与培养具有紧密的联系。学生职业核心素养主要包括两方面的内容，一方面，它指向的是学生进入职场在工作岗位中所呈现出来的知识、情感、才能、价值观等的集合，更加明确职业教育培养的范畴；另一方面，它与一般的公民核心素养有很多共通的内容，虽然也有很多不同之处，但是这些素养往往都是可以通过后天的教育而实现的，高职院校教师可以有针对性、有目的地通过教育活动对学生进行培养。所以，高职院校在制订人才培养目标以及设置培养课程时，都要以培养学生职业核心素养作为预设前提，使学生通过高职院校的教育与培养，掌握职业核心素养，在进入工作岗位后，再通过实践进行不断的巩固与提高。

2. 基于职业核心素养的高等职业教育价值表达

对于职业教育来说，其职业属性体现在职业对教育的社会性限定和规制方面，通俗点说就是，职业和教育之间的关系体现在教育需要培养怎样的职业人才及培养这些人才相关的教育活动、培养规格等方面。职业教育和职业发展要保持一致性，而职业发展又是以经济社会发展作为基础的。在不同的历史条件下，人才培养的关注点会有所不同，也就是关于"培养怎样的人"和"怎样培养人"的问题，其中人才培养目标的价值定位是人才培养的核心内容。

（1）教育理念的反映：从"制器"到"育人"。从本质上讲，教育属于一种社会活动，因为不同的政治经济发展程度，在不同的历史发展背景下，对于教育也有着不同的理解。不过，教育作为一种文化表现形式，能够对社会需求进行直接反映，会对"培养怎样的人"的问题给出直接的回答。同样的道理，职业教育的本质属性、价值取向的认识与判断也会在职业核心素养上直接体现，职业核心素养是对教育活动最新的认识成果，其结构和要素对于职业教育活动有着非常重要的意义。再更加深入地讲，职业核心素养犹如一种教育理念，会对高职院校的教育方向及教育改革起到引领作用[1]。

教育的一项重要职能就是进行人才的培养，社会人才的培养主要是通过教育来完成的。教育为社会培育出更多的人才，以满足社会的发展需求，因而教育是保障经济发展、促进社会稳定的基础。那么，教育在人才培养方面就必须注重提升学生的基本素质，只有这样，学生在步入社会之后才能胜任各种职业角色，教育和社会也才能够进行良性互动。在教育的发展中，职业教育在很长的一段时间里都是一项培养特定职业所需知识与技能的活动，不管是在农业社会中要求的操作技能，还是在工业社会中要求的职业能力，职业教育往往更强调培养人的特定知识与技能。这样一来，职业教育就好像成了制造机器的工具，当然这是在特定历史条件下的必然结果。在工业社会时期，职业教育所培养的技术型人才大大促进了当时的经济发展，使得职业教育成为和当时的经济社会发展联系最紧密的社会活动。长此以往，人们就给职业教育贴上了"制器"教育的标签。这样的刻板印象也给职业教育带来了不小的负面影响。一方面，由于职业教育的经济功能被无限放大，因此，会让人忽视掉职业教育的多元价值。因为过于宣扬职业教育的经济特性，所以职业教育往往会将培养熟练的技术工人作为教育目标，将学生当作产品一般去生产，这样一来，接受职业教育的学生所学习和掌握的知识与技能就会非常单一。另一方面，职业教育非常理性，使得学生的主体地位被忽视，学生的主体需求无法被充分满足，职业教育的"育人"功能也会被弱化，这对于学生的全面发展是非常不利的。

回归教育的本质，高等职业教育是多种教育类型中的一种，因此本质上也应具备"育人"功能。而人始终是教育活动的主体，所以任何教育活动都要围绕着人去展开。职业核心素养提出以后，意味着高等职业教育开始从之前的"制器"向"育人"转变，从教育的本质上对高等职业教育有了更高的要求。这体现了高职院校对以往"制器教育"的反思，也是对"培养什么样的人"问题的科学回答。随着信息技术与知识经济的不断发展，经济社会发展迎来了巨大的转型，生产变革以及技术的进步对于人们生产生活的影响可谓是巨大的，而以往高等职业教育的人才培养模式已经无法满足当前的社会

---

[1] 乔为.核心素养的本质与培育：基于职业教育的视角[J].职业技术教育，2018,39(13)：20-27.

发展需求，于是，人们纷纷开始将注意力放在了人才培养问题上。如今在信息社会背景下，高等职业教育又提出了职业核心素养，它作为对职业教育理念的一种新的理解，有助于唤醒高等职业教育的"育人"属性，将"培养全面发展的人"作为"育人"的终极目标，促使高等职业教育树立"育人"的教学立场与目标。

（2）教育目标的体现：从单纯培养"职业人"转变为更加注重培养"全面人"。这种变化主要是由于经济社会发展对人才的新要求。如今，人才需要具备更为全面的素养和能力，只有这样，他们才能更好地适应社会的变化和发展。因此，高等职业教育也需要注重培养学生的综合素质，包括人文素养、语言表达能力、创新能力等，以提高学生的综合竞争力。高等职业教育的特殊性质决定了其与经济社会发展的紧密联系，以就业导向为目标的高等职业教育人才培养思路，是为了满足用人单位的用工需求。然而，随着社会的发展，单纯注重就业的培养目标已经不能满足人才的需求，学生需要具备更多的素养和能力。因此，高等职业教育需要注重发展多元化的人才培养模式，为学生提供更多的发展机会。现如今，各个高职院校也在积极贯彻和实施新的教育模式，如订单式培养、嵌入式培养、校中厂、厂中校等职业教育人才培养模式，整合高职院校和企业的资源，为用人单位培养合格的职业人。通过这些新的教育模式，高职学生可以更好地接触到实际工作，了解职业岗位的需求，提高自身的职业能力和素养。总之，高等职业教育需要注重培养具有全面素质和能力的人才，并通过多元化的人才培养模式，让学生更好地适应社会的变化和发展，使其能够满足用人单位的用工需求。

职业教育的终极目的是人的生存和发展，这与其他教育类型的目的并无区别。然而，随着信息社会和经济社会的快速发展，职业的边界变得模糊和开放，职业的流动性不断增强。同时，新的知识和技能需求不断涌现，需要被纳入传统教育目标，因此，职业教育的培养目标也需要随之调整和改变。在当今时代，职业教育需要注重培养学生的全面素质和能力，而不是仅仅注重对学生职业技能的培养。职业核心素养的提出，体现了人们对信息社会职业教育目标内涵的新认识，同时，也昭示着高等职业教育目标领域的思维方式由"分析还原"到"系统综合"的转变。从价值取向来看，职业教育目标的关注点也从对知识和技能的强调转向了人的全面发展。从思维方式来看，教育目标的突破也有助于高职院校建立起更加系统和综合的教育目标结构。

换句话说，职业核心素养不仅体现出新形势下高等职业教育人才培养规格的新需求，还预示着在信息社会中，高等职业教育应对技术进步、生产变革和职业变化而进行的职业教育目标系统的"范式转换"①。

（二）高职学生职业核心素养培养

1.培养目标"嵌"素养，优化目标体系

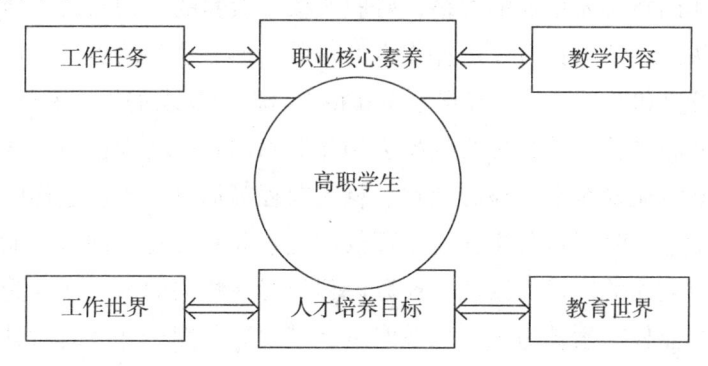

（1）培养目标与职业核心素养的对应关系。高职院校的培养目标是明确的，其中包括对培养类型、层次、规格和职业岗位等方面的要求。而培养规格则是对培养目标的具体化，是对学生需要具备的各种素质和能力的具体要求②。由此可见，培养目标与培养规格是高等职业教育人才培养的重要组成部分。对高职院校而言，其类型和层次是明确的。高等职业教育是高等教育的一个特殊类型，其层次是高等教育的重要组成部分，是职业教育发展的高等阶段。培养规格是培养目标的具体化，是一种操作性目标，是对培养对象需要具备的各种素养的具体要求。此外，作为一种就业导向的教育，除了对培养的类型、层次和规格进行说明以外，还需要对人才培养的服务对象和职业岗位进行说明，即培养的人才主要面向哪些行业或企业单位、有哪些具体的职业岗位等。据此，高职院校结合高等职业教育人才培养的特点，尝试建立培养目标与职业核心素养的对应关系。培养目标与职业核心素养的对应关系如图3-1所示。

图3-1 培养目标与职业核心素养的对应关系

---

① 刘新阳.教育目标系统变革视角下的核心素养[J].全球教育展望，2017，46（10）：49-63.
② 查吉德.职业教育人才培养目标的理论与实证研究[M].广州：暨南大学出版社，2015：43.

图中，高职学生是连接工作世界和教育世界的中间变量，他们既是工作世界的实践者，又是教育世界的学习者。高职学生一方面可以从工作任务中明确职业发展需要的职业核心素养结构和标准；另一方面可以在学习过程中提升自己的职业核心素养。

（2）职业核心素养嵌入培养目标的设计思路。职业分析法是教育界目前普遍认可的职业教育目标分析方法，它要求学生在接受教育后，要明确各种素养应该达到的标准和水平。职业教育的培养目标和规格与职业岗位密切相关，由于不同学科专业面向的服务对象和职业岗位不同，高职学生的培养目标和规格也有所区别。比如，机械、电子等工科专业，注重动手操作能力，对信息与技术素养的要求较高；市场营销、电子商务等文科专业，受市场环境变化影响较大，对学习与创新素养的要求较高。为此，结合不同学科专业人才需求和特点，高职学生职业核心素养嵌入培养目标的设计思路如下：职业岗位与资格标准分析—工作任务与职业核心素养分析—专业核心课程设置分析—职业核心素养考核评价分析。

第一，要科学地分析职业岗位（群），在这一阶段中，要多深入调研，征求大众的意见，从而更加全面地完成对高职学生职业岗位及岗位资格的研判与分析。这样做可以确保人才培养的规格和质量，为学生未来的职业发展提供有力的支持。第二，要和具体的学科培养目标及岗位的具体任务相结合，不断优化和调整人才培养的规格，对职业核心素养的结构与发展情况进行明确掌握，从而总结出具有一定操作性的培养目标。这些培养目标可以指导后续的课程设置和教学活动，确保学生获得符合职业需求的素质和能力。第三，要以职业核心素养培养目标为依据去构建课程体系，将理论与实践课程都包括在内，同时还要对专业核心课程、相关课程等加以明确。这样的课程设置可以确保学生在学习过程中获得全面的职业素养和技能，同时也能够有效地满足社会对人才的需求。第四，要以课程学习与相关的教学活动为基础去分析和评价职业核心素养考核，以及时掌握其发展程度，并及时对其进行有效的干预和调整。

这里需要注意的是，由于职业核心素养具有系统性，所以只对高职学生进行课程教学是很难获得理想的效果的。因此，最好的办法就是将职业核心素养纳入高职院校的育人体系，如实践育人、文化育人、心理育人等，从而使高职学生不断提高自我培养的意识，增强自我培养的能力，使他们由以往被动地接受塑造转变为对职业核心素养培养的积极参与。

2. 课程教学"练"素养，优化内容体系

从本质上讲，职业核心素养是有价值的教育概念，属于宏观范畴，是无法在教育教学中进行具体实践的。高职院校的教育工作主要以课程教学作为载体，而课程教学也是实现人才培养目标的主要手段。培养高职学生的职业核心素养，要以课程教学作为依托，做好素养的课程转化，将各种素养要求渗入课程体系，从而建立与高职学生职业核心素养要求相符的课程体系。

（1）以职业核心素养为基础的课程开发。在明确培养目标后，课程开发要以怎样把工作任务转化成劳动者应学习的知识和掌握的能力，以及工作任务怎样依附于知识与能力的职业核心素养作为基础前提。假如无法对工作任务所要实现的目标、达到的程度以及要提高到怎样的水平进行明确描述，也就难以对知识及能力的边界进行界定。所以，课程开发理念的确定是至关重要的。

成果导向教育理念是一种比较实用的教育思想，能够有效地引导学生实现自我价值的提升，其也是一种符合信息时代要求的教育理念。该理念最早在美国诞生，以斯派狄（Spady）提出的成果导向教育金字塔为代表，随后在欧洲、亚洲等地区迅速传播开来，对教育改革起到了很好的导向作用。成果导向教育理念最大的特点是对学生的发展制定明确的定义标准，管理者的控制源于课程目标以及学习结果，根据这种务实的教育理念，可以更好地培养学生在职业发展方面所必备的核心素养和实践能力。成果导向教育理念在课程转化方面有着显著的优势，其为课程转化提供了有效途径：成果导向教育注重明确目标和标准，强调教学目标的一致性和紧密性，能够帮助教师更加科学地设计教学方案和课程内容，使得学生能够更好地掌握职业核心素养和实践能力，从而满足教育世界和工作世界的需求。职业岗位成果导向的课程开发从素养要素与结构出发进行反方向设计，即课程体系支持素养结构，课程内容和素养结构相对应。例如，在设置基础课程时，要以理解职业和认识职业为中心进行设置，注重知识的渗透；在设置专业课程时，则要围绕着岗位任务与岗位标准进行设置，注重高职学生知识与能力的掌握。

（2）基于职业核心素养的课程体系。从以往的课程体系中我们不难看出，大部分高职院校的课程体系往往都是能力本位的，这样的课程体系更加注重专业知识的实用性以及针对性，其主要有四个基本特征。第一，课程目标指向的是工作过程及任务的完成；第二，教学内容往往与实际工作内容有着直接且紧密的联系；第三，课程体系的结构是基于工作流程进行设计的；第四，根据工作任务的成果制订评价标准。随着信息技术的发展与社会的进步，课程体系的能力本位已经慢慢转变为素养本位。后者不管是在内涵还是在外延上，相比前者都更加宽泛，所以回归到课程体系中，高职院校也要对高职学生的能力培养进行扩展。素养本位对照能力本位课程体系进行了理论框架的确定，为高职院校进行职业核心素养在知识、能力等方面的培养提供了可能，可以说，围绕素养本位制定的课程体系是对以往课程体系的优化升级。素养本位的高职院校课程体系如图3-2所示。

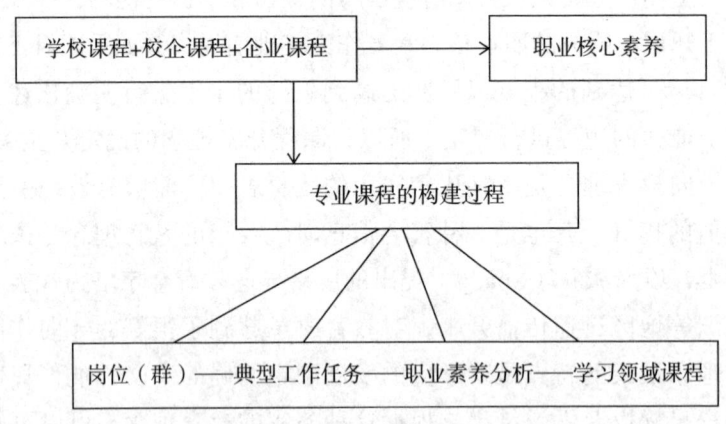

图3-2 素养本位的高职院校课程体系

对高职院校课程而言，主要是基础课程和专业课程；对校企课程和企业课程而言，主要是与行业、企业关系密切的专业课程。此外，有些学生在顶岗实习实训时，也会系统地学习这些专业课程，这时也需要企业对高职学生进行与学校专业课程有关的针对性培训，甚至是课程的有机融合，而这也是目前深入推进产教融合的主要难题之一。

（3）基于职业核心素养的课程教学。按照人才培养目标和课程设置的要求，高职学生职业核心素养培养的主要渠道是高职院校的课程教学。一般而言，在高职院校的课程教学过程中，又包括了理论教学和实践教学两个环节，彼此是相互支持、相互补充的。

①理论教学。理论教学即按照既定的课程体系安排，依托课堂教学方式，

突出强调知识的学习和情感、态度等的滋养，是各种能力形成的基础。在理论教学中，教学内容的选择、教学模式的拓展和教学方法的运用，都会对高职学生职业核心素养的培养产生重要影响。理论教学可分为以下三点。

第一，教学内容的选择与取舍。在传统教学观念中，往往要以对知识的考量为基础选择教学内容，强调知识的系统性与完整性，选择标准通常来自人类发展的经验积累中最核心和基础的内容，然后再对这些内容进行分类，形成多种学科，分阶段对学生进行学科教学。然而，这样的方式从某种角度上讲是对学生全面性发展诉求的忽视，因此，高职院校教师应重新审视教学内容，要突破传统认识，改变以往的教学观念，使教学内容呈现综合性、动态性、时代性的特点。教学内容的选择不仅要注重学科专业领域的理论性知识、行业知识和社会实践性知识，还要注重通识性知识与复合性跨领域知识的融合。高职学生职业核心素养涵盖了学习与创新、生活与生涯知识、信息与技术能力以及职业品格与修养等，因此，教学内容的选择应该从核心素养的角度出发，将各门学科知识有机地融合起来，既注重学科知识，也注重通识性知识、复合性跨领域知识和社会实践性知识的融合。在教学过程中，高职院校教师应该注重培养学生的创新能力、综合能力和实践能力，使其在步入社会后能够适应未来的职业发展。同时，高职院校教师也需要将学生的职业品格和道德修养纳入教学内容，从而全面提升高职学生的职业核心素养。

第二，教学模式的拓展与延伸。日本学者佐藤学曾表示："教师活动的核心不是讲授，而是倾听。"[1]在教学过程中，接受和倾听是两种基本活动，它们并不是对立关系，而是相互交融、缺一不可的。不管是在接受学习还是在发现学习中，都应该注重接受与倾听二者间关联性的建立，然而，在传统教学理念中，接受学习"一家独大"的现象比较普遍，这体现了对教学活动实质的背离，很容易在转化为"灌输式"教育后影响学生的发展。信息社会知识经济的发展以及信息技术的进步使高职院校的教学空间得到了拓宽，因此，高职院校的教学模式也需要做出相应的调整，以满足学生职业核心素养培养的新要求。在传统教学模式中，通常将"接受"置于绝对地位，这种错误观念需要得到改变。高职院校应重构基于学科专业核心素养的教学模式，倡导

---

[1] 佐藤学.教师的挑战：宁静的课堂革命[M].钟启泉，陈静静，译.上海：华东师范大学出版社，2012：5.

自主、合作、探究式学习，注重培养学生的职业核心素养，如主动探索、批判质疑、合作协作、信息技术使用和数据分析能力等。对于高职院校来说，要通过社会环境浸润、真实企业情景模拟、真实操作体验等方式来培养学生的职业核心素养，这些素养包括职业品格与修养、信息与技术素养、学习与创新素养等。在传统教学模式中，是很难去培养高职学生这些素养的，因此，当前高职院校应该采用一些新的教学模式去开展教学活动，如体验式教学模式、情景式教学模式、翻转式教学模式等。通过这些教学模式，高职学生能够更好地掌握学科专业核心素养，同时也能够更好地培养自身的职业核心素养、更好地适应未来职业发展的需要。

第三，教学方法与手段的创新。"互联网+"教育出现以后便得到了快速普及，而互联网的迅速发展也对高职学生职业核心素养的内容进行了丰富，要求学生不仅要具备信息意识，还要具备相关的实际操作能力，如信息获取能力、信息处理能力、数据分析能力等。除此之外，在生产变革和技术进步的影响下，除了对劳动者在学习、创新、技术等方面的能力有更高要求以外，还要求劳动者能够通过互联网增强自身的沟通交流能力、创新创造能力、对多元文化的理解能力等。在教学方面，高职院校教师要适应"互联网+"职业核心素养培养的新要求，要充分认识到慕课（MOOC）、在线开放课、云课堂等新型教学模式的发展对教学手段带来的重大变革，这些从书本教学拓展到双线混合教学、从以教师为中心转向以学生为中心、从课堂学习转向多种形式综合学习的方式，更加迎合了当代高职学生个性化学习的需求。同时也培养了学生在线学习、泛在学习和混合学习的能力，让学生更好地学会学习、学会运用信息技术分析和解决问题，进而培养其职业核心素养。由此可见，"互联网+"教育正在引发新一轮的"课堂革命"。

②实践教学。实践教学可分为以下两点。

一是校内实习实训。校内实习实训是培养高职学生知识与技能的关键途径之一。高职院校建立的实习平台会模拟企业的工作情景，高职院校以此平台为依托，让学生深入模拟工作情景，然后根据制定的任务及操作流程进行"工作"。在此过程中，教师不但能够及时观察学生的表现，还能对学生的实际操作进行全面监控，从而对学生的操作给出正确的指导。校内实习实训突破了课堂教学的局限性，使学生可以通过实际操作将自己所掌握的课堂知识应用到真实的"工作"中去，加强自己与外部真实工作世界的联系。同时，校内实习实训还可以对学生掌握的课堂知识进行巩固，并有效提升学生实操能力。除此之外，高职学生在实习实训过程中还能更好地提升自己的劳动能力、交流能力、解决问题的能力等。对于最终实习实训的成果，高职院校教师可以通过让学生写实训日记、填写实训手册等方式对学生进行考核，这些由学生填写的实训日记、实训手册等将交由实训指导教师评定，最终成为课程学习的一部分。

　　二是校外顶岗实习。校内实习实训是在虚拟的工作情景下完成的，而校外顶岗实习则是使高职学生真正踏足实际的工作场景，进行真实的岗位训练。通常高职院校都会采取"2.5+0.5"（高职学生在学校学习2.5年，在企业中实习0.5年）、"2+1"（高职学生在学校学习2年，在企业中实习1年）的培养模式，高职院校的校外顶岗实习会在高职学生的第五个学期或者是第六个学期组织开展。校外顶岗实习是一种非常重要的教学形式，它可以让学生在真实的工作环境中进行实践，直接参与岗位工作，得到"师傅"的直接指导。通过这种实习方式，学生可以更好地感受职业核心素养对于一份工作的重要性，然后真正对职业核心素养的培养意义产生认同。同时，校外顶岗实习还可以帮助学生更好地把握自己具备的素养、发现自己所不具备或者是需要提升的素养，然后想办法培养和增强自身的职业素养。当然，高职院校要与学生实习的企业进行密切的配合，加强对校外顶岗实习学生的管理。高职院校可通过校企连线、定期走访等方法及时了解和掌握学生的实际情况，确保学生在实习期间得到充分的指导。校外顶岗实习是高职院校培养学生职业核心素养的重要教学形式，通过真实的实习，学生可以更好地掌握职业技能、提升实践能力，进一步增强对职业核心素养的认知和认同，提高自身的竞争力和就业能力。

第二节　就业能力要素

一、高职学生就业能力构成

高职学生就业能力构成要素如图3-3所示。

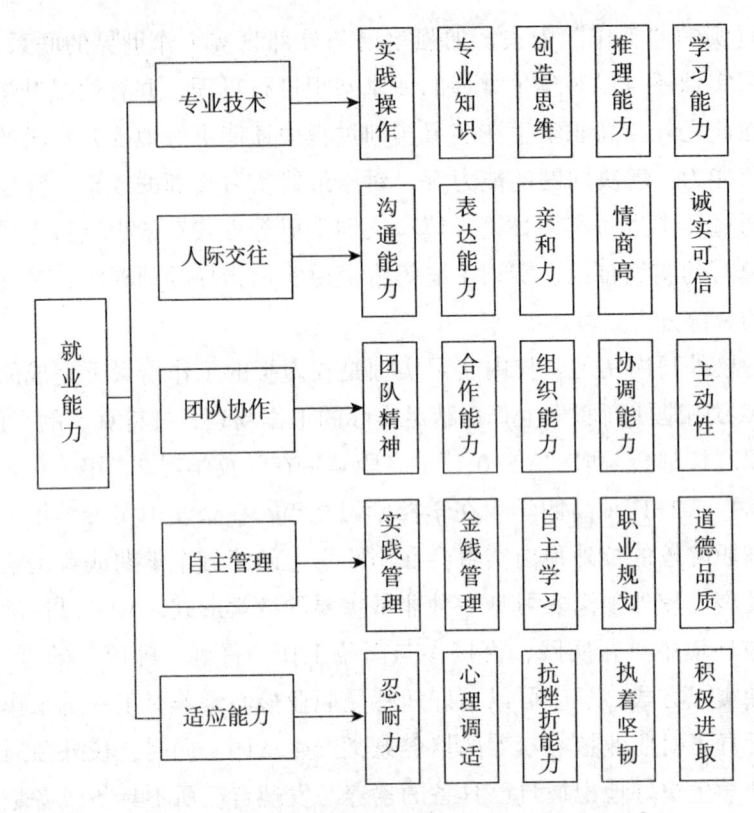

```
                    ┌─ 专业技术 ─→ 实践操作 | 专业知识 | 创造思维 | 推理能力 | 学习能力
                    │
                    ├─ 人际交往 ─→ 沟通能力 | 表达能力 | 亲和力 | 情商高 | 诚实可信
                    │
        就业能力 ────┼─ 团队协作 ─→ 团队精神 | 合作能力 | 组织能力 | 协调能力 | 主动性
                    │
                    ├─ 自主管理 ─→ 实践管理 | 金钱管理 | 自主学习 | 职业规划 | 道德品质
                    │
                    └─ 适应能力 ─→ 忍耐力 | 心理调适 | 抗挫折能力 | 执着坚韧 | 积极进取
```

图 3-3　高职学生就业能力构成要素

二、高职学生就业能力培养路径

（一）不断提升自我，完善自我个性品质

如今企业在面试应聘者的时候会非常看重其个性品质，如果员工的个性品质比较好，其人际关系也会处理得较好，对整个公司的环境、文化也都能够都带来积极的影响，所以，对于一个企业来说，员工的个性品质始终是无法忽视的。为了使企业的工作氛围积极向上、团结友爱，向社会展现出一个健康的企业形象，企业通常都会对员工的个性品质提出较高的要求。个体的个性品质涉及多个方面，如思想品德、性格、气质、道德等，而个体的个性品质往往是在家庭、环境以及性格的影响下形成的。而且一个人的个性品质具有可塑性，在个体完善自我、适应社会的过程中，其个性品质也能得到优化。道德修养课程以及思想政治课程的教学目标就是培养学生正确的人生观、

就业观以及职业道德，从而使其能够满足社会的要求，适应社会的发展。作为高职学生，要从自身出发，将个人需求与社会责任相结合，将个人价值与社会价值相统一，增强服务意识，提高自身的能力；要了解自己的长处，正视自己的缺点，保持乐观积极的心态，为实现自己的人生抱负而努力奋斗；要树立职业理想，培养职业操守，要有上进心和责任心，培养吃苦耐劳、敢于拼搏的精神。总而言之，个性品质对于一个人的职业生涯具有重要意义，要想在事业上有所成就，个体拥有良好的个性品质是基本条件之一。高职学生应该认识到这一点，并在学习和成长的过程中不断提高自己的个性品质水平。

（二）打好专业理论基础，强化专业操作技能

高职教育的人才培养目标是"培养一大批具有必要的理论知识和较强实践能力，在生产、建设、管理、服务第一线和农村急需的专门人才"。当前就业形势严峻，但高职学生不应该因此而逃避或退缩，而是要以积极主动的态度来应对。为了成功地进入职场并获得职业生涯的可持续发展，高职学生需要审时度势，更新就业与择业观念，为自己争取更多的就业机会。首先，高职学生必须具备岗位要求的基本知识和技能，尤其是扎实的专业知识和熟练的专业技能。这要求学生在校期间要认真学习理论知识，熟练掌握专业技能，多参加相关的竞赛，并努力考取相应的核心技能证书，为日后的职业发展打下基础。其次，高职学生需要展示自己的才能，以吸引用人单位的关注。除了具备良好的专业知识和技能外，学生还应该全面发展自己，培养自己的兴趣爱好，并使爱好成为自己的一项特长。此外，参加实习、社会实践、志愿服务等活动也可以丰富自己的经验和能力，增加自身的就业竞争力。最后，高职学生需要保持长期的努力和坚持，才能成为符合市场需求的高技能应用型人才。高职学生要时刻关注行业的发展和变化，不断更新自己的知识和技能，以应对不断变化的职场需求。同时，积极寻找机会，勇于挑战自己，实现个人职业发展的突破。总之，高职学生面临的就业形势虽然严峻，但只要具备真才实学，并善于抓住机遇充分展示自己的才能，就一定能成功地进入职场并实现自己的职业理想。

（三）在实践活动中培养团结协作精神

企业在选拔人才时也非常看重应聘者人际交往以及团结协作方面的能力。

为了培养和提高学生的这些能力，高职院校要积极组织一些社会活动、兴趣比赛等，并鼓励学生多多参与。另外，高职院校教师还可以鼓励学生参与班干部、学生会干部的竞选，学生担任了学生会干部、社团成员等职务之后，就有机会在班级活动、社团事务中和更多的人接触，从而克服其在人际交往过程中存在的心理障碍，使其营造良好的人际关系，提高自身的人际交往能力和团结协作能力。

（四）提高实践创新能力

对于人类的社会发展来说，实践创新能力是重要的动力，高职学生是国家未来的建设者，因此，具备实践创新能力是非常必要的。拥有实践创新能力需要具备两个基本的条件，一是扎实的基础知识，二是创造性思维。个体只有将基础知识掌握牢固，才能进行创新。人们在工作岗位中都需要运用自己所掌握的基础知识去完成工作任务，在工作中积累和总结工作经验，然后以此为依据找出提高工作效率的新思路和新方法，从而实现创新。而要想具备创造性思维，高职学生就必须在实践中勤学苦练，多向有经验的前辈学习和请教，多留心观察，并进行自我反思，在对自己原来岗位有充分了解的前提下去发现新的就业机遇，从而为自己的择业打开新的局面。目前，很多企业都非常重视员工是否具备创新能力，所以，高职学生也要基于用人单位的需求，通过多种渠道不断提高自己的创新能力，为自己以后的职业发展打下坚实的基础。

（五）增强心理承受能力，强化社会适应能力

就业政策的开放性有利也有弊。一方面，开放的就业政策为高职毕业生打造了一个相对公平公正的就业环境，另一方面，开放的就业政策也使得高职毕业生面临找工作难、工作竞争压力大的难题。许多高职学生并没有客观地评估自我，对市场上的激烈竞争估计不足，也不了解市场对劳动力的具体要求，因此很容易在找工作时被拒之门外。有的学生一遇到挫折就灰心丧气，自信心、自尊心大受打击，产生自暴自弃的消极情绪，这是缺乏适应社会变革形势，特别是适应市场经济发展能力的表现。

市场经济的本质特征在于竞争，这意味着在就业市场中，高职学生需要不断提升自身就业竞争力，才能在激烈的竞争中获得生存和发展的机会。然而，许多学生可能在经历了一次应聘失败后就心灰意冷，逃避现实，而这种

逃避行为无益于学生的个人成长和社会进步。因此，对于高职学生而言，他们需要结合自身特点和就业市场需求，积极调整就业目标和职业定位，以适应市场的变化和挑战；还要保持积极主动的态度，不断学习和适应社会的需求变化，从而获得更好的就业机会。高职院校的培养目标是要培养出具有竞争能力的高技能应用型人才，为实现这一目标，一方面，高职院校要注重提高学生的综合素质，不断丰富和提升其专业知识和技能，以提高学生的竞争力。另一方面，高职院校要引导学生学会包装与推销自己，这样才能在激烈的市场竞争中占据有利的地位。此外，还要让学生正视自己的不足，勇于面对自己的劣势，从而更好地提升自己。只有这样，高职学生才能够在激烈的竞争中脱颖而出。总之，高职学生应该意识到就业是一个检验自我优劣的过程，因此，要不断提升自己的综合素质和竞争力，以适应市场的需求和变化，从而获得更好的就业机会。

（六）提高个人的社交能力

社交能力顾名思义，就是社会交往能力。社会交往是人类社会中不可或缺的一部分，它不仅可以使个体丰富个人生活、增进人际关系，还可以为个体提供各种信息资源，建立社会关系，为个体的成长和发展提供重要的支持。在现代社会中，获得信息资源和建立社会关系网是非常重要的，这些资源的获得通常需要通过社会交往来实现。在高职学生的成长过程中，他们需要认识到社会交往能力对于自身未来发展的重要性。高职学生在校期间应该积极参加各种社会活动、实践活动和交流活动，通过这些活动不断锻炼自己的交往能力和语言表达能力。这些活动有助于提高高职学生的综合素质和竞争力，为其未来的职业发展和个人成就奠定基础。此外，社会交往能力的培养还需要高职学生注重对人际关系的建立和维护。在交往过程中，高职学生要尊重他人的权利和利益，以友善、真诚、开放的态度与他人交往，不断增进彼此之间的了解和信任，建立起可持续的人际关系。高职学生如果具备良好的社会交往能力、高超的沟通技巧以及较强的心理承受力，就能更快、更好地适应社会，从而使自己由学生的角色顺利转变为社会人员的角色。这样一来，其就业渠道就会更加宽广，找到理想工作的机会也就更大，由此可见，提高自身的人际交往能力对于高职学生日后的就业大有益处。

第四章 高职学生职业生涯规划步骤

第一节 对自我的认识

一、职业自我的结构

职业自我是自我概念在职业选择和职业生涯发展中的反映,它是主体的我对涉及自身职业选择和职业生涯发展有关因素的认识,具体包括自身因素、自己所处的职业社会环境,以及社会资源因素。了解职业自我、接纳职业自我、发展职业自我,是个人职业生涯走向成功的前提。职业自我主要包含以下三个方面的内容。

(一)生理我

生理我是指一个人对自己的身体机能、外貌、体能等生理特征的认识。生理我对个人职业发展的关键意义在于,个人只有做到悦纳生理我、尊重自己的生理特征,进而有意识地开发生理我,才能增强自身应对复杂多变、竞争日趋激烈的职业社会环境的能力。

(二)心理我

心理我是指一个人对自己的价值观、性格、兴趣、情感、能力等特征的认识。心理我是职业自我的核心内容,也是自我探索的重点内容,它对个人的职业选择和职业发展都起着至关重要的作用。如果一个人不知道自己想要什么,那么他一生都会活在别人的期望之中;如果一个人所从事的职业与他的兴趣爱好相矛盾,那么他一生都会郁闷;如果一个人所从事的职业与他的性格相矛盾,那么他一生都会压抑;如果一个人所从事的职业与他的特长相矛盾，那么他一生都会碌碌无为。

（三）社会我

社会我是指一个人对自己所处的职业社会环境，以及与自身职业选择和职业生涯发展有关的社会资源的认识。人是社会性动物，个人不可能脱离社会而独自存在。同样，个人的职业选择和职业生涯发展也不可能脱离社会而独自进行。如果一个人的职业选择不能适应当时的社会需求，那么他的能力就没有用武之地；如果一个人的职业选择不从社会现实出发，而是一味地同社会现实较劲，最终只会是屡战屡败。个人所拥有的社会资源也是社会我的一项重要内容，要想取得职业生涯的成功，个人除了要有雄厚的人力资本之外，往往还需要有丰富的社会资源，善于利用社会资源可以更好地帮助个人实现职业生涯发展目标。

二、认识自我的方法

（一）经验法

经验法是指在人际交往中，根据过去的活动结果，由他人或本人对自己进行主观的分析和评价。

1. 自我反省——回顾过去，发现自我

早在春秋战国时期成书的《论语》一书中，我国古代著名教育家孔子的弟子之一、春秋末年思想家曾子就说过："吾日三省吾身。"古希腊著名哲学家苏格拉底更是认为，"未经反省的生活是无价值的生活。"个体通过对自己成长经历的回顾，比如过去哪些事情让自己做起来非常快乐、哪些事情做起来让自己觉得很痛苦、哪些事情做起来让自己觉得非常轻松、哪些事情做起来让自己觉得比较费劲，等等，可以发现自己的职业兴趣和能力优势。

2. 参加活动——亲身体验，增长才干

许多人会存在"这件事我不感兴趣""我不适合干这件事"等标签思维。还没有尝试怎么就知道自己不感兴趣、不适合呢？参与进去，也许就会发现其中的乐趣。因此，高职学生平时应该多参加班级、社团或其他组织的活动，从这些活动中了解自己的价值观、兴趣、性格、体能，并提升自己的人际关系处理能力。

3. 他人评价——旁观者清，指出盲点

唐太宗李世民吊唁魏徵时曾说过："以铜为镜，可以正衣冠；以古为镜，可以知兴替；以人为镜，可以明得失。"他人就像一面镜子，通过他人对自己的评价可以清楚地了解自己不知道但是别人知道的认知盲点。"他人"可以是自己的同学、朋友、师长、父母，也可以是职业生涯辅导人员。

（二）职业测评法

职业测评是心理测验在职业心理测评上的具体运用。心理测验的基本原理是，通过一个人对问题情境的反应来推断他的心理特征，也就是从个体的外在行为模式推知其内在心理特征。因而，心理测验是间接地而不是直接地测验人的心理特征。通过职业测评，个体可以深入地分析和评价自己不知道且别人也不知道的一面——潜在我。为了最大限度地发挥职业测评的效用，首先，应该选用一种权威性比较高的职业心理测验工具；其次，在做测验的过程中，一定要按自己的真实想法填答，避免主观情绪；最后，做测验时应选择一个安静、没有外界干扰的环境。

三、职业倾向探索

个体的职业选择和职业生涯发展是生理我、心理我和社会我三者交互作用的结果，其中，心理我在交互作用中起着非常重要的决定性作用。因此，对正处于职业生涯发展准备阶段的高职学生来说，有一项非常重要而又艰巨的任务，即采取多种认识自我的方法，积极地进行自我探索，从而正确地认识自己的职业倾向。下面主要介绍气质、性格、兴趣、能力、价值观的基本概念及其各自相应的测量方法。

（一）气质

气质既指人的相对稳定的个性特点，如活泼、沉静、直爽、浮躁、耐心等；又指人的风格、气度，是人的高级神经活动在人的行动上的表现。在不同的职业活动中，对人的气质要求往往不同；而不同气质类型的人，对特定职业也存在适应或不适应的情况。

根据心理学的知识，气质是指一个人的典型心理特点。人的气质可分为四类，即3多血质、胆汁质、黏液质和抑郁质。

多血质类型的人表现出活泼外向、敏感易变的特点，他们对周围事物的变化反应迅速，但不强烈，注意力容易发生转移，属于活泼型；胆汁质类型的人易冲动、急躁，行动敏捷，性格也具有外向性，对周围事物反应迅速且强烈，属于急躁型；黏液质类型的人行动缓慢，反应迟钝，沉默寡言，情绪稳定，属于内向型；抑郁质类型的人反应迟钝，较为孤僻，善于感受周围事物，情绪体验深沉且不轻易表露，性格坚毅、沉稳。气质虽然分为四类，但现实生活中大多数人都是好几类气质类型的混合，气质特征比较明显的也不过是在这几类气质中更倾向于其中某一类。在职业选择上，不同气质特征的人适合从事不同种类的职业。

在判断一个人的气质时，应该观察和测定构成其气质类型的各种心理特征。一是要观察测定其感受性，即其接受外界刺激作用时表现的感觉能力；二是观察测定其耐受性，即其接受外界刺激作用时表现在时间和强度上的耐受程度；三是要观察测定其反应的敏捷性；四是要观察测定其行为的可塑性，即其根据外界事物变化情况而改变自身适应性行为的可塑程度；五是要观察测定其情绪的兴奋性，包括情绪兴奋性强弱和情绪向外表现强烈程度两个方面，后者即测定其情绪兴奋性是倾向于外还是倾向于内。这些都是测定人的气质类型的重要依据。

不同气质特征之间具有互补作用，社会上的各种职业，如工人、售货员、医生、工程师、教师等，都要求人们具有相应的某些气质特征。在一般职业劳动中，气质的各种特征可以起到互相弥补的作用。具有不同气质特征的人从事同一工作，可以干得同样好，这说明在一般职业劳动中决定工作成败的关键是其工作态度、工作熟练程度等因素，而不是气质特征。

气质在实践中受生物组织制约具有稳定性，但气质并不是绝对不变的，其在个体生活经历和教育的影响下可以发生变化。从这种意义上说，人的气质是在社会生活与教育条件下逐渐形成、发展和改造的。正因为气质是可以改变的，高职学生要学会掌握和塑造自己的气质，促使自己成为具有优秀心理品质的人。

（二）性格

性格是指人较为稳定的态度和行为的特征，人的性格一般是后天形成的，与人的职业价值观念有着密切的联系。心理学家认为，人的性格与职业适应性有着密切的关系。如果个体的性格与其所从事的职业在适应性方面很符合，就更可能在事业上获得成功；反之，则易使个体的心理健康受到损害，甚至会妨碍事业的成功。人的性格通过教育也是可以改变的。高职学生在学习知识、技能的同时，如果也能注重塑造自己良好的性格，将有助于个人的健康发展。

根据个人心理能量的获取渠道是倾向于外部世界还是倾向于内部世界，可以把人的性格分为外向型和内向型，这是一种常见且有效的分类方法。

外向型性格的人的心理能量倾向于从外部世界获取，容易把自己投入对客观事物和周围环境的知觉、思维和情感之中。外向型性格的人活泼开朗、善于交际，且与人交往时随和，适应环境的能力较强。但是，其注意力往往不够稳定，兴趣容易转移，活动不能持久。

内向型性格的人的心理能量倾向于从内部世界获取，其对内部心理活动的体验深刻而持久。内向型性格的人感情比较深沉，待人接物小心谨慎，喜欢单独工作，喜爱思考，且具有自我分析能力和自我批判精神。但是，其往往不善于表达自己的思想，不善于社交，对新环境的适应能力不强。

一般来说，外向型性格的人更适合从事与外界广泛接触的职业，如管理人员、律师、政治家、推销员、记者、教师等，而不适合从事一些涉及较多程序操作、理论研究方面的工作；内向型性格的人比较适合从事有计划的、稳定的、不需要与人过多交往的职业，如科学家、技术人员、会计师、打字员、统计员、资料管理人员等，而不适合做公关、营销方面的工作。需要注意的是，在现实生活中，典型外向型或典型内向型性格的人并不多，大部分人属于混合型，这就增加了个体适应不同岗位的可能性。

（三）兴趣

兴趣是指一个人对其所处环境中的人、事、物的喜爱程度。职业兴趣就是指一个人对某专业或职业的喜爱程度。当学生对其所从事的活动产生兴趣时，就会全心全意地置身其中，并得到快乐和满足；相反，如果学生对其所从事的活动缺乏兴趣，即使经常参与这些活动也会觉得索然无味，对活动的参与度和满足感都会大打折扣。

在影响人们职业选择的多种因素中，兴趣的作用是不可忽视的。爱因斯坦（Albert Einstein）成为一代科学巨匠，兴趣是决定性的因素之一；门捷列夫（Dmitri Mendeleev）迷恋神奇的化学世界，发现化学元素周期律，翻开了化学史崭新的一页。所以说，兴趣是最好的老师。在现实生活中，人们也有这样的体会，如果喜欢音乐，就会特别专注于乐声，对其他声音可能会充耳不闻；如果喜欢绘画，也常会因绘画而废寝忘食。这些都表明，个人对某种职业感兴趣，就会对该职业活动表现出肯定的态度，并积极思考、探索和追求，因此，兴趣是影响人们职业选择的重要因素之一。

高职学生在职业选择过程中，一方面，要注意找准自己的兴趣，形成良好的职业兴趣品质；另一方面，要衡量自己有无实现该职业兴趣的能力，并保持职业兴趣的相对稳定。此外，高职学生在职业选择时不能单纯从兴趣出发，应该既要观照自身兴趣的发展，又要有强烈的社会责任感。兴趣只有与社会责任感结合起来并升华为志趣，才能真正化作成就事业的动力。

（四）能力

能力是指个体顺利完成某种活动所必须具备的一种心理特征，从个体在其所从事的职业活动的表现中，就能看出个体是否具有某种能力，以及人体的能力达到了什么水平。能力水平对学生职业道路的选择、事业的成败具有重要的影响。任何职业都要求从业者掌握一定的技能或具备一定的条件。难以想象让一名卡车司机驾驶一架民航班机会出现怎样的后果，也没有人会要求体操运动员学会操纵高精尖仪器，因为他们并不具备相应的职业能力。任何一种技能都是经过一定时间的训练后才被劳动者掌握的，而每个人的一生都很短暂，任何人都不可能在一生中掌握所有的技能。

能力实际上是由多种因素组成的复杂的心理结构，一般来说，个体顺利完成任何职业活动都必须具备两种能力：一般能力与特殊能力。

一般能力是个体完成各种活动都必须具备的基本能力，它包括注意力、观察力、记忆力、思维力和想象力，这是人认识世界的基础，也是从事任何职业都不可缺少的基本职业能力，因此又称一般能力为认识能力，并把这五种认识能力要素统称为智力。这五种要素各自执行不同的功能，发挥各自的特殊作用，同时各个要素又互相联系、互相制约，一个要素的水平不仅影响其他四个要素的水平，还影响人整体的智力水平。全面发展职业能力，就是要使学生的五种认识能力要素都得到良好发展，防止片面追求某一要素的发展，而忽视其他要素的发展，造成一般能力的结构失调。

特殊能力是个体在某种职业活动中表现出来的能力，它在职业活动中体现为职业能力。职业能力指从业者顺利完成某种职业活动所必须具备的心理特征，如数学能力、音乐能力、机械操作能力、绘画能力等。这些能力都是完成某些特定职业活动必须具备的能力，也是让个体了解自己能否胜任某种职业的依据，与职业选择具有更直接的联系。心理学家认为，每一种特殊能力都是由制约职业活动质量的几种心理品质组成的。比如，飞行能力就包括注意分配、手足动作协调、生物反馈、空间定向、知觉广度、图形辨认等心理品质。用人单位在招聘人员时，往往借助考察各种与职业活动有关的心理品质，判断求职者是否适合从事该职业。目前，各地的人才中介服务机构也开始采用心理测试的方法选择人员。

一般能力和特殊能力并不是割裂的，而是有机地联系在一起的。一般能力的发展会为特殊能力的发展创造有利条件；各种活动在促进特殊能力发展的同时，也会促进一般能力的发展。

职业能力的形成是一个长期的过程，通常需要个体经过较长时间的学习以及参加实践活动才能完成。形成职业能力，需要具备三个条件：一是先天生理条件，或者叫遗传因素；二是教育训练，如文化基础教育、专业教育、职业教育、职业技能培训等；三是职业活动实践，这是形成职业能力非常重要的途径，它能使个人的职业能力得以形成和进一步提高。

（五）价值观

价值观是社会成员用以评价行为、事物以及从各种可能的目标中选择自己合意目标的准则，价值观支配和调节一切社会行为，涉及社会生活的各个领域。价值观在职业选择上的体现就是职业价值观，职业价值观是人们在职业生活中表现出的一种价值取向。不同的职业类型能满足人的不同价值需求，比如科学家可以满足个人的社会声望、成就、自主、挑战性等价值需求，但通常不能满足权力、经济、休闲等价值需求；自由撰稿人能满足个人的审美、成就、自主等需求，但对经济、稳定、升迁等价值需求则难以满足；而清洁工除了能满足个人的利他、稳定的价值需求外，经济、社会地位、成就、工作环境、升迁、休闲等价值需求都很难满足。

美国职业生涯辅导专家萨柏（Donald E.Super）将职业价值观分为15种，即利他主义、美感、创造力、智力刺激、成就感、独立性、声望、管理、经济报酬、安全感、工作环境、与上级的关系、社会交际、生活方式和变化性，并设计出工作价值观问卷和工作价值观量表，以评定人们是如何评价工作的重要性的。萨柏的工作价值观问卷共 45 个项目，每 3 个项目用来测量一种职业价值观。

美国心理学家马丁·凯茨（Martin Katz）经过长期研究，将与工作有关的价值观分为以下 10 种：①高收入。指除了足够的生活费用外，还有可以随意支配的金钱。②社会声望。指受到人们的尊重。③独立性。指可以在工作中有更多的自己做决定的自由。④帮助他人。指愿意把帮助他人作为职业的重要组成部分。⑤稳定性。指在一定时间内，不会被轻易解雇，收入稳定。⑥多样性。指可以在所从事的工作中参与不同的活动，解决不同的问题，不断变换工作场所，结识新人。⑦领导力。指在工作中可以控制事情的发展，影响他人。⑧兴趣。指在自己感兴趣的领域中工作。坚持所从事的职业必须是自己感兴趣的领域。⑨休闲。指将休闲看得很重要，不愿意让工作影响自己的休闲活动。⑩尽早进入工作领域。指在意自己进入工作领域的早晚，希望节省时间和教育费用，尽早进入工作领域。

为了澄清个人的上述 10 种职业价值观，凯茨设计出一套用于计算机职业指导系统使用的价值观澄清练习，该计算机职业指导系统被称为交互指导信息系统（System for Interactive Guidance Information，简称 SIGI）。在此系统中，一个很重要的方面是要求个体区分出职业价值观的优先次序，因为想要在一种职业选择中，满足个体所有重要的价值观需求是不可能的。比如，"高收入"和"稳定性"这两种价值观在同一职业中常常是不相容的。"高收入"往往意味着需要冒风险，缺乏稳定性；而"稳定性"往往意味着收入不会很高。

在选择职业时，学生一定要清楚自己的职业价值观是什么。只有明确自己看重的是什么，然后才能做出理性的选择。

第二节 对环境的评估

一、了解国家的相关政策

（一）职业资格证书制度

1. 职业资格

职业资格是对从事某一职业所必备的学识、技术和能力的基本要求。根据中华人民共和国劳动和社会保障部（现已撤销，其职责划入中华人民共和国人力资源和社会保障部）、中华人民共和国人事部（现已撤销，其职责划入中华人民共和国人力资源和社会保障部）共同制定的《职业资格证书规定》有关精神，我国从业人员的职业资格分为从业资格和执业资格两种。

从业资格是指从事某一专业（工种）学识、技术和能力的起点标准，即从事某种职业的起点资格、起步水平。执业资格是指政府对某些责任较大，社会通用性强，关系公共利益的专业（工种）实行准入控制，是依法独立开业或从事某一特定专业（工种）学识、技术和能力的必备标准。

2. 职业资格证书制度

职业资格证书制度是劳动就业制度的一项重要内容，也是一种特殊形式的国家考试制度。职业资格证书制度是按照国家制定的职业技能标准或任职资格条件，通过政府认定的考核鉴定机构，对劳动者的技能水平或职业资格进行客观公正、科学规范的评价和鉴定，对合格者授予相应的职业资格证书的制度。

（二）就业准入制度

1. 就业准入制度

就业准入制度是根据《中华人民共和国劳动法》和《中华人民共和国职业教育法》的有关规定设定的，其含义为：从事技术复杂，通用性广，涉及国家财产、人民生命安全和消费者利益的专业（工种）的劳动者，必须经过培训并取得职业资格证书后，方可就业上岗的制度。实行就业准入制度的职业范围由中华人民共和国劳动和社会保障部（现已撤销，其职责划入中华人民共和国人力资源和社会保障部）确定并向社会发布。

2. 国家对就业准入制度的具体规定

职业介绍机构要在显著位置公告实行就业准入制度的职业范围，各地印制的求职登记表中要有登记职业资格证书的栏目，用人单位招聘广告栏中也应有相应的职业资格要求。职业介绍机构的工作人员在工作过程中，对国家规定实行就业准入制度的职业，应要求应聘者出示职业资格证书并进行查验，凭证推荐就业，用人单位则要凭证招聘用工。从事就业准入制度规定的职业范围内的新生劳动力，就业前必须经过一至三年的职业培训，并取得职业资格证书；对招收未取得相应职业资格证书人员的用人单位，劳动监察机构应依法查处，并责令其改正；从事个体工商经营的人员取得职业资格证书后，工商部门才可以允许其办理开业手续。

（三）职业资格证书

1. 职业资格证书的作用

职业资格证书是表明劳动者具有从事某一职业所必备的学识和技能的证明。它是劳动者求职、任职或开业的资格凭证，是用人单位招聘、录用劳动者的主要依据，也是境外就业、对外劳务合作人员办理技能水平公证的有效证件。

2. 国家职业资格证书等级

我国国家职业资格证书采取等级式结构，通常分为五个等级，即国家职业资格五级（初级）、国家职业资格四级（中级）、国家职业资格三级（高级）、国家职业资格二级（技师级）、国家职业资格一级（高级技师级）。政府还对国家职业资格和社会上通行的其他专业资格之间的相互对照关系做出具体规定，以确保国家职业资格获得者的相应社会地位和经济地位。以下将对各级国家职业资格证书的要求进行逐级介绍。

国家职业资格五级：能够运用基本技能独立完成本职业的常规工作。

国家职业资格四级：能够熟练运用基本技能独立完成本职业的常规工作，并在特定情况下能够运用专业技能完成较为复杂的工作；能够与他人进行合作。

国家职业资格三级：能够熟练运用基本技能和专业技能完成较为复杂的工作，包括完成部分非常规性工作；能够独立处理工作中出现的问题；能指导和培训初、中级从业人员。

国家职业资格二级：能够熟练运用专业技能和特殊技能完成较为复杂的、非常规性的工作；掌握本职业的关键技能和技术，能够独立处理和解决技术或工艺难题；在技能技术方面有创新；能指导和培训初、中、高级从业人员，具有一定的技术管理能力。

国家职业资格一级：能够熟练运用专业技能和特殊技能在本职业的各个领域完成复杂的、非常规性的工作；熟练掌握本职业的关键操作与技能技术，能够独立处理和解决高难度的技术问题或工艺难题；在技术攻关、工艺革新和技术改革方面有创新；能组织开展技术改造、技术革新活动；能组织开展专业技术培训，具有技术管理能力。

二、了解相关的职业信息

（一）根据职业信息内容属性的不同，可将职业信息分为就业形势信息、社会需求信息、用人单位信息

1. 就业形势信息

就业形势信息是指就业市场上毕业生和用人单位之间总体的供需状况。当前，我国高等教育正从精英教育向大众化教育转变，高等教育的规模不断扩大。毕业生应当意识到就业形势的变化，即就业形势已经从昔日的卖方市场变成了如今的买方市场。

如今，就业形势不容乐观已由一种人们担忧的话题变成活生生的现实。但是，严峻的就业形势并不意味着人才过剩，其主要还是由供需的结构性矛盾和个人对职业的偏好造成的。供需的结构性矛盾主要表现为社会对计算机、通信、电子等专业的毕业生需求较多，对哲学、历史、考古学等专业的毕业生需求相对较少；专科毕业生供大于求，本科生供需大体持平，研究生中某些专业则还是供不应求的。另外，供需的结构性矛盾也表现为地区间的供求不平衡，即经济发达地区对毕业生的需求量大，经济欠发达地区用人单位的需求则明显不足。除了解总体就业形势外，高职院校毕业生需要了解的就业形势信息还应该包括以下内容。

首先，要对国家经济发展战略加以了解，对产业的结构与分类，产业结构调整变化的未来趋势加以熟知。在此基础之上，从全局角度出发，对自身的职业发展方向进行精准定位，结合时代背景逐渐摸索出一条适合自己的发展道路。

其次，要对本年度高职院校毕业生人数与就业形势进行分析，了解用人单位的具体需求，对人才市场的供求关系有一个初步掌握。

再次，对与所学专业对口或者相关的具体单位、部门及行业的发展现状与未来趋势进行了解。

最后，毕业生也应当充分了解全国各地区的经济形势，因为经济情况不同，对人才的需求也就不同。毕业生可根据自身的实际情况，更有针对性地进行就业区域的选择，从而最大限度地将个人才能发挥出来。

2. 社会需求信息

所谓社会需求信息，是指用人单位对毕业生的基本需求的信息总和，具体内容涉及用人单位对所需人才及其性别、专业与学历等方面的具体要求等。

社会需求信息是广大毕业生求职时最直接有效的信息，有时可以直接代表一个就业岗位的具体要求。毕业生应借助多种渠道搜集与就业相关的社会需求信息，此类信息能够为毕业生提供有效的就业指导服务。而后，毕业生应当结合自身的兴趣、爱好以及专业情况进行就业选择与职业规划。

3. 用人单位信息

所谓用人单位信息，是用人单位内部特点的信息总和，具体内容涉及用人单位的联系方式、用人单位的福利待遇（涉及住房、奖金、福利、工资等）、经营状况、经营范围、地理环境、发展前景、规模、隶属关系、所有制性质等。

毕业生就业时，需要提前对用人单位有所了解。若是没有充分掌握与之相关的信息，抑或没有找到任何能够与之进行对比的单位，那么毕业生在择业时便会带有一定的盲目性与随意性。通常来说，用人单位的详细信息可以通过该单位的官方网站获取，同时也可以通过该单位的主管部门获取，当然也可以向高职院校的就业指导中心咨询，还可以通过亲戚、朋友打听，或者由毕业生本人到单位所在地进行实地考察。

总而言之，毕业生求职成功率的高低与其掌握用人单位信息量的多少有着直接关系，一般来说，毕业生掌握用人单位信息越多，其求职成功概率便会越高；毕业生对用人单位了解与掌握的信息量越多，其对该单位的判断准确率便会越高。

（二）根据职业信息传播方式的不同，可将职业信息分为口头信息、书面文件信息、媒体信息

1. 口头信息

所谓口头信息是指通过与他人进行口头交流而获取的信息。高职学生通过与教师、同学进行交谈而了解的职业信息，笔者认为都属于口头信息。口头信息一般具有随意性、广泛性等特征，往往缺乏一定的深度与全面性，并且谈话对象的身份与信息的可信度和权威性有着密切关联。因此，高职学生需要对口头信息做进一步的核实与确认。

2. 书面文件信息

所谓书面文件信息是指借助书面材料的阅读而获取的信息。比如，用人单位的各类函件、书面通知，与高职学生就业工作相关的指导性文件，等等。与口头信息相比，书面文件信息更为正式，其权威性也更强，对于高职学生的参考价值相对较高。

3. 媒体信息

所谓媒体信息是指借助现代通信、网络与媒体技术等信息载体获取的信息。比如，通过网络、广播电视、报纸、杂志等发布的各类就业信息等。在信息时代，上述介质是信息传播的主要载体。尤其是网络，因其具有传播速度快、信息量大等特点而备受用户群体的青睐。但是，网络就业信息的真实程度不一，虚假信息不可避免地存在着，影响毕业生的正确选择与判断。对此，教师需要给予适度的指导，以免毕业生上当受骗，造成不必要的损失。

第三节 职业决策与职业决策困难

一、概念界定

(一) 职业决策

英国经济学家凯恩斯（Keynes）最早提出职业决策（career decision-making）这一概念，并强调个体将利益最大化是其选择职业生涯目标的标准。由于个体认知差异与成长环境的不同，其利益最大化的标准也存在一定的差异。凯恩斯从经济学视角出发对职业决策的定义加以界定。随后，美国学者吉普森（Jepsen）基于凯恩斯理论，从心理学研究视角出发进一步为职业决策的定义进行界定。他认为从本质上看，职业决策是一个复杂的认知过程，在此过程中，决策者在掌握一定的职业相关信息与自我实际情况的基础之上，对此类信息进行整理，并做出最终的职业选择。此后，职业决策的概念被广泛应用于职业发展研究与心理学研究。不同于经济学家对职业决策的利益的判断，心理学研究者更多关注对职业决策中认知信息加工过程的描述[1]。

综上所述，职业决策是一个决策者综合考虑相关信息，比如就业环境、职业相关信息、自我实际情况等，按照某种逻辑展开分析并最终确定职业目标的认知过程。

(二) 职业决策困难

所谓职业未决（career indecision）是指研究者为了探讨职业决策者出现不确定或者犹豫状态的原因而引入的职业决策困难的概念。

本书使用加蒂（Gati）关于职业决策困难概念的界定，认为在职业决策过程中，个体所遇到的各类困难就是职业决策困难。这里的职业决策过程并不仅仅指做出决定的时间点，还指更为广泛的过程，包括正式决策之前和正

---

[1] JEPSEN A, DILLEY J S. Vocational Decision-Making Models: A Review and Comparative Analysis[J]. Review of Educational Research, 1974, 44 (3): 331-349.

式决策时，正式决策之前主要是指决策的心理准备[①]。

加蒂认为职业决策困难的概念应从三个维度进行界定，包括不一致信息、缺乏信息与缺乏准备。具体来说，所谓不一致信息是指在职业决策过程中因信息冲突造成的决策困难，内部冲突、外部冲突与不可靠的信息是不一致信息维度的三个方面。其中，内部冲突主要是对个体内部混乱的一种反映，是指个体进行职业选择时做出的偏好妥协，本质上是指职业偏好之间存在冲突或者无法同时满足；所谓外部冲突是指他人的偏好与个体自身偏好之间存在冲突；所谓不可靠信息是指个体了解到的与职业、自我相关信息和他人存在冲突。所谓缺乏信息是指个体在进行职业决策的过程中，由于缺乏足够的信息而陷入决策困难，通常来说，缺乏获得信息的方式、缺乏职业信息、缺乏自我信息、缺乏决策过程的信息属于缺乏信息维度的四个方面。所谓缺乏准备是指个体在正式进行职业决策前，尚未做好完全的心理准备，一般而言，功能失调的信念、一般性犹豫不决、缺乏动机属于缺乏准备维度的三个方面。

（三）自我效能感

自我效能感最早是由班杜拉（Bandura）提出的，班杜拉将自我效能感定义为人们对自身能否利用所拥有的技能完成某项工作的自信程度。[②]

决策者在进行自我评估时，普遍将自我效能感作为基本因素。通常来说，自我效能感在不同领域内有着不同的概念界定，如所谓职业决策自我效能感是指个体在进行职业决策的过程中，对自我能力的一种评估。无论在何种领域，个体的自我效能感均会对自身的行为方式产生影响。

二、理论基础

（一）生涯发展理论

1. 生涯发展理论的背景

在工业时代，生涯发展理论产生的重要基础之一，是科学技术上的发现、发明及其广泛应用带来的工作领域的分化与扩展；与此同时，生涯发展理论

---

① AMIR T, GATI I. Facets of Career Decision-Making Difficulties[J]. British Journal of Guidance and Counselling, 2006, 34（4）: 483-503.
② BANDURA. Self-Efficacy: toward a Unifying Theory of Behavioral Change[J]. Psychological Review, 1977, 84（2）: 191-215.

产生的另一重要基础，是以职业差异与个体天赋为基础的差异心理学及其相关测量运动的发展，举例说明，20世纪20年代，为了对进入劳动力市场的欧洲移民进行评估而进行的明尼苏达机械能力测验。

2. 生涯发展理论的系统归纳

同其他领域的理论相比，生涯发展理论的相关研究学者通常是从局部出发提出研究理论的，其理论往往缺乏一定的系统性与独立性。因此，对生涯发展的相关理论进行系统归纳是很有必要的，否则对于初学者而言，在认知层面上极易出现以偏概全、以点代面的现象，对于学生达到了解生涯发展理论的目的极为不利。以下是几种常见的系统归纳法。

（1）从生涯发展影响因素的视角出发进行系统归纳。对影响生涯发展的因素按性质进行划分，大致可以分为两大类，即外因与内因。所谓外因是指影响生涯发展的环境因素，涉及社会状况、教育程度与家庭环境等。所谓内因是指影响生涯发展的主体因素，涉及思想、性格、能力、兴趣等。从生涯发展影响因素的视角出发进行归纳的基本分界便是外因与内因，根据研究侧重点，可以将生涯发展理论划分为三大部分，即综合环境因素与主体因素，侧重环境因素的，以及侧重主体因素的，结合"个体取向—社会取向—综合取向"这一脉络可以对各理论在理论体系中的位置加以安排。这里的个体取向理论认为，在生涯发展中个体具有较高的自主性，个体在进行职业选择时，自身的智力与体质等方面的特质发挥至关重要的作用，而处于次要地位的影响因素则是环境因素，职业锚理论、素质匹配论、心理动力论、人格类型论、特质因素论等均属于这一取向的代表理论；社会取向理论认为，虽然个体因素在生涯发展中也发挥直接作用，但是影响个人发展与个人选择的更为关键的因素却是社会环境因素，而经济论与社会学习论则是该理论的构成要素；综合取向理论认为，影响个体生涯发展的因素众多，并非仅是单一的社会因素或个体因素所能决定的，个体生涯发展的本质是二者相互作用的结果，生命周期论、认知决策论是这一取向的代表理论。

（2）从规划生涯发展所需活动内容的视角出发进行系统归纳。若将生涯发展视为个体相关行为活动的集合体，那么可按行为活动内容划分为两大部分，即认识与决策。侧重生涯发展认识的理论强调对个人、职业以及环境因素的认知；而侧重生涯发展决策的理论偏向对决策历程和决策障碍的研究。

另外，如果以长跨度、宽领域、多主体的视野观察行为，会发现很多情况下，行为会因发生时间、地点、主体的角色地位等原因而具有大量共性，换言之，人的认识和决策会因某些相同的外在因素而表现出某种规律。

（3）从职业与个体关系的视角出发进行系统归纳。通常来说，选择一个职业就是选择一种生活方式，不同的职业带给人们不一样的生活体验。人们在进行职业决策时，通常都会从两个方面入手，即自我认知与职业认知。由此产生了两种不同的基本思考模式，即思考职业类型的选择，以及思考如何适应职业发展要求。此类归纳法认为，思考模式的确定主要取决于所选择的生涯发展理论，研究重心的确定也同样取决于所选择的生涯发展理论，故此，可以将生涯发展理论划分为三种类型，即前职业生涯理论、后职业生涯理论以及整合的生涯理论。这几部分的理论大多贯穿个体从事职业前后，其主要区别在于研究思路的不同。前职业生涯理论以个体特征基本决定其所适应的职业为假设，后职业生涯理论以个体可以并且应当适应职业为假设，而整合的生涯理论则兼备两者的思路，强调个体与职业的互动关系。

3. 生涯发展理论的四种取向

从生涯发展理论的发展历程视角出发，理论性研究的关注点由最初对于兴趣、能力等个人因素的相关特质解释，逐渐发展到对于社会、家庭等综合环境因素的系统解释，可以根据生涯发展理论的不同取向划分出四种理论，即特质因素取向、人格取向、社会取向以及发展取向的生涯发展理论。可以说，这四种生涯发展理论关注的侧重点因取向的不同而有所差别，但是四者彼此之间又存在相互作用，有机互补。

（1）特质因素取向。吉特森（Kitson）与帕森斯（Parsons）是在职业测评前后开始对职业发展相关问题展开思考的，其成果通常被应用在对个体能力、兴趣等特质的测量当中，比如斯特朗职业兴趣量表。时至今日，个体能力与兴趣等特质仍是生涯教育和咨询工作中必不可少的关注点。

（2）人格取向。将关注点集中于对职业选择等行为与人格之间关系的解释方面。举例说明，罗伊（Roe）针对影响生涯满意度的人格因素进行了探讨，霍兰德（Holland）针对生涯领域中的人格类型进行了详细描述。

（3）社会取向。在社会学中环境与人彼此作用等观点的基础之上，社会取向生涯发展理论也将关注点集中在社会环境等因素的影响方面，其中，科伦波尔茨（Krumboltz）、琼斯（Jones）和米歇尔（Mitchell）阐述了环境因素在生涯发展中发挥的重要作用，并主要对不可控因素或客观因素的作用进行了详细阐述，诸如家庭环境、社会结构等，侧重对职业选择的必要性进行了解释；生涯发展的动态性是社会取向的生涯发展理论的一大突出贡献。

（4）发展取向。萨柏借鉴金兹伯格（Ginzberg）等学者相关理论研究成果，在自我概念的核心观点基础之上，创造了生涯发展阶段理论。特质因素取向、人格取向、社会取向等三种取向的理论将关注点放在职业咨询领域的应用或者职业生涯发展的讨论方面，而发展取向的理论则相较而言，无论是其应用领域，还是其概念界定的范围，都相对较广。除此之外，社会取向理论中提到的生涯发展动态性的观点，同样在发展取向理论中得到支持，并且发展取向理论还在前者基础之上，对个体生涯发展过程进行了细化，尽可能地促使生涯发展理论在生涯咨询与生涯教育中的操作化得以实现。

（二）生态系统理论

生态系统理论旨在探讨人类行为与社会环境的交互作用。为了更加深刻地对人类行为进行解释，学者对社会大环境进行了详细分析，并借由不同系统之间交互作用的视角，为人类发展提供有益参考。

1. 布朗芬布伦纳的生态系统理论

布朗芬布伦纳（Bronfenbrenner）认为，人在社会大环境中求生存，在与社会环境发生交互作用的过程中扮演重要角色。在他看来，个人行为会受到直接与间接两个方面因素的影响，具体来说，所谓直接影响是指个人行为受到社会环境中具体生活事件的影响，所谓间接影响是指个人行为受到更大范围即世界、国家以及社区层面事件的影响。

20世纪70年代至20世纪90年代，布朗芬布伦纳的生态系统理论前后修改过多次。其间，布朗芬布伦纳以人类发展的生态学方法为基础，构建了较为成熟的人类发展生态模型，在其构建的理论模型中，人生活的社会环境，以及人与该环境的交互作用被统称为"行为系统"，同时该系统又被划分为四个层次，即微观系统、中观系统、外层系统、宏观系统。后经多次理论修订,最终于 1989 年正式形成生态系统理论(ecological systems theory)[①]。

布朗芬布伦纳将该行为系统划分为四个层次,具体内容如下。

(1)微观系统。个体活动与交往的直接环境,该环境始终处于变化发展中,位于环境系统的最里层。该系统是与儿童联系最紧密的社会结构,诸如社区、学校、家庭等保育环境。

(2)中观系统。各微系统之间的相互关系或联系。诸如儿童与兄弟姐妹的关系,儿童父母与教师之间的联系和互动等。

(3)外层系统。指儿童并未直接参与但是却能够对其发展产生影响的社会系统,诸如父母的工作环境等。

(4)宏观系统。也可以理解为一种环境系统,一般指的是上述三个层级的系统所依托的社会、亚文化与文化环境,且对儿童知识经验的获取发挥直接或间接的影响,诸如法律、习俗、文化价值观等。生态系统理论出现后,布朗芬布伦纳又先后经过多次修改,最终修订的模型与以往相比具有突破性,主要表现为最终修订版本对个体在社会系统中积极作用的一种强调,换句话说,就是强调个体与社会系统之间存在一定的交互作用。基于此,生态系统理论逐渐发展成为人类发展的生态模型。

布朗芬布伦纳的生态系统理论(有改动)如图 4-1 所示。

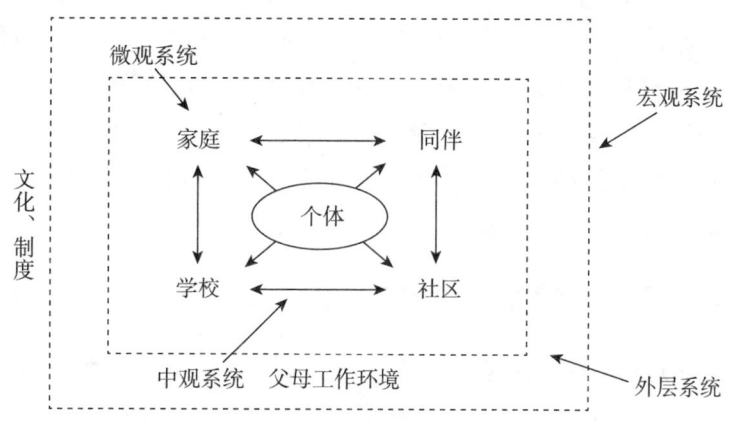

图 4-1 布朗芬布伦纳的生态系统理论(有改动)

[①] BRONFENBRENNER U. Recent advances in research on the ecology of human development. [M]//SILBEREISEN R K, EYFETH K, RVDINGER G. Development as action in context: Problem behavior and normal youth development. Berlin: Springer-Verlag, 1986: 287-309.

2.查尔斯·扎斯特罗的社会生态系统理论

查尔斯·扎斯特罗（Charles H.Zastrow）是生态系统理论代表人物之一。2004年，卡伦·柯斯特-阿什曼（Karen K.Kirst-Ashman）与查尔斯·扎斯特罗共同撰写了《人类行为与社会环境（第六版）》一书，该书对个体与社会环境之间形成的互动关系以及由此产生的多重系统进行了详细阐述，强调个体是社会环境系统的组成部分之一，从而打破了以往相关理论中社会环境与个体之间的对立关系。

该理论将社会生态系统大致划分为三个层次，具体内容如下。

（1）微观系统。微观系统指的是个体，个体是具有生理、心理与社会因素的系统类型。

（2）中观系统。中观系统指的是任一小规模群体，涉及家庭、职业群体与其他社会群体。

（3）宏观系统。宏观系统指的是比小规模群体更大层级的社会系统，涉及政治、经济、文化、习俗等。

布朗芬布伦纳与查尔斯·扎斯特罗的理论模型之间存在明显差异，具体表现为社会系统的层次划分方面，后者比前者的系统结构划分更加简洁，其划分标准也比较统一，即根据社会系统规模大小进行划分，而无须考虑由各层次系统之间的交互作用所产生的新环境。此外，查尔斯·扎斯特罗还基于前者进行了部分创新，具体而言，就是将个体内部系统作为新的研究对象，认为生理因素、心理因素与社会因素是微观系统的三个组成部分，并且三者之间在微观系统中是相对独立又相互影响的关系，同时个体内部系统还会与其他两大系统之间发生相互作用。

三、应对高职学生职业决策困难的建议

（一）家庭的参与：传递积极平等的职业信念与职业决策理念

家校合作在学生成长成才过程中发挥至关重要的作用，尤其是在职业决策理念方面，家校之间应当达成共识，从而为学生职业生涯发展奠定良好基础，传递积极的正能量。应注重将职业信念与职业决策理念融入家庭教育，学校教育的专业课、文化课以及职业指导课程当中，从而降低功能失调性信念对学生职业发展产生的负面影响。

尤其应当对目前职业决策理念与职业信念中存在的性别差异给予特别关注，传递性别平等的理念与价值观，并对女性学生中普遍存在的依赖心理与男性学生中普遍存在的心理压力给予一定的重视。

（二）以生涯发展为目标开展职业指导：关注长期性困难

通常来说，高职院校职业指导的主要目的在于帮助学生完成正确的职业规划，使学生调整好自身心态，努力抓住就业机遇，并积极为学生寻找实现自我价值的发展途径。一般情况下，高职院校职业指导需要帮助学生解决两个方面的问题，一方面既需要帮助学生解决发展性困难，另一方面又要将关注点放在学生应对长期性困难的能力培养方面。

在向学生提供职业指导时，高职院校应当注重学生心理能力的培养，帮助学生提高自我效能感，促使学生形成健康的心理素质，以便更好地适应未来变幻莫测的职场环境，从而促进学生人生理想的实现。

（三）建立系统的职业决策困难测评与跟踪干预机制

职业决策困难测评体系应当贯穿整个高等职业教育的全过程，帮助学生了解不同阶段所要面临的职业决策困难，从而有针对性地采取一系列应对措施。高职院校应将职业评估职能、生涯规划职能、心理咨询职能，以及不同职能相应的从业人员引入职业决策困难测评体系之中，建立系统全面的职业决策困难跟踪干预机制，为学生提供更具针对性与个性化的职业决策指导、咨询与评估体系。

（四）搭建完善自我认知与职业认知的平台：实习与兼职

学生采取具体行动通常都需要以认知为前提，而关于职业与自我之间关系的正确认知困难就包含在职业决策困难之中，因此，职业指导工作的关键就是帮助学生正确认识职业与自我之间的关系。

高职院校应当向学生提供丰富的实习与兼职机会，并对此类实习与兼职活动进行系统化的设计，从而帮助学生对职业与自我的认知不断走向完善。

第四节　方案的实施

一、职业生涯规划书的撰写

（一）高职学生职业生涯规划书的结构

高职学生职业生涯规划书大体应包括如下内容结构。

（1）扉页。内容涉及姓名、题目、目录、起止日期、年限及学生基本情况介绍等。

（2）引言。主要涉及撰写规划书的目的，以及自己对规划意义的理解。

（3）自我分析及测评结果。具体涉及自我潜力、自身性格、自身条件、自我发展中的学校因素及家庭因素等。

（4）社会环境分析结果。具体涉及职业环境、法律环境、学校环境、经济环境、政治环境等的情况分析。

（5）职业生涯发展方向及总体目标。

（6）目标定位以及目标分解和组合。

（7）目标评估。面向不同群体进行的职业生涯目标咨询，要求包含具有建设性的指导意见，来自身边教师、同学、朋友及职业测评与咨询机构等。

（8）差距分析。即实现目标的要求与自身实际情况之间的差距。

（9）对目标实现的标准加以确定。

（10）确定缩小差距的方法及实施计划和方案。

（11）后记。根据职业生涯规划书的实际需要进行内容板块与结构的增减和调整。

（二）高职学生职业生涯规划书的类型

高职学生撰写职业生涯规划书其实没有固定的格式要求，职业生涯规划书仅仅是学生对生活理想与职业理想的一种文字化与条理化呈现，通常而言，职业生涯规划书的类型包括图表型与文字型。

二、职业生涯规划的论证

一般情况下，高职学生在撰写完职业生涯规划书之后，要进行前期论证，从而尽可能地降低错误的发生率。论证时可以从以下几个方面加以考虑。

（一）具体性

抽象与具体是相对的。所谓具体是指在人类认识中反映出的或者客观存在的事物的整体，其具有多方面关系、特点、属性的统一；所谓抽象是指从具体事物中抽取出来的不同方面的关系、特点及属性等。二者可以在人的认知过程中相互转化与联系。

通常来说，个人职业生涯规划应当尽量做到具体化、细致化，具体体现在行动方案、目标设定、自我探索等各个方面。例如，其中应具体包含个人成长价值观与成长经历、个人的性格与气质以及个人有何兴趣爱好，具备何种技能，自身的优势与劣势如何等。根据自身实际情况分别制定短期、中期与长期职业目标，并以目标为依据设计相应的计划措施。

（二）可行性

一般来说，个人职业生涯规划应当具有可行性，其内容包括三个方面，即可创造的条件、现实的客观条件与主观条件。一份职业生涯规划书如果仅做到细致化、具体化，通常并不能发挥其应有的作用，合理的职业生涯规划书还应当同时具有现实性与可行性。

（三）发展性

人类社会在不断向前发展，社会中的职业类型与职业发展趋势也在随之发生改变。此外，人类是社会历史的主体，人类的思想观念、行为习惯、知识技能也会随着时代的变迁、社会的进步而不断变化与丰富，在此过程中生成的各种价值观以及人们所追求的人生与职业目标都会发生相应的变化。因此，高职学生要以发展的眼光看待职业生涯规划，结合自身特点与社会发展趋势，不断调整职业目标与计划措施，最终促使自己的社会价值与人生价值得以实现。

三、职业生涯规划的实施

高职学生在制定自己的职业生涯规划并进行论证后，还要付诸实施，才能使职业生涯规划变成现实。根据高职学生在高职院校中不同阶段的不同学习重点和心理特点，可将其职业生涯规划分为三个实施阶段：探索期，定向、拼搏期，冲刺期。时期不同，职业生涯规划所确定的目标和主要内容也会不同。探索期侧重让学生正确了解高职生活，认识自我，进行初步的职业生涯规划设计；定向、拼搏期侧重夯实基础，查漏补缺，让学生根据主客观条件和环境的变化进行对职业生涯设计的修正；冲刺期侧重学生就业、创业等方面的综合能力和素质的培养。

（一）探索期

实施目标：从客观层面出发，高职学生应当对学校、职业有所了解；从主观层面出发，学生应当对自身的能力、优势与劣势、兴趣爱好、性格特点有所了解，尤其要对个人未来想要从事的职业以及所学专业的对口行业进行较为周密详尽的调查与了解，促使个人的人际沟通能力有所提升。

活动内容：在不影响正常学习的前提下，高职学生应当多参加学校组织的各类学生会或社团活动，促使人际沟通能力有所提高；多关注所在院系的培养目标，注重对所学专业的核心竞争能力的培养；多向学长、学姐请教相关经验等。

（二）定向、拼搏期

实施目标：制定自身职业生涯发展目标，不断提高自身综合素质与求职技能，在日常学习生活中，注意搜集获取求职信息的多种渠道。

活动内容：参加社团或学生会等组织，可以使学生自身的能力得到锻炼与提升，与此同时，还能够对自身的实力进行检验，在时间、精力允许的情况下，高职学生应多参加各类社会实践活动或社会兼职。充分利用课余时间，积极参与各类与本专业或未来职业相关的实践活动，在现实生活中，不断磨炼自己的意志力，提高自己的责任感与抗挫折能力。报名与本专业或未来职业相关的从业资格证书考试，通过学习其他知识不断提升自身素质。除此之外，还应当积极地与同学进行求职方面的心得体会交流与沟通，学会书写求职信与设计个人简历，了解更多求职信息的获取渠道，通过与学长、学姐进行交流沟通，对就业形势、求职流程和内容进行详细了解等。

（三）冲刺期

实施目标：参加应聘，找到理想的工作。

活动内容：掌握与归纳总结近两年的求职准备工作流程与细节。一是对自己的职业目标与准备程度做到心中有数。二是正式进入求职环节，将应聘所需资料准备充分，包括个人简历，各类证书、证件等，通过多种渠道了解各大招聘会的相关信息，在招聘会现场积累丰富的求职经验。三是充分利用校方提供的条件，进行正式应聘前的各种准备，比如，进入模拟面试现场，调整自身心态；从学校就业指导中心处尽可能地掌握用人单位相关信息；不断提高自身的求职技巧，并在学校提供的环境中不断进行重复演练等。

第五节 反馈、修正与调整

一、职业生涯规划的反馈

（一）反馈的定义

所谓反馈，就是沟通双方得到一种信息的回流。现实社会中不确定因素的存在，常会使高职学生面临的实际情况与其之前确定的职业生涯发展目标不相适应，这就要求学生结合现实情况，对既定的目标进行适度调整，进而对目标实施方案进行相应的修正，最终确保自身职业理想与人生理想的实现。从这一层面上看，反馈的意义在于对事物进行再认识与再发现。因此，学生需要对社会环境与职业环境的变化进行跟踪，善于自我审视，根据实际情况，对自己的职业目标与实施策略不断进行修正与调整。人们将这一过程视为反馈评估，并借以确保职业生涯规划的有效性。

（二）反馈的类型

1. 正式反馈

正式反馈需要通过程序化的有组织的过程进行。高职院校的正式反馈大多是通过高职学生登记的综合素质反馈表得以体现，从教育学视角对正式反馈进行定义，可以将其划分为5个部分，即心理素质、文化素质、体育素质、智育素质与思想道德素质。通常来说，学生素质结构的正式反馈取决于学生所学的专业及其所就读的高职院校，但是会在进行一定的加权处理与单位换算之后，由上述5部分素质的分值共同形成一个综合素质评价值。此类方法一般分为4个评价阶段，即自评、互评、班评以及综评。从学科性角度出发，此类方法能够满足高职院校对学生综合素质评价的要求，能够帮助学生对自己的短板与弱项有所了解，从而有针对性地进行提高，并对自身的日常行为、工作与学习表现进行相应改进。

2. 非正式反馈

所谓非正式反馈是指高职学生通过日常学习生活中的相互交流而获取的各类反馈信息。此类信息获取方式极为简单，一方面教师可以通过当众表扬或者由组织机构等单位书写感谢信的方式向学生传递正面的反馈信息，另一方面还可以由朋友、同学或教师指出学生自身存在的各种错误与缺点等。

举例说明，可以在实训会结束后召开总结大会，对参与实训学生各自表现优异之处提出表扬，并有针对性地提出需要改进的地方；每晚睡觉前开展寝室会，同一寝室的同学之间可以进行思想交流，提出学习生活中彼此之间存在的问题并加以改正；提倡在生活中互帮互助等。这类非正式反馈可促使学生的人际交流渠道得以建立，为学生未来职业生涯规划的良好正式反馈奠定基础。

（三）实施全方位反馈评价

全方位反馈评价，也可称为多源反馈评价或360度反馈评价，该评价方法最早的提出者与实施者是英特尔公司。在全方位反馈评价中，评价者的主体并非是单一性的，而应是不同个体，具有一定的多元化属性，首先可以是被评价者的直属领导或上级主管，其次可以是与被评价者进行密切接触的客户、下属、同事等，最后还可以是被评价者自身。因此，人们认为此类评价方法可以从不同层级与不同角度对信息进行搜集与评价，并有针对性地提出反馈意见，涉及评价主体的范围较广，包括客户、同事、单位上下级等。通常而言，高职学生职业生涯规划的全方位反馈评价主体应当多元化，涉及被评价者自身、同学、老师、学校领导等。在实施高职学生职业生涯规划全方位反馈评价的过程中，需要重点做好以下三个方面。

1. 同学间评价

同学之间应当相互提出对方存在的错误或缺点。同学间评价可以帮助被评价者有针对性地对自身存在的问题进行改进，从而更好地提高自身的综合素质。

2. 自我评价

从本质上看，自我评价是学生不断进行自我反思与总结的过程。正确的自我评价能够有效地将学生的主观能动性调动起来，由被动接受者转变为主动反省者，对学习生活中存在的弱项与短板加以完善。可以说，高职学生的正确自我评价实质上就是一个自我完善、自我管理、自我改进与自我认识的过程，能为高职学生的发展提供源源不断的驱动力。

3. 评价反馈

通常来说，高职学生的职业生涯规划能否根据全方位反馈评价进行合理有效的调整，评价反馈在其中发挥至关重要的作用。故此，应当选择合适的反馈渠道、反馈时间与反馈地点，使得经过整理分析后的评价信息能够实现有效反馈，并帮助学生对既有的职业生涯规划及其实施方案进行适度的调整与修正，从而促使评价反馈效能得到提升。

二、职业生涯规划的修正与调整

做好职业生涯规划的反馈后，就应当结合反馈结果对职业生涯规划的目标与实施方案进行适度的修正与调整。其中，修正是指通过修改与更正，使职业生涯规划更为正确合理。具体来说，可以包括职业的再选择、职业生涯发展路线的再次确定、阶段性目标的修正、实施方案与实施计划的调整等。

（一）修正的目的

通常来说，职业生涯规划的修正目的主要表现在以下几个方面。

（1）促使学生自身特长得到充分发挥，从而更好地激发自身潜力，增强自信心。

（2）使学生清楚自身优势，了解未来社会与行业发展趋势，从而抓住属于自己的发展机会。

（3）找出关键问题，进行有针对性的改进与完善。

（4）通过整理与分析，找出有待改进的关键问题，从而制定切实可行的实施方案与计划。

（5）以反馈者易于接受的方式进行善意的传达。

（6）严格按照职业生涯规划的实施方案与计划分步骤执行，确保职业生涯规划的实效性得以实现。

（二）修正计划

在对职业生涯规划实施修正时，应当为未来实施方案与计划的调整环节预留一定的修正空间，每次修正均需要参考职业生涯规划的反馈结果。有关选择职业生涯规划修正的时机，需要注意以下四个方面。

（1）对预定目标的实施效果进行阶段性检查，并将阶段性成果与总体目标进行综合考察，从而确定总体目标的实施进度。

（2）根据已完成的阶段性目标实施情况，对未来阶段的实施方案与计划进行适度的调整与修正。

（3）职业生涯规划实施方案与计划在学生执行的过程中，会受到客观环境的影响。

（4）要对职业生涯规划实施方案与计划的修正进行定期检查与反省，尤其要对实施方案的可行性进行评估，从而更好地对职业生涯规划进行修正与调整。

（三）修正过程应当考虑的因素

1. 环境因素

一般来说，法律环境、自然环境、科技环境、经济环境、政治环境及社会环境等均属于环境因素。高职学生应当从多个角度出发，对自身的职业生涯发展进行客观理性的认识，包括自身存在的局限性与未来发展的潜力等，学会顺应时代与社会发展需求，不断提升个人综合素质与技能水平。

2. 组织因素

通常而言，人际关系、晋升政策、人力资源管理系统类型、人力资源规划、组织发展状况、组织文化、组织结构与组织规模等均属于组织因素。个人要想在某一特定组织内部获得良好发展，就需要不断地进行自我调整与完善，使得自身的能力水平能够满足组织发展需要。

3. 个人因素

通常而言，个人的性格、阅历、学历、性别、年龄等均属于个人因素。高职学生既要正确地认识自我，同时又要促使自身的能力水平得到改进与完善。

为了使自身得到更好发展，个人需要逐步适应自己所处的环境因素。作为高职学生，应当对个人因素与组织因素进行认真分析，从而逐步摸索出一种适合自身发展的个人与组织匹配模式。

（四）职业生涯规划调整

1. 职业生涯规划的调整

职业生涯规划的调整指的是对职业生涯规划进行重新调配与安排，从而使其能够与规划者所处环境相适应。一份科学合理的职业生涯规划必须具备一定的可行性，其中涉及规划的具体实施方案与推进计划，以及规划实施的限定时间等。但是，若把职业生涯规划制定得过于细致周密，反而会对学生自身的职业生涯发展造成限制，严重影响自身才能的充分发挥，与此同时，也致使职业生涯规划的可操作性降低。在无法预料各类影响因素的前提下，要保证职业生涯规划能够按照计划逐步执行，并能够取得相应的预期效果，就应当注意在制定职业生涯规划时保留一定的调整余地，以便日后经过一系列实践活动的检验，可以对规划进行适时的调整。因此，保证职业生涯规划具有足够的弹性至关重要。

2. 职业生涯规划调整的依据

个体在生涯发展的过程中，难免会遇到各种各样的问题，发生种种的矛盾与冲突，诸如职业选择与个人兴趣爱好之间的冲突，生活方式与职业发展之间的冲突，所从事的行业发展与社会发展之间的冲突等等，这些都需要人们结合现实生活及自身实际情况进行适时的调整。因此，当高职学生遇到各类学习与工作问题时，需要对自身的职业生涯规划做出适当的调整，具体内容如下。

（1）高职学生无法树立正确的自我认知。若是高职学生在学习与工作的过程中遇到一些难以解决的实际问题，同时又无法对这些问题进行客观理性的分析。在此情形下，学生应当尽可能地保持冷静，基于第三方视角进行自我反思与评价，与此同时也可以向老师、同学进行求助，虚心听取他人的意见，诚恳地接受各种批评与指教，从而更好地进行自我革新与自我完善。

（2）高职学生所从事的工作或者课程学习对自己而言过于轻松。若是学生在工作时感受不到任何压力，反而感到无比轻松，那么说明学生的能力已经远远超出其所从事的工作要求，只是不自知罢了。此时学生需要向自己提出疑问：我现在所从事的工作能否让我学到新的知识？能否帮助我提高自身的能力水平？

（3）高职学生难以适应教师的教学模式。测试学生是否适应教师的教学模式的有效方式便是观察学生在课堂上处于何种状态：如果学生处于紧张不安的心理状态，那么则表示不适应；如果学生处于轻松自在的心理状态，则表示比较适应。

（4）高职学生表现出无法融入社交群体的情况。此时高职学生应当静下心来，认真考虑自己是否真正融入所在群体，以及是否对社交群体其他成员所谈论的话题感兴趣。若是感到无聊或是乏味，那么便意味着学生需要敢于走出自己现有的社交圈，远离不适合自己发展现状的社交群体以及学习工作环境。

3. 职业生涯定位的调整

通常来说，不仅职场人士需要进行合理的职业生涯定位，高职学生也同样应当尽早根据自身实际情况，制定相应的职业生涯定位以及职业生涯规划，并在具体的实践活动中不断对其进行适度的修正与调整。

一般来说，成功的职业生涯都是个体在具体的工作实践活动中经过反复调整后最终呈现出的一种结果。它要求个体对自身的实际情况有着较为清晰、客观、理性的分析与认识。只有从实际出发，对自身做出合理与准确的评估，并在评估结果的基础之上做出适度的调整，才能确保自身能够沿着正确的方向不断前进。

随着科学技术的不断进步，以及社会生产力的高速发展，社会分工体系也在时刻发展变化。高职学生要想促使自身才能得到充分发挥，就应时刻关注职场动态，对人才市场的供求关系变化有一个清醒的认知，紧随时代，紧随市场需求。高职学生只有做到这一点，才能更好地修正职业生涯发展规划，调整职业生涯发展方向，凭借自己良好的职业素养与较强的综合能力，为今后的职业生涯拓宽发展道路，将自己的命运真正地掌握在自己的手中。

第五章 高职学生就业准备

第一节 就业心理准备

一、认识自我

对高职毕业生来讲,求职择业是对其综合素质特别是心理素质的一次重大考验,如果毕业生具有优秀的心理素质及心理状态,自然能在就业过程中保持从容淡定。就业心理准备工作的认识自我环节,要求高职学生能从客观的角度分析实际的就业环境,辨析自我与环境的匹配程度,同时充分发挥自身的智慧和能力,积极应对各种挑战,抓住稍纵即逝的机遇。

(一)了解自我,悦纳自我

通常情况下,一个心理健康的人不仅对自己存在的意义有清晰的认知,还能从客观的角度综合精准地评价自己的能力、性格以及自身优缺点,为了实现伟大的理想,需要从现实着眼并制订一些与实际相符的计划,同时积极努力开发自身潜能以保证实现自己的梦想,而非空想性地为自己设定一些非分的、苛刻的目标和期望。更重要的是,心理健康的人在面对那些自身存在的、无法弥补的缺陷时并不会歇斯底里,而是泰然自若地面对。

(二)接纳他人,善与他人相处

心理健康的人不仅能接纳自己,也善于接纳他人,喜欢和他人展开交往,认可他人存在的重要作用。心理健康的人在做事过程中善于换位思考,这不仅有助于其与他人展开友好交流,还使其更容易被他人接受和理解;心理健康的人在集体活动中更容易和他人和谐相处,在朋友聚会中能与挚友共享欢乐，在独处时也不会产生太重的孤独感；其在与人交往的过程中往往秉持理解、信任、友善、尊重等积极的态度，很少带着猜疑、畏惧、嫉妒、敌视等消极的态度与人交往，因此其交往的成功率很高；在社会生活中，心理健康的人不仅有更强的适应能力，也能给人带来更多的安全感。

（三）正视现实，接受现实

心理健康的人能从客观的角度对周边的环境和事物做出合理的评价，其所具备的理想虽然高于现实，但并不会让其沉迷在虚幻的奢望和幻想当中；在社会生活中，心理健康的人不仅能更好地适应周边环境，还能直面困难，把握改变现实的重要机会。

（四）能协调与控制情绪，心境良好

心理健康的人能更精准地控制和表达自己的情绪，在社会交往过程中既不会自以为是，也不会畏首畏尾；对于那些根本得不到的事物会坦然视之，并不会过分渴求，而是会在允许的范畴内尽可能地满足自己的需求；对于当前自己拥有的一切始终怀揣感激之情；在生活中以满意、开朗、乐观、愉快等积极情绪作为主导，偶尔会产生愤怒、忧愁、哀思、悲伤等消极的情绪，但消极情绪一般不会持续很长时间。

（五）热爱生活，乐观生活

心理健康的人会对生活充满热爱，会积极乐观地生活，在生活中寻找并享受人生的乐趣；在工作时会积极主动地、充分地发挥自己的聪明才智，张扬自我个性，希望取得优异成果，不断激励自我成长发展。

（六）人格完整和谐

心理健康的人的人格是完整的、和谐的。人格结构包括信念、理想、动机、兴趣、能力、性格、气质以及人生观等，心理健康的人能够实现自身人格结构的均衡发展；从某种意义上讲，人格其实就是人整体的精神面貌，其表现得越完整、和谐，越能凸显人的心理健康。在思考问题时，心理健康的人会尽量选择合理的、恰当的方式，不会因外界刺激产生偏颇的行为和情绪；在待人接物方面也能采取正确的、合理的态度，保证与当今社会步调一致、合拍。

（七）智力正常，智商在80分以上

智力是一个人想象力、记忆力、观察力以及操作能力等特殊能力的集合，一个人如果智力正常，代表其满足了日常生活所需的基本心理条件。心理健康的人的智力一般都是正常的，其在通用国际标准版智商测试中，大概率得分会在80分以上。

（八）心理与行为符合年龄特征

一个人在其所处的某一年龄阶段内，自然会有与之相对应的心理反应，会形成该年龄段特殊的行为模式。一个心理健康的人的心理和行为特征符合其年龄特征。

（九）自我肯定，自我接纳，有自信心

信心属于一种特殊的精神力量，其蕴含着无穷的力量，不仅能促使个体改变当前不理想的情况，还往往能推动人们实现更圆满的结局。换言之，充满信心的人无论面临怎样的挫折，都会勇于接纳自我、迎难而上。

（十）敢于竞争

如今，社会各个领域以及人生的各个阶段都提倡合理竞争，竞争机制早已深入社会和人生的方方面面。学生进入学校开始学习生涯时，同学之间的竞争就诞生了，人人都想要取得好成绩，以便升入优秀的中学和大学。中学和大学阶段的竞争则更激烈，在评选奖学金获得者、三好学生，推免生以及评定优秀毕业生时都需要竞争。部分高职院校的学生可能没有形成完整的竞争意识，或者其所形成的竞争意识需进一步强化，因为奖学金和相关荣誉评定不是每个人都会选择参与竞争的，而且这些层面的竞争可以随时放弃，但就业不同，就业是每个毕业生都要面对且绝对不能放弃的竞争。因此，每到毕业季，不善于竞争的学生就显得张皇失措、无所适从，这反映出当代高职学生树立竞争意识的任务迫在眉睫，只有树立并合理强化竞争意识，才能更好地适应客观环境，迎接就业的挑战。合理的竞争意识是高职学生在就业之前必须具备的基本心理素质。

（十一）具备一定的抗挫折能力

高职学生在求职择业过程中并不一定是一帆风顺的，遇到困难是极其正常的，但决不能遇到困难就产生自卑感。顺境中有自信心不足为奇，逆境中表现出积极乐观的心态和百折不挠的精神，才是走向成功的关键。

（十二）具备对新环境的适应能力，不强求职业与专业对口

高职学生在求职择业过程中需要对社会实际需求以及自身具备的竞争条件有正确的认识，以满足社会需求为求职出发点，可以适当地降低自己的期望值，先占据一块立足之地，再谋求后续发展。

二、就业心理分析

（一）高职学生常见的就业心理

1. 积极的就业心理

（1）积极奉献。拥有正确价值观、人生观、择业观的高职学生能正确地处理个人与集体以及个人与国家之间的关系，始终将社会利益以及国家利益放在首位。一旦个人利益和国家利益产生冲突，拥有积极奉献心理的学生必然会选择维护国家利益，这一点表现在其择业过程中就是根据祖国需求选择工作地域。

（2）注重个人的发展。如今，就业市场环境日益严峻，毕业生的就业压力不断加大，许多高职学生在就业选择上逐渐回归理性，对个人发展更加重视，出现多元化的选择。从这一角度上分析，大多数高职学生对第一次就业依然满怀期待，更注重个人职业生涯的长远发展。比如，许多学生在求职时更注重个人的发展空间以及职业的前景，对职业能否实现自我价值进行深入研究，原本备受重视的工作待遇、薪资报酬已经不再是这类学生关注的焦点。这种就业理念属于相对成熟的择业观，将个人事业发展和社会发展紧密结合，对个人事业和社会的发展都有好处。

（3）理智心理。近几年，高职院校毕业生人数连创新高，就业竞争也越发激烈，网上到处都是"就业难，难就业"的呼声。在这种背景下，许多高职毕业生主动调整自己的就业期望值，对不切实际的就业愿景不再幻想，而是更注重现实，属于相对的理智心理。对应届毕业生尤其是非热门专业和非名牌院校的毕业生而言，在生源地、工作经验以及专业等多种因素的限制下，其想要找到一份符合预期的工作是比较困难的。此时，高职毕业生要正确对待这一现实，适当调整自己的择业要求和自我定位，转换思维方式，在就业选择过程中，以提升自我和充实自我为主导标准。

2. 消极的就业心理

（1）盲目求高。主要表现：自我期望值高，过分追求优越感，以自我满足为第一需要，同时对工作地点、薪资待遇、工作环境等一系列就业标准均加以过度追求，既要求高薪、舒适，又要求就业企业有名气，对于边远地区、中小城市、经济欠发达地区或者基层单位的工作岗位不屑一顾。

（2）过分求稳。部分高职毕业生在择业时过度追求职业的稳定性，其倾向于选择的工作岗位不仅风险低，还比较稳定。这种选择虽然可以满足毕业生当前阶段的需求，但太过安逸，不太符合高职毕业生的年龄特征，也不适合其个人未来发展。

（3）盲目从众。许多高职毕业生在择业时缺乏主见、患得患失、人云亦云，可能会将别人的择业标准当作自己的选择标准，用一句简单的话解释就是"随大流"，即别人选择哪个职位，自己就跟着选；别人怎么做，自己就怎么做；别人参加哪些供需见面会，自己也去参加；当前社会中何种职业属于热门职业，自己就选择哪种职业，根本不考虑自己的实际情况，也不分辨自己适合哪项工作。

（二）高职学生求职常见的心理矛盾

求职心理矛盾指的是个人在求职过程中，因同时存在两种或多种完全不同的选择、反馈、目标、欲望、动机等，导致内心出现紧张、不安、纠结的状态。矛盾普遍存在，心理矛盾在一定程度上可以推动心理发展，但太过强烈且持久的心理矛盾不仅不会推动心理发展，还会影响人的心理健康。高职学生在择业过程中，通常会因各种因素的影响产生心理冲突和心理矛盾，如想要自主择业却不想承担任何风险，想要参与竞争却临阵退缩，怀揣远大抱负却忽视眼前小事，期望实现事业和才智的长远发展却在现实中更看重物质和利益，认可信心的重要性却因小小挫折一蹶不振，崇尚个人奋斗、渴望实现自我价值却有较强的依赖感等。这些心理冲突使得许多高职学生在择业时十分迷惘困惑，形成心理上的矛盾。高职学生求职常见的心理矛盾列举如下。

1. 理想与现实的矛盾

高职学生在校园中怀揣远大的理想，积极接受学校教育，学习专业知识和技能，期望在毕业后能用自己所学开创一番事业，实现自我价值，为祖国发展贡献自己的力量。他们满怀激情、摩拳擦掌、跃跃欲试，时刻准备通过择业实现自己所有的理想以及对未来的憧憬。但高职学生在毕业后却需要面对汹涌澎湃的社会改革大潮以及处处充满竞争的社会经济舞台，这种现实与部分学生想象中的平台存在较大差异甚至完全不同，很多学生一时无法接受，就会产生矛盾的情绪。

2. 就业与择业的矛盾

面对严峻的就业形势，是坚持自己的目标，克服重重困难，找到自己理想的职业？还是先就业，再择业？刚毕业时，在一片迷茫和慌乱中，不少毕业生觉得还是应该先找份工作糊口，上班后发觉不满意，很多人又草率地跳向另一份工作。这种就业与择业的矛盾通常会持续较长时间。

3. 有较强的个性，但缺乏客观认识自我与评价自我的能力

当代高职学生作为新时代的接班人，其自我存在意识和自我表现意识日益增强。许多高职学生不仅极富主见，张扬个性，还坚持自己的特色，不落俗套。但是，他们毕竟年纪尚轻、涉世尚浅，没有充足的社会经验，自我认知和自我评价能力不足，无法对自己做出正确的、科学的、客观的评价。如果这种评价太低，他们可能会自卑、感伤，以为自己一无是处从而自暴自弃，不能做出正确的就业选择；如果这种评价太高，他们虽然会自信，但也可能会自得，甚至是骄傲自满、目空一切。然而，在择业过程中持有自暴自弃或者骄傲自满等心态是坚决不可取的。所以，高职毕业生必须对自己有充分、正确、客观的认识，在择业过程中，既不能夜郎自大、忘乎所以，也不能畏缩不前、自我轻视。

4. 想创业，但怕艰苦

许多高职学生在择业前想要依靠自己所学的知识和技能开创一番事业，而非庸庸碌碌地虚度一生，同时他们中的不少人也认定自己的前方是一条光明的坦途，到处都是机遇，随时都能成功，但却并没有做好需要克服重重困难的思想准备，有些学生甚至认为所有的问题都可以通过捷径或违规开"绿灯"解决，换言之，这些学生虽想创业，想要获得成功，但不想经历艰难和困苦，不愿去基层以及艰苦的地方工作。

5. 渴望竞争与畏惧竞争之间出现冲突

许多高职学生在就业之前十分认可竞争机制，甚至是渴望竞争的，因为

他们知晓当今的就业市场竞争日益激烈，通过公平竞争决出的优胜者自然更适合就业市场需求，而且良性竞争能推动社会发展，实现人类进步，其优越性超出想象。但是，当这些高职学生真正需要参与竞争时，却往往会产生巨大的恐惧和重重的顾虑，害怕自己面临失败，自信和勇气都会消失。还有的学生在择业过程中只关注事物的消极面，忽略其存在的积极面，只要遇到困难就退缩，认为自己不适合竞争或运气不好，轻易地浪费就业机会。这种既渴望竞争又畏惧竞争的矛盾对学生的择业有严重影响。为了消除这种影响，学生需要积极学习专业知识，充实自我，同时树立较强的自信心，鼓足干劲迎难而上，保证自己在竞争中处于优势地位，继而开创一番事业，成就美好未来。

（三）求职过程中的心理问题成因分析

1. 对自我缺乏正确认识

成功择业的首要步骤是要正确认识自我、接受自我、悦纳自我。但很多高职学生在求职之初，不能很全面地认识自我，不能从客观角度评价自己的气质、性格、能力、兴趣、爱好、知识水平、家庭环境、身体素质等方面，不能正确认识自己的优势和缺点。部分高职学生在自我认知中只能看到自己的优势，看不到自己的缺点，从而变得外强中干、趾高气扬；还有一部分高职学生则刚好相反，过度在意自己的缺点，认为自己一无是处，前途一片黑暗。这些无法正视自己的学生在择业时根本无法进行合适的自我定位，何谈找到合适的职业岗位？

2. 职业定位不当

一些高职毕业生由于没有社会实践经历，思想过于理想化，在择业时很容易出现期望过高，与实际就业形势严重失调的情况。古语中"人往高处走"的理念是值得肯定的，但绝不能超脱实际。部分高职学生在择业时由于职业定位不准、期望值过高，强调按照"我想做什么"选择职业，而且必须选择职位好、收入高、名声响亮的单位，甚至想当然地认为自己就应该从事办公环境优雅、工作轻松却薪资颇丰的工作。

3. 缺乏求职技巧与经验

一些高职学生由于缺乏规范系统的就业技能培训，以及毕业前很少参加招聘会等原因，不知道自己在求职中该做些什么、能做什么。对简历如何准备、着装有什么要求、有哪些基本礼仪、回答问题的技巧等缺乏基本了解，致使其求职时一片茫然，接到面试通知后仓促应战，产生各种心理困惑和障碍。

4. 缺乏应对挫折的意识和能力

大多数高职学生面对挫折缺乏足够的心理预期与调适措施，其中很多人更是把考上大学当成终极目标，对市场变化、社会变化关心度较低。一些高职学生在生活中表现出一种特殊的"五靠"现象，即考上大学靠家长和学校监督，报志愿靠家长拍板，上大学靠家长供给，找工作靠家长找关系，职业选择靠自我感觉。换言之，一些高职学生并没有完整的职业规划，甚至根本不知道自己能做什么、适合做什么，更缺乏应对挫折的意识和能力。

三、就业心理调适

（一）提升社会效能，增强高职学生就业心理保障

1. 完善高职学生就业市场机制

高职学生就业市场是高职毕业生就业的重要平台和路径。完善高职学生就业市场机制能在一定程度上帮助高职毕业生明确自己的就业方向，找到符合自己需求的职位。首先，地方政府需要大力发展经济，调整或改变当前就业市场供需不平衡的现象，同时结合就业市场实际情况调整高职毕业生的就业政策，增加就业机会，针对经济相对不发达地区的工作岗位，额外提供适当的经济补偿，以积极调动毕业生到西部内陆城市以及中小型城市就业；其次，拓展就业信息交流渠道，利用官方网站、自媒体等途径增加就业信息的传播范围，保证企事业单位招聘信息及社会就业信息的规范性、即时性、有效性，同时创建人才信息交流平台，实现供需双方的友好交流；最后，完善高职院校毕业生的就业工资机制，确定用人单位在招聘高职毕业生时的基本薪资结构、福利待遇等，保护高职毕业生的就业合法权益，打造公平、公正的就业市场机制。

2. 健全社会就业保障体系

一方面，健全高职学生就业法律保障体系。对政府制定的与高职院校毕业生就业有关的政策条文要做到逐条落实，以提升高职院校毕业生的就业率，

同时要教导学生如何用法律武器维护自己的合法权益。另一方面，创建高职学生就业服务保障体系。当学生踏进高职院校的大门，院校就要将该学生相关信息纳入专门的数据库并做到动态更新。学生在校期间，高职院校要定期对学生进行系统化的理论指导和职业技能培训。当学生临近毕业时，高职院校要为准毕业生提供海量免费的、附有就业指南的就业信息。此外，还要从养老、医疗、失业金等方面创建一系列适用于高职院校毕业生的社会保障制度，降低学生就业的心理负担。

3. 杜绝就业歧视现象，增强学生就业信心

国家不但要制定适用于高职学生的就业保障制度，还要严格规范用人单位的一系列招聘行为，保证高职学生获得平等的就业机会，坚决打击学历歧视等不良现象。高职学生在就业时也要正视用人单位提出的性别、专业、学历以及身体健康情况等合理的条件要求，端正态度，绝不无理取闹。企业提出合理的招聘要求也是为了招到优秀人才，对此，高职学生要做到增强专业素质，提升个人综合素养，以保证自己符合要求。

（二）加大高职院校就业心理指导改革力度

1. 设置合理的专业学科

为了保证高职院校毕业生符合社会主义市场经济发展的需求，高职院校在分配专业课数量、安排课程内容、选择教育方法时都应充分考虑社会实际需求，并在此基础上进行适当的调整。高职院校在学科建设改革过程中，应根据专业课类型适当增加实践或操作课程，如计算机专业要增加软件操作课程，英语专业要增加交流实践课程等，从而增强学生的专业能力，促使学生学有所长、学有所用。此外，高职院校还要积极组织学生参加社会实践，在实践中检验学生所学，并塑造学生积极的就业心理，提升学生就业成功率。

2. 建立高职院校就业心理咨询指导中心

高职院校就业心理指导改革当中，就业心理咨询指导中心建设至关重要。高职院校通过对毕业生进行正确的心理指导，不仅能帮助其树立正确的价值观、人生观、世界观，还能使学生积极应对就业过程中遇到的挑战和困难。就业心理咨询指导中心的主要功能有以下几种：举办就业指导以及心理指导讲座，从多角度分析高职院校毕业生面临的实际就业形势；结合毕业生的专

业对其进行专业化指导，讲解其在招聘、面试过程中的注意事项，同时拓展学生就业渠道；对毕业生进行系统性、科学性的就业心理指导培训，解决学生在就业过程中遇到的困难，减轻其心理压力。

高职院校创建就业心理咨询指导中心不仅能充分发挥院校对学生的指导作用，也能使学生在接受心理指导后缓解心理压力，更从容地面对就业。高职院校在这一过程中还需要做一项特殊的工作，即鼓励学生主动到就业心理咨询指导中心与专业教师进行深入交流，解决自己在就业过程中遇到的困难。高职院校就业心理指导可以是阶段递进式辅导，即从学生刚入学就对其进行定位，根据定位开展职业规划教育；也可以是结构式辅导，即先对学生存在的普遍问题进行辅导，然后再对个别学生存在的个别问题进行针对性引导。

（三）家人帮助疏导就业心理压力

1. 重视家庭心理教育

解决高职学生在就业过程中产生的心理问题离不开其家人的帮助。家长首先要做的就是转变教育理念，不再单纯依赖传统学校教育，而应同时注重家庭心理教育，多角度地疏导子女的心理问题。家长可以主动与子女交流，共同分析当前就业形势，减轻其惶恐情绪；家长也可以旁敲侧击，从侧面舒缓子女因就业困难产生的郁闷心情，减轻其就业心理压力；家长还可从能被子女接受和信服的角度出发，借助合适的表达方式及语言技巧，放松子女的心情。

2. 家长适当降低期望值

面对当前严峻的就业形势，家长切忌对子女提出太高、太严的要求，而应给子女留出一定的缓冲空间。与此同时，家长还要采用恰当的教育方法，帮助提升子女的综合能力，减轻子女在就业时的心理负担。家长还要对子女做出的选择保持尊重，毕竟子女才是就业选择的主体，但是在子女做出选择之前，家长应当充分发挥自身的辅助指导作用，借助自身的经验指导子女就业。家长还可以帮助子女收集各种就业信息，供子女进行了解。家长应把握好指导子女就业的"度"，避免过度干预引起反面效果。

（四）加强自我就业心理建设

1. 树立正确的就业价值观

如今，全球一体化趋势越发明显，享乐主义、个人主义、利己主义、拜金主义等消极思想已经开始侵蚀我国高职学生的思想，高职学生能否树立正确的就业价值观在一定程度上决定其就业的成败。高职学生要对自己有正确的认知，做出准确的定位，适当调整自己的就业期望值，理性对待自我期望与就业现实以及就业机会之间存在的关系，以便找到适合自己的岗位。此外，高职学生可以选择"先就业，再择业"，这样不仅可以避免失业，还能积累工作经验，提高自身素质和能力，积累一定工作经验后，再选择自己感兴趣或擅长的职业。

2. 参加社会实践活动并进行信息筛选

高职学生在校期间应抓住学校举办的各种社会实践活动机会锻炼自己，扩展自己的视野，丰富自己的学识，增强自己的能力，并从中掌握提高自我的方法。对高职院校毕业生来讲，有关就业的首要任务之一就是充分利用招聘会、网络等渠道了解就业市场的实际供需情况，对照自己的实际情况筛选适合自己的岗位，整理成册并制定求职方案。

3. 客观评价自身能力

高职学生要从客观角度对自己做出评价，还要请老师、同学、朋友以及家人对自己做出综合的评估，从而对自身能力有充分、全面的认知，明确自己的定位。如果学生对自我的认知不够客观、全面，则容易产生过高的心理预期，与实际就业供需脱节，并因此产生心理压力。所以，高职学生要清楚自己所具有的优势和缺点，根据社会实际需求调整自己的就业期望值，把握就业机会。

4. 积极提高就业心理调适能力

对高职毕业生来讲，就业过程并不一定是一帆风顺的，困难重重、四处碰壁的情况是有可能发生的，而这种情况会对学生造成一定的心理压力，如果不能得到及时缓解，很可能会造成严重后果。积极、健康的就业心理调适机制能有效改变高职毕业生因挫折和失败产生的心理问题。因此，高职学生在校期间一定要重视心理素质的培养和提升，锻炼自己抗压、承压能力，从而正视压力，对于就业过程中出现的失败和问题，能够通过分析原因、总结经验等方式加以避免。总而言之，高职学生要具备优良的心理素质，以理性、平和的心态面对就业过程。

第二节 知识与能力准备

一、知识准备

（一）宽厚扎实的基础知识

基础知识作为知识结构的根基，是每位高职学生的就业之本。专业基础知识也属于基础知识，而且是其不可或缺的重要组成部分，专业基础知识不仅是高职学生学习高深专业知识的基础，也是将基础知识和专业知识联系在一起的关键桥梁。学生只有做到基础知识扎实，其专业水平才能不断提高，从某种意义上讲，扎实的基础知识就是学生事业成功的基础。无论高职学生所学习的是哪种专业，其所选择的是哪一职业，都需要扎实的基础知识，正所谓"万丈高楼平地起"。随着科技的不断进步，经济的不断发展，社会产业、行业以及职业结构也在不断迎来调整，高职学生职业岗位的变动也难以避免；高职学生要想适应这种变化，就要掌握扎实的基础知识，做到这一点就等于掌握了"以不变应万变"的法宝。高职学生注重对基础理论的学习，还有助于培养其科学的思维方法和良好的心理素质，这是工作必备的优秀品质，高职学生切不可为了培养其他方面的能力，而忽视对基础知识的学习。高职学生应该广泛汲取各类基础知识的精髓，遵循巩固基础的原则，有针对性地扩大自己的知识面。树立以基础知识服务专业知识的指导思想，在有利于专业知识的积累与发挥的前提下，高职学生应有选择地扩大基础知识的容量，使知识结构不断优化。

（二）广博精深的专业知识

专业知识通常是指学生所学专业的知识，是高职学生走向工作岗位的一技之长，是保证学生能够从事相关专业工作的必要条件。通常情况下，高职学生毕业后主要从事的就是一些专业性较强的工作。优秀的高职毕业生属于专业化的高级人才，其特殊的知识结构就是围绕专业知识构建的，具有科技人才的特色。换言之，如果高职学生没有专业特色，就不能被称为科技人才。国家设置高等职业教育专业的初衷即是结合社会分工需求创建一个在学生接受一定基础教育后对其进行专门培养的人才计划。学习专业知识是实现育人目标的必经之路，当一个人的基础知识已经积累到一定程度时，其学习专业知识的欲望就会格外强烈，如果只有基础知识，没有专业知识，知识体系也就不再完整。专业知识是高职学生的立身之本，是高职院校训练、培养高职学生掌握一技之长的关键，高职学生正是凭借自己掌握的专业知识和技能认识社会、改造社会的。高职学生对专业知识的学以致用要求决定了专业知识在学生知识体系中的重要地位。

（三）大容量的新知识储备

现代科技日新月异，人类创造的知识文化总量的增长速度更是惊人，优秀的高职学生作为专业化的高级人才，仅简单掌握所学专业的现有知识不一定能符合社会需求。因此，高职学生应该在学习现有专业知识的基础上，不断开拓专业知识的深度和宽度，及时关注相关行业的发展动态，了解科技前沿信息，知晓国内外与所学专业有关的众多新成果和新动向，使自己拥有更专业的眼光，更先进、更具前瞻性的思维方法，紧跟国际科技发展的步伐，拓宽择业的空间。

（四）现代管理知识和人文社会知识

许多高职学生在走上工作岗位后，会逐步成长为工作单位的业务骨干，这就要求高职学生除具有专业知识外，还应掌握一定的现代管理知识和人文社会知识。高职学生应立足社会现实，在专业学习之余，多学习一些管理学、社会科学等方面的知识，丰富自己的知识面，拓宽视野，使自己对社会以及现代管理有更多的了解，提升自己的社会适应能力。

（五）综合交叉的复合知识体系

如今，各种职业不仅要求从业者具有充足的专业知识，还要求从业者所掌握的知识具有实用性、新颖性、层次性。所谓实用性指的是从业者所掌握的知识蕴含较高的实用价值，无论是处理生产性工作，还是管理性工作，从业者的知识体系都很实用；新颖性指的是从业者形成的知识结构应能体现目前科技发展的新信息和新知识；层次性指的是从业者所掌握的知识不仅面广，层次还很高。这一点的典型表现就是当前不少用人单位要求应聘者至少能熟练使用计算机、娴熟掌握一门外语。当然，如果毕业生还掌握了驾驶、绘画、书法等更多的技能，求职成功率也很可能会显著提高。这种职业要求实质上是一种对复合知识体系的要求。

二、能力准备

高职学生如果只是积累了大量的知识，并不意味着其就业能力比较强。每个人的能力是与自己所学知识、工作经验、人生阅历相结合的，知识并不能简单地与能力画等号。如果只是单纯地学习知识，让自己的头脑成为一座储备知识的仓库，而不在实践过程中运用知识、发展能力、开发智力，那么知识将会变得无用。求职竞争实质上是求职者在知识和能力方面的竞争，甚至在一定意义上可以说，能力比知识更重要。就业能力是高职学生在学习、工作和生活中，积累、培养的各方面能力的集中表现。高职学生想要顺利地找到工作，较好地适应经济社会发展，并在工作中做出成绩，必须具备一定的就业能力。就业能力不是单一的能力，而是多种能力的系统综合，是一个多层次的、具有多种功能的综合体。就业的过程，也是应聘者就业能力较量的过程，能力在就业过程中发挥着重要作用。

高职学生应具备以下几个方面的就业能力。

（一）学习能力

如今，科学技术飞速发展，社会发展蒸蒸日上，知识迭代速度超乎想象，甚至人在生活以及工作中接触的知识、教育理念都是不断变化的。这就要求高职学生必须具备较强的学习能力，能够及时更新自己的知识储备，实现更好的发展。学习能力是个体在社会文化背景下，在与他人的互动中，主动建构自己的认识与知识的能力。随着人类社会信息化步伐的加快，各种新知识、新技术正以不断加快的速度持续发展。面对浩瀚、广博，并且不断衍生、发展的知识，以及各种各样与日俱增的新变化和新信息，仅靠勤奋的学习态度肯定是不够的，高职学生还必须具有较强的学习能力，能够快速选择学习的内容，善于学习那些有利于提高个人能力的知识，做到能够驾驭知识的变化，而不是被新知识和新变化所淘汰，以较强的学习能力适应不断变化的社会环境。

（二）表达能力

表达能力指的是个体运用恰当的文字或口语，阐述自己观点或抒发自己思想的能力，根据表达形式可分为两类，分别是书面表达能力和语言表达能力。人无论是在学习中、生活中，还是在工作中，都需要培养自己的表达能力，否则优秀的方法或见解很可能因为表达不清而无法得到完美贯彻。对书面表达能力来讲，其主要是对文句的条理性、逻辑性以及艺术性有要求；而语言表达能力则是对语言的灵活性、流畅性以及艺术性有要求。作为高职学生，表达能力的重要性不言而喻。在工作中，申请、计划、总结、汇报、设计、调研、通话、交流等环节都需要表达能力；在择业时，撰写自荐信、准备个人材料、面试回答问题等环节，表达能力都发挥着不容低估的作用。因此，高职学生在校期间，既要注重锻炼自己的书面表达能力，也要创设条件锻炼自己的语言表达能力，从而提升自己的综合表达能力。

（三）适应能力

适应能力是指个体随着外界环境的变化和时代的变迁而改变自己的生活方式、交往方式、思维方式、行为方式的能力；对高职学生而言，主要指毕业并顺利走上工作岗位后，对工作环境、社会生活、文化思维、行为方式的适应能力。一个人对社会的适应能力实质上是个体素质及个人能力的综合反映，个体的文化知识储备、思想道德修养、人际关系处理能力、创造能力、活动能力以及身体状况都能影响其适应能力的高低。通常情况下，适应能力高的人即使身处困难的环境和条件中，也能将不利条件变为有利条件，并取得优异成绩。许多高职学生胸怀美好憧憬和宏图大志进入社会，但刚与就业市场、工作岗位接触就很不适应；有的学生对就业和工作充满困惑、心生畏惧，甚至产生了恐慌心理；有的学生定位不准，好高骛远，所学知识和个人特长与现实工作要求存在矛盾，失去就业信心和勇气。究其原因，在于这些学生缺乏适应社会的能力，对工作愿景过于理想化，以致处处碰壁，错失了许多就业机会和发展机遇。因此，高职学生在初入社会时就要根据工作需求调整自己的知识结构、行为方式以及能力结构，培养自己对社会的适应能力。需要注意，无论是适应社会，还是适应环境，都应是个体积极的、主动的行为，而不是被动屈服，甚至同流合污。此外，适应能力并非单独存在的，只有与发展、改造能力紧密结合，才能推动个人以及社会的进步。

(四)人际交往能力

人际交往能力指的是人与人之间和谐相处的能力，是择业者采用社会认可的方式，正确处理人与人之间的关系，实现和谐共处、共同发展。人际交往是人与人之间实现心灵沟通的一种方式。高职学生在校园应培养自己的人际交往能力，妥善处理自己的人际关系，只有这样才能在步入社会后及时适应复杂的社会环境，与各类人群建立友好的关系，充分施展自己的才能。从某种意义上讲，个体能否正确处理、协调自己在职业生活以及社会中的人际关系，直接影响其能否适应社会环境，能否保持健康心理，以及能否取得事业的成功。高职学生刚步入职业岗位时，由于初谙世事，阅历较浅，缺少经验，往往对人际关系的处理一筹莫展。因此，高职学生自觉培养良好的人际交往能力非常重要。

人际交往能力并不是一种可以从课堂或书本中直接学到的技能，而是人在生活中经过反复积累与运用所生成的一种特殊结晶。但是，当前高职院校中有很多"两耳不闻窗外事，一心只读圣贤书"的现象，许多学生埋头学习，但并没有很好地培养自己的人际交往能力，这与日新月异的社会发展可谓方枘圆凿。要知道，学校汇聚了无数的优秀青年，为其提供宽松的学习环境以及优良的交际条件，不仅有各种社团活动，还有各式各样的社会实践活动。高职学生在校期间应善于抓住这些机会，积极参与，培养自己的人际交往能力。

(五)动手能力

动手能力也被称作实际操作能力，即将创造性思维转变成实际的物质或者生动形象的实践过程的能力，是高职学生必须具备的一种能力。对于高职学生尤其是工科类专业的学生来讲，动手能力至关重要，其水平高低在一定程度上决定了学生能否从事其所学专业的相关工作岗位。在现实社会中，特别是生产和科研一线当中，不仅缺少拥有丰富理论知识的人才，动手能力强的人才也很稀缺。如今，许多高职学生都具备较为丰富的理论知识，能用理论解决工作中遇到的困难，但并不具备亲自解决这些困难的能力。因此，高职院校在后期的培养过程中应当增加实践操作课程，以增强学生的动手能力，尤其注重通过见习、实验、实习、毕业设计等环节，培养和提高学生的实际动手能力。过硬的动手能力可在很大程度上使应聘者受到用人单位的青睐。

(六)组织管理能力

组织管理能力又被称作领导能力,是指管理者能够有效地运用各种知识、技能、方法促进组织的运行,并使组织成员最大限度地达到工作状态峰值的能力。组织管理能力的高低,是决定一个单位或企业工作效率高低的重要因素。在就业市场上,如果高职学生具有一定的组织管理能力,应聘成功率会有显著提高。许多单位在招聘面试时不只看重学生的成绩,还会询问其是否从事过学生的组织管理工作。当然,并不是所有的高职学生在单位都会担任管理职位,但如果其具备一定的组织管理能力,无论是在管理岗位,还是在技术岗位,其都能更高水准地开展工作。除了领导以及管理人员需要具备组织管理能力外,专业技术人员也应具备这项能力,以进一步推动企业的蓬勃发展。

随着科学技术发展逐渐走向社会化、综合化,科学管理和协调组织对社会工作有序开展的重要程度也在日益增加,只懂技术不懂管理的传统人才已不能适应社会的需要。不论哪个专业的毕业生,都必须既有精深的专业知识,又有一定的组织管理能力,这不仅是顺利就业的需要,也是时代的客观需要。因此,高职学生在校期间应积极参加社会活动,并尽量参与一些社会服务工作,善于观察、学习和总结,不断增强自己的组织管理能力,以便于自身今后的工作发展。

(七)开拓创新能力

开拓创新能力指的是在现有知识的基础上,通过深入研究得出全新的思维方式、做出新的选择、提出新的理论的能力。创新能力包罗万象,如发明新产品、创造新技术的能力,从创造性的角度分析并解决问题的能力等,大胆假设、勇于探索的精神,以及细致的观察、强烈的好奇心都属于创新能力的重要组成元素。从社会角度分析,无论是科技进步,还是经济发展,都与发明创新密切相关。从个人角度分析,创新是成才、成功的关键。如果高职学生具备开拓创新能力,则更容易受到用人单位青睐。因此,高职学生应在校园中积极培养创新意识,锻炼创新能力,为参加工作后的开拓创新奠定坚实的基础。

第三节 就业信息的收集

一、就业信息收集的内容、意义及要求

（一）就业信息收集的内容

信息是现代科学的一个重要概念，是人类物质文明的三大要素之一。人们的观察角度不同、观察面不同，对信息赋予的定义有时会大相径庭。信息论中的信息指的是将报道内容用特殊符号传递，换言之，接收信息者通常在接触具体信息之前并不清楚信息的内容。通常情况下，人们将信息认定为包含密码、指令、情报、消息等众多信息形式的统称，是在客观事物运动发展过程中诞生的精神产品，翻阅文献资料、阅读报纸书刊等行为收集的情报、消息、成果，都属此类。

就业信息指的是通过各种媒介传递的、与就业有关的信息情况，如用人信息、供需双方情况、就业机构、就业政策等。具体包括以下几点。

（1）用人单位概况。包括单位全称、性质、所属行业、地址、规模、效益、用工政策、职工待遇等。

（2）本次招聘情况。包括本次招聘的部门、岗位、招聘人数、专业要求、学历要求等。

（3）应聘人员情况。主要是前来应聘人员的数量、学历水平、专业结构及工作经历等情况。

（4）其他信息。

（二）就业信息收集的意义

就业信息的收集在一定程度上决定了高职学生就业的成功率，收集就业信息的意义主要有以下几方面。

1. 就业信息是职业选择的基本前提

如今，毕业生就业工作逐步实现市场化，高职学生拥有了更多的自主择业权。而自主择业的前提是掌握就业信息。对高职学生来讲，一旦未能获得可靠的、准确的就业信息，其自主择业权就被剥夺了，进而导致其无法按照

预期实现自己的理想。

2. 就业信息是择业决策的重要依据

如果毕业生想要做出更精准、更科学的择业决策，就需要收集海量的就业信息进行综合分析，如用人单位的要求，相关就业机构的具体职责，所属院校的就业细则，国家、地方及行业的就业方针和政策等，如果收集的就业信息量不足，高职学生所做出的择业决策在精准度和科学性方面都会受影响。

3. 就业信息是顺利就业的可靠保证

毕业生经过对所有就业信息的分析、比较、筛选，最后选择一个或几个目标精准投递简历，后续则是等待求职面试。面试是用人单位了解、考核应聘者的重要途径，高职学生想要顺利通过面试，首先要做的就是深入了解用人单位的详细情况，如企业的历史、产品结构、经营方式，还要了解当前的市场行情、未来发展趋势等，只有这样才能在面试过程中，对面试官的提问交出完美的答卷，将职位顺利地握在手中。

（三）就业信息收集的要求

收集就业信息至少要满足四个要求：第一，"早"，即学生收集就业信息的时间越早越好，越及时越好，以便早做准备，切忌临时抱佛脚。第二，"广"，即学生收集就业信息时，要从不同层面、不同角度、不同方面着手，保证信息面的广泛性。许多学生在收集信息时只盯着预先选定的目标地区、目标行业和目标单位的信息，忽视了其他信息，导致其在求职过程中很可能因遭遇挫折而手忙脚乱。第三，"实"，即学生收集的就业信息越全面越好，收集的就业信息应包括用人单位的地址、联系电话、用人需求、周边环境、生活待遇、人员构成、发展前景等，越详细越好。第四，"准"，即学生收集的就业信息越准确越好。一方面，通过用人单位详细的用人要求（如所需人才的专业、生源、层次以及外语水平等）判断自己是否适合该单位；另一方面，就业信息和商品信息有一个共同的特性，就是时效性，如收集的就业信息是否已经过期，用人单位是否已经找到合适人选等，这类信息一定要精准无误。

二、就业信息收集的途径

（一）校内毕业生就业服务机构

高职院校是高职学生收集就业信息的主要渠道。高职院校不仅与毕业生就业的各级主管部门存在紧密联系，还是用人单位招聘毕业生的关键渠道。因此，高职院校必然掌握海量的就业信息，而且其掌握的信息具有一定的准确性与权威性。比如，高职院校会收集全国各地的就业政策、各行业和产业的就业政策等重要的就业信息，而且其信息更完整、可信度极高；用人单位会根据高职院校所开设专业向其提交招聘人才的需求，这些信息真实可靠；许多与高职毕业生就业工作有关的机构都是由高职院校负责接触、收集相关信息的。综上所述，高职院校是为高职毕业生提供就业服务的主要场所。

（二）公开出版物

公开出版物包括各类科研期刊、贸易杂志、商报、专利通报、大学学报等。有一些报纸是专门为毕业生就业服务的，上面记录了许多就业信息，还有一些报纸虽然不是专业服务就业性质的报纸，但也会在某些版面刊登一些就业信息。此外，部分与就业相关的书籍也经常会出现介绍用人单位情况以及该单位对应聘需求的内容。上述这些公开出版物都是收集就业信息的渠道。

（三）中介服务机构

就业中介服务机构大致分为下列几种。

1. 中高级专业人才中介机构

这类机构主要为企业总裁、著名教授、主治医生、甲级球队教练等高级白领人员提供人才供求信息。

2. 再就业服务中心或机构

这类机构主要是各区县政府部门以及社会各界开办的职业介绍机构。这类机构大多只是象征性地收费甚至免费提供中介服务。为了提高求职者的素质，以便让其适应市场需要，有的机构还开办免费培训班，为求职者"充电"。这类机构的就业信息来源广，服务态度好，积极为求职者排忧解难。即使是待业人员、初级技术人员或普通工人，再就业服务中心或机构的人员也会一视同仁地热情接待。

3. 涉外劳务输出公司或对外劳动服务公司

这类机构专门为境外企业介绍国内的专业技术人员或技术工人，以及为境内的三资企业或办事机构寻找管理人才、保安、翻译、家政等人员。这些机构收费比较昂贵，对从业人员的外语水平有一定的要求，需要仔细审查相关企业客户的资信背景。

（四）人才交流会

人才交流会对于高职学生而言比较熟悉。但由于人气过旺，不少学生跑了几次人才交流会都空手而归，因此将其视为畏途。人才交流会属于规模较大的招聘会，包含的就业信息量也较多，学生只要保持自信，正确应对，通常就会大有收获。

进入人才交流会，不能轻言放弃。在会场设摊的用人单位一般有以下几种情况：第一种单位求贤若渴，对每位来访者均热情接待，此种单位招收的人才数量较多，范围较广；第二种单位以扩大影响、提高企业知名度为主要目的，虽然也招人，但人数有限，条件较严；第三种情况，当然也有个别单位较为冷淡，甚至态度傲慢，但这只不过是个别工作人员所为，而且此类人员往往没有用人的决定权，可不必计较。因此学生碰到后两种单位不必视作自己的失败。要知道，在人才交流会场，极少有人当场被录用。大多数公司只是为了收集材料，而将实质性的会见安排在之后的面试环节。因此，没有被当场录用是很正常的。但还是要加以注意，衣着要正规。

参加人才交流会要注意以下几点。

第一，主动与摊位上的单位招聘人员交换名片，同时向其索求一些描述公司的材料和小册子。还要注意多与其他求职者交谈，并交换名片。

第二，主动到所有与自己专业相关的招聘摊位走访，无论招聘单位的体量大小。小公司可能因为交谈者少，正是面谈的良机。对来访者众多的大公司，可以等喧闹稍稍平静下来再走过去，这样相对而言会得到更多的时间。谈话稍一深入就可呈上名片和个人简历，如果有充足时间进行深入交谈时，应该突出表现自己的技能水平、所获荣誉和工作经验等。

第三，可以上前礼貌提问，询问对方公司的性质和业务范围等，然后再慢慢谈到自己。如果对方公司既定的招聘目标已定，可以询问其分支机构是否有机会。

第四，主动与招聘单位的接待人员谈好下次见面的时间。

第五，回家后要回顾一下每家公司的态度与回答，总结、分析自己下一步的行动计划。

第六，将收集到的名片和交谈笔记整理在一起。对于已约定好的会面安排要准时赴约，对于尚未达成约定的单位，可以再拨打一次电话或写一份自荐信。对于在人才交流会中交谈过的其他求职者，可以与其成为朋友，扩大自己的社交圈。

（五）互联网

如今，人才市场基本实现信息化，网上招聘、网上求职极为普遍，其中就包含许多优质的求职网站与招聘App，学生可以借助这些进行求职。网站用户可以输入关键字，如"求职""人才市场""职位"等，精准地搜索自己所需的信息。

三、就业信息的整理和利用

（一）就业信息整理

高职学生应根据自身情况将收集到的就业信息进行筛选，直接摒弃那些虚假的、过时的、与自身专业条件不符的，以及自己毫无意向的就业信息，剩余信息则按照相应的条件、目的等进行分类整理，同时对所有的剩余信息进行详细分析，保证其有效性、科学性、准确性，从而更好地让就业信息为自己服务。就业信息整理环节需要注意以下几方面。

1. 善于对比

学生收集的就业信息可能来自多个渠道，信息看起来可能会杂乱无章，这就需要学生进行筛选。首先，分辨信息的真实性和时效性，对于那些虚假的、过时的信息直接摒弃；其次，将其中与自己所学专业以及个人兴趣相关的信息归于一类，其他信息则归置成另一类。

2. 掌握重点

在筛选信息时必须细致阅读信息内容，按照信息内容与自身就业的关联度以及重要程度排序，在重点信息上做标记并单独放置，那些简单的一般信息仅需阅读了解即可，不需要大费周章。因为这些就业信息并不是只有自己一人知晓的，而是所有人都能获取的，如果在一般信息上花费太多时间，很容易错失机会。要知道就业信息具有时效性，越早抓住重点信息，越有利于成功就业。

3. 了解透彻

对于那些与自身期望比较契合的就业信息，不仅要阅读信息本身，还要通过各种方式了解用人单位的历史、当前情况以及未来的发展前景，并顺便了解一下该单位的薪酬体系、待遇等。当高职学生掌握了这些资料后，很可能在之后的面试环节中，让考官眼前一亮，求职成功率大大提升。

4. 适合自己

整理就业信息实质上是为了从中寻找适合自己的信息。所谓的适合自己，指的是信息内容与自己的期望值刚好吻合，无论是专业条件，还是待遇，都达到了自己的期望值。值得注意的是，在整理就业信息过程中切忌好高骛远，不能一味地追求待遇而罔顾自己的专长。这类工作即使求职成功，也很可能在未来因自身能力所限而中道夭折。

（二）就业信息利用

（1）就业信息一旦选定，应立刻与招聘人员取得联系，询问招聘的要求、地点和时间，并向其递交一份完整的求职材料，尽快加深双方之间的了解。

（2）按照整理出来的就业信息需求逐条对照自己进行检查，找到自己存在的疏漏之处，并及时弥补、调整和改正，这种方式可能略显仓促，但任其发展、我行我素的行为更不可取。这些不足之处即使现在不改正，以后也要改正，因此不如借此机会及早弥补。

（3）将整理信息过程中与自己关系不大的信息及时传递给其他同学，因为这些信息自己可能不需要，但其他人可能需要。而且主动表达善意，其他人可能也会将其不需要的信息传递给自己，这样就形成了良性的信息交流，促使自身获得有用信息的概率大大增加。

第四节　求职材料的准备

一、求职简历的撰写

高职学生想要正式迈入职场，第一步也是极其重要的一步就是制作简历，这是一门职场必修课。有的高职学生并不重视简历，认为简历只是自己信息的简单罗列，在制作简历时要么敷衍了事，要么抄袭他人。因此，单从简历内容上看，众多高职毕业生除了考试成绩略有差别之外，其个人经历、思想意识、特长等都呈现得大同小异，完全体现不出来毕业生的个人素质和具体能力。也有部分高职毕业生充分意识到简历在求职过程中的重要性，但并不知道制作简历应从何处着手，或者根本不清楚自己适合哪种类型的简历，以及如何用简历展现自己。

学生撰写个人简历时，首先遇到的问题是需要呈现个人信息的哪些方面，即个人简历的内容。通常情况下，个人简历并没有固定的格式和内容，尤其对高职毕业生而言，更不能一味地套用格式。简历中包含的内容主要有以下几点。

（一）个人基本情况

所谓的个人基本情况就是能让人对自身有一定了解的资料，如姓名、年龄、性别、联系方式、婚姻状况、毕业学校、所学专业、政治面貌以及籍贯所在地等，这部分信息应写在简历的最前面，格式上越直观简洁越好。一般来讲，这部分内容不宜过多，除非招聘公司有特别要求，身高、体重、健康状况、视力等不需要特别注明。"姓名"处应按照身份证填写，字体要大，一些难读的字可以在后面增加拼音注释。"联系方式"处尽量写详细，电话座机要注明区号，手机号码一定要写清楚，以保证用人单位能够联系到自己，邮箱地址最好用较大的字体标注。此外，个人简历中一定要附照片，一般情况下标准证件照为宜，如果应聘职位特殊，也可以使用其他类型的照片，如艺术照等。

（二）教育情况

应写明曾在哪所学校、哪个专业就读，以及起止日期，如有必要可列出主要课程及学习成绩，以及在学校和班级担任的职务。通常情况下，个人的教育情况需要包含中学及以上的所有教育阶段，书写顺序一般是从低学历到高学历，但用人单位更看重求职者最近的教育阶段和对应学历，所以可以从高学历写到低学历，写到中学即可。专科以上的学历需要标明所学专业名称，以展示自己的专业背景，如果某些辅修课程与所应聘职位有关，也可将其写在专业课程之后。另外，在书写教育情况时，必须保证时间的连贯性、一致性，切忌出现空档，日期写出年月即可。

（三）专业水平和技能

应届毕业生基本没有工作经历，在这一点上根本无法和那些工作多年的求职者竞争，所以要尽可能地凸显自己在学校的优秀表现，尤其是强调自己的专业特长，可以将自己学到的与应聘职位相关的所有技能罗列在专业后面，增加可信度。如果毕业生在学校期间因成绩优异，获得了一些特殊的荣誉以及奖学金等，也要一一列出，而且要放在校园表现的首位，以增强毕业生的闪光点。在阐述自己对专业的掌握程度时，切忌只使用"精通""熟练""很好"等概述性词汇，应在后方具体地描述自己能做的事情。当然，如果有资格证书，可直接用公认的资格证书进行表述；如果没有，那就只能用自己做过的某些具体事件描述。比如，本人对韩语十分精通，曾在韩国网球队参加第某届世界大学生运动会时，以翻译的身份随队出行。一般来讲，毕业论文能最直观地展示高职学生的专业能力和学术水平，毕业生可将其写进简历，如果大学期间在杂志、期刊上发表过一些文章，取得一定的研究成果，都可以将其写入简历，但要注意标注文章名称和发表刊物及发表时间，这些都是简历中的闪光点。

（四）工作经历

近些年，许多用人单位在招聘时都希望招到一些能够从事不同工作性质工作的、具备应变能力的毕业生，如果求职者具备管理能力以及实际工作经验，通常会受到众多用人单位的青睐。对应届毕业生来讲，若有相关工作经验，最好详细写明。首先要列出最近的资料，然后详述曾经的工作单位、日期、职位、工作性质等。高职院校组织的实习活动是高职学生参与实践、贯彻理论的重要途径，而且还能使学生积累工作经验，这部分内容应在简历中详细描述，同时要注意突出自己通过实习活动获得的收获。社会实践活动能展现求职者的专业素养、人格修养、社交能力、协调能力、责任心等，能让用人单位对求职者有全方位的了解，这部分内容也可以着重描述，书写内容包括业绩、职责、职务以及在各项活动中的获奖情况等。勤工助学经历也是高职学生社会实践的一个重要方面，虽然勤工助学与应聘岗位不存在直接的关系，但能从侧面反映出毕业生的意志力，给人以吃苦耐劳、勤奋负责的印象，书写内容包括在何时、何地、从事何种工作以及从中获得的经验等。

（五）求职意向

求职意向即求职目标或求职者期望的工作职位，表明求职者希望得到什么样的工作，以及求职者的奋斗目标，可以和个人特长等写在一起。求职者书写的求职意向应当尽可能明确和集中，如行政主管等管理类的意向，销售工程师、网络系统工程师、计算机软件开发工程师等技术类的意向等。在填写求职意向时要符合自己的目标，切忌"假大空"，可以多与有经验的人交流，其中非常重要的一点是实现求职意向和所学专业的完美融合。从某种意义上讲，求职意向是整个简历的核心和主导，可以放在简历最前面的较为突出的位置，让招聘人员一目了然。求职意向不仅要在简历中明确体现，而且整个简历的内容重点与经历素材的取舍，也应以求职意向为中心展开书写。例如，应聘计算机软件开发工程师等技术型职位，就要突出与计算机开发相关的能力，如相关专业课成绩、社会实践经历，与这个职位无关的信息可以省略。如果毕业生应聘的是销售岗，应着重强调自己具有极强的沟通能力、表达能力，并省略与这些特质无关的社会活动。如果没有足够的社会工作经验，但是还想要凸显自己的个性，可以着重描述自己的修养、品德、兴趣等。在描写兴趣爱好时，要尽量写与应聘岗位相关的，无关的可不写。如果没有兴趣爱好，也可以描述自己的性格特点，尤其是能与求职意向产生联系的性格特点，而且用词要准确。与求职意向无关的素材可省略。

二、求职简历的注意事项

高职学生使用求职简历向用人单位介绍自己、展示自己、推销自己，是其求职过程中的关键环节，求职简历的重要性不容忽视。撰写简历虽然有一定的要求，但切忌千篇一律。在竞争如此激烈的当下，一般情况下公司招聘部门每天都会收到许多份简历，招聘人员在有限的时间内不可能详细阅览每一份简历，要想在短短的数秒之内吸引招聘人员的目光，高职学生需要在简历制作方面下一定的功夫。

通常情况下，制作简历要注意以下几点。

（一）真实可靠

诚信是立身之本，对初入社会的高职毕业生来说尤为重要。求职是毕业生正式接触社会的第一步，高职学生应该恪守诚信，否则，当诚信的道德底线被突破，个人信誉只会越降越低，并最终影响人的一生。学生无论是在描述自身的知识水平、业务水平还是工作经历时，都应遵循真实可靠的原则，甚至其中细小的环节也要确保真实可靠。因为一旦用人单位发现求职者简历造假，求职者苦心孤诣打造的"形象"会直接崩塌，还会对其后续找工作造成影响。许多公司都将诚实视为第一重要的品质，要想获知应聘人员的真实情况并不困难，一旦公司发现应聘人员简历造假，即使其才华出众也不会被录用。《中华人民共和国劳动合同法》规定，以欺诈、胁迫的手段或者乘人之危，使对方在违背真实意思的情况下订立或者变更劳动合同的，劳动合同无效或者部分无效。这意味着，即使个别员工凭借虚假简历成功入职，只要用人单位发现员工简历造假，就可以直接以劳动合同无效这一理由与该员工解除合同，而不需要向员工支付经济补偿金。

（二）突出自己的亮点

对任何一家用人单位来说，所有求职者发出的求职简历，都只是其收到的海量求职简历中的一分子。因此，想要在求职过程中脱颖而出，高职学生投出的个人简历必须具有突出的亮点。高职学生基本没有工作经验，能算作亮点的通常只有自己在学校的种种优秀事迹，如优异的成绩、竞赛获奖纪录、奖学金获得情况以及在实习活动、社团活动中的优秀经历等，此外，学生在课余时间做的一些有意义的事情，也可以被视作优秀事迹的一部分。高职学生需要仔细地梳理这些内容，将其中显露出的闪光点提炼出来，写到简历中，切忌虚构和造假。另外，可以将自己性格、品格、人格中存在的闪光点写在简历中，如果能结合实际的经历加以描述就更好了，如今很多用人单位在招聘时，会在一定程度上考虑应聘者的性格和人格。如果高职学生能将这些亮点写进简历，会增加自己在应聘过程中的成功率。

（三）简历微调必不可少

求职者一般会将个人简历投向多家公司，以增加自己得到面试机会的概率，但如果不同公司对所需人才的要求不同，使用同一模板简历就不太合适，所以简历需要根据所投公司的要求进行微调，以保证求职者快速找到工作。比如，在应聘技术型工作时，应着重强调求职者的专业水平、实际操作能力以及团队精神等内容，可以详细描述求职者在与公司要求相关的技术项目中的重要作用，凸显求职者的实际操作能力及与团队融洽协作的精神；在应聘销售类工作时，应着重强调求职者的人际交往能力、沟通能力以及吃苦耐劳精神，可以详细描述求职者曾做过的兼职、参加社会实践活动所取得的业绩等。

（四）用事实证明自己

如今，许多高职学生在写求职简历时，只会使用笼统的概括性语言，而没有具体的实例，给用人单位留下空泛的印象。所以，学生应借助更多的事实描述、展现自己，让用人单位相信自己的描述。比如，高职学生在求职简历中常会用"成绩优异"一词，描述自己学习能力强、成绩名列前茅，但这种概括性表述并不能让用人单位信服，如果学生用"自己的成绩位列专业或年级第几名"进行描述，不仅更形象、更生动，还能给用人单位留下深刻印象；同理，"严守纪律"可以用"连续四年从未被扣过分，每学期都荣获守纪奖"替换；"有演讲特长"可以用"在参加学校举行的各种演讲比赛中，每次都获得二等奖以上的荣誉"替换；"写作能力强"可以用"在某家报刊上发表过某篇文章"替换；"组织管理能力强"可以用"在某社团担任某项职务，组织何种活动，有许多人参与"替换。用事实说话，不仅更具体，还更能让人信服。

（五）突出个性，吸引目光

在求职过程中，求职者的简历越是具有鲜明特征、突出个性，往往越能吸引招聘人员的注意，因为这些个性和特征就好像一个个不断闪耀的闪光点。如今，网络上存在大量的简历模板、写作规则、注意事项，许多求职者在制作简历时一味套用，对自己取得的每一项成就都面面俱到地呈现在简历中，导致其个人简历失去鲜明的特征与个性。这样的简历不仅不能帮助求职者在求职竞争中胜出，还可能会使原本有个性的求职者淹没在千篇一律的海量简历之中。

第六章 高职学生求职技巧与礼仪

用人单位招聘过程中针对高职毕业生的常用测试方法是笔试和面试，更为现代化的测试方法是人员素质测评等，通过测试可以分析高职毕业生的能力、学识和经验，判断前来应聘的高职毕业生是否符合用人单位的要求。

第一节 求职笔试技巧

笔试是用人单位对高职毕业生的基本素质、专业知识、文字表达能力，以及态度等方面进行的一种初步综合测试。通常来说，笔试具有客观公正、快速高效等特点，适合用人单位从大规模的求职者中初步选拔基本素质较好的一部分。笔试主要适用于应聘人数较多、需要考核的知识面较广，或者需要重点考核应聘者文字能力和专业知识等情况。

一、求职笔试类型

（一）文化素质考试

文化素质考试主要是一种考查高职毕业生知识面宽广程度和文化素质高低的考试类型，属于综合型笔试考试。文化素质考试的考试内容较为全面，政治、经济、文化、社会等各个方面的知识都有可能涉及。当然，其考试内容主要还是与应聘单位及岗位相关的知识。

（二）专业考试

专业考试主要是为了检验高职毕业生的专业知识和专业技能水平。很多专业水准较高的岗位需要高职毕业生具备较高的专业素质，一些用人单位常常通过笔试对高职毕业生的专业知识水平进行考核，检查其对专业知识的掌握程度。

（三）思想政治和道德修养考试

思想政治和道德修养考试主要考查高职毕业生的政治立场、思想状况、个人修养，以及职业道德水平等。求职过程中的思想政治和道德修养考试包括职业道德考试、行业行为规范考试等。

（四）命题写作

命题写作主要考查高职毕业生的文字表达能力、问题分析能力和逻辑思维能力。比如，考试要求高职毕业生限时写出一份会议通知、请示报告或某项工作的情况总结，也可能是提出一个论点让高职毕业生进行论证或批驳。

（五）心理测试

心理测试是通过观测高职毕业生的某些具有代表性的行为，或者用标准化量表、问卷，对贯穿在高职毕业生的行为活动中的心理特征，依据确定的原则进行推论和量化分析的一种科学测试手段。心理测试是一种能够很好地对求职者是否具备胜任职务所需要的个性特点进行描述并测量的工具，广泛应用于人事测评工作中。

二、求职笔试的注意事项

在形式和内容上，用人单位选拔人员的笔试与学校考试存在一定的差异，高职学生除了要清楚求职中笔试的常见类型，还应注意以下事项。

（一）做好知识储备，考前认真复习

大部分求职笔试是对高职学生文化水平和专业知识的测试。俗话说："巧妇难为无米之炊。"如果高职学生平时就不注意知识的积累，专业素养较差，无论如何也难以在求职笔试中取得好成绩。因此，高职学生应做好知识储备，在校期间除了认真学习专业知识、熟练掌握专业技能，还要广泛涉猎与专业相关的其他知识，拓宽知识面，培养自己分析问题、解决问题的能力。高职学生如果做到学识丰富、能力全面，那么在求职笔试环节，通常能从容应对。

另外，高职学生在求职笔试前要认真复习。通常比较正式的笔试会告知求职者考试的方向和大纲，高职学生可以据此进行有针对性的复习，重点复习专业知识。有的用人单位不告知考试内容，原因可能是对求职者的综合素质要求较高，需要知识面广和能力全面的人员任职岗位。对于这样的求职考试，高职学生可以根据职位的特点进行复习。

（二）保持良好的身心状态，积极应试

求职笔试前，高职学生一方面要调整心态，以一种乐观、健康的心态面对考试，克服怯场与自卑心理；另一方面，要熟悉考场环境，做好物品准备，做到有备无患，以一种积极的态度参加考试。高职学生临考前可以通过调节心理状态，缓解精神上的压力与负担，可适当参加一些娱乐活动，使自己的身心得到放松，同时还要保持良好的睡眠习惯，这样在考试过程中，精力才会更加充沛。

（三）科学答卷，提高效果

当招聘人员分发试卷以后，高职学生首先要对手中的试卷大致浏览一遍，简单了解一下试卷题目的数量、题型结构以及题目的难易度，这有助于接下来在答题时对于各部分试题作答时间的合理分配。在开始作答时，可以按照先易后难的顺序进行，这样就不会因为难题耗时过多而导致没有时间做简单的题。高职学生在答题时还要注意：简答题应答得简洁、直观，只答要点；论述题应答得全面、充分，对要点展开论证；案例或应用题要理论联系实际，提出的对策要有可操作性；遇到分值较大的综合类题型，可以先列出提纲，再全面解答；命题写作时注意审题，不要写跑题。

（四）注重细节，塑造良好形象

一般来说，用人单位的笔试应试者同一天内不会过多。在笔试过程中，用人单位除了考查求职者的文化知识，还会对其应试态度、行为方式、心理素质等方面进行考查。因此，高职学生在笔试过程中应该注重细节，以良好的应试态度、沉着稳重的举止、文雅大方的作风，给招聘人员留下良好印象。此外，笔试时还应该注重以下细节。

1. 遵守考试时间

高职学生应提前到达考场，准时入场，让用人单位的招聘监考人员明白自己是一个守时的人。

2. 遵守考试规则

高职学生在应试过程中，应遵守考试规则，服从考场规定及安排。在监考人员的安排下就座后，如果遇到特殊情况需要调整座位，一定要有礼貌地向监考人员讲清情况，征得监考人员同意后再更换座位。

3. 卷面保持整洁

高职学生在答卷时字迹要清晰工整，分清段落，保持卷面的整洁美观。如果字迹太潦草，就会难以辨认，从而影响考试成绩。高职学生求职过程中参加的笔试和在校参加的专业考试往往是不一样的，用人单位不仅看重求职者的分数，还注重求职者认真作答的态度。

4. 杜绝作弊等不良现象

高职学生在求职考试中，绝对不能有作弊等不良现象，抄袭、夹带、与旁人商量等行为会给监考人员留下求职者不诚信的印象。此外，高职学生在笔试时，还应避免念念有词、把试卷弄得哗哗作响、经常移动身体或椅子、唉声叹气、烦躁不安等表现，这些表现会让监考人员认为求职者缺乏基本的心理素质和修养，并将此记录在案，提供给面试官。如果监考人员同时担任阅卷者或面试官，其很可能当时就会把该求职者排除在外，不再综合该求职者卷面成绩对其加以考虑。

5. 礼貌待人

高职学生在入场、交卷、退场时都要做到礼貌待人，主动向监考人员问好。监考人员多为负责招聘管理的工作人员，高职学生如果在考试过程中做到谦和、礼貌，会给监考人员留下良好印象，对以后的面试极为有利。

（五）面对心理测试时的注意事项

心理测试是一种先进的、量化的系统测试，没有特殊的应对技巧。在参加心理测试过程中，高职学生需要沉着冷静，根据内心真实想法回答问题或采取行动即可。如果条件允许，高职学生可以事先找一些心理测试的题目练习几遍，认真揣摩，以便在测试时取得好成绩。

第二节　求职面试技巧

求职过程中的面试是一种经过精心设计的，以交谈与观察为主要手段，以了解应试者综合素质等有关信息为目的的一种测评方式。面试是当今社会求职过程中的一个必经环节，也是用人单位招聘时的一种重要考核方式。

一、求职面试的类型

基于面试实施方式的不同，可将求职面试分成个人面试和集体面试；基于面试标准化程度的不同，可以将求职面试分成结构化面试和非结构化面试；基于面试气氛设计的不同，可以将求职面试划分为压力面试和行为描述面试。下面介绍几种常见的求职面试类型。

（一）个人面试和集体面试

1. 个人面试

个人面试指的是面试官和应聘人员进行单独面谈，很多公司在招聘时都会采用这种方法。而个人面试又可以被细分成两种类型，第一类是整个面试过程都只由一位面试官全权负责。一般在以下三种情况下，企业会使用这种类型的个人面试，一是一些小型的企业进行招聘时，二是招聘的岗位级别是基础职位时，三是应聘者比较多的情况下，也会使用这种方式进行初试。个人面试的第二类则是整个面试过程由多位面试官分工负责，在这类面试中，应试者通常每次都是分别和其中一位面试官交谈。

个人面试为面试官和应聘者双方提供了面谈的机会，有助于双方更加深入地了解，也便于双方就一些细节问题或者是特殊问题进行详细沟通和意见交流，这是个人面试的优势所在。同时，该面试方法也存在一定的不足之处，每次面试只有一位面试官与应试者面谈，最终由一个人对应试者下结论，有可能出现偏差，或者是受到面试官个人因素的影响，容易有失公平。

2. 集体面试

集体面试是一种由面试小组集体对应试者进行面试的方法，多位面试官同时围绕面试的重点内容，依据拟定的基本面试问题及应试者的个人情况，对应试者进行提问。每面试完一个人，面试小组成员依据应试者的应答情况进行打分，随后由面试小组集体核定应试者的面试总成绩，填好面试成绩评定表。

集体面试的优势在于每次面试都是由多位面试官根据应试者的表现进行集体打分，这样就可以有效避免因某位面试官的偏见而使面试结果出现偏差。在面试的过程中，面试小组成员也可以进行相互补充的提问，从而对应试者的情况进行更加详细的了解，使面试结果更加客观公正。该面试方法的缺点是由多位面试官组成的面试小组，在一定程度上会给应试者造成较大心理压力。而且，面试小组中的主面试官通常是由用人单位的高层领导担任，这样也会给其他面试官造成一定的压力，使得其他面试官会以主面试官的意见作为评分标准，这样也会对面试结果的客观性造成影响。

（二）结构化面试和非结构化面试

1. 结构化面试

结构化面试又称直接面试，是带有指导性的面试，面试官会根据提前设定好的难易程度、内容以及分值结构进行面试。对于面试相同岗位的应试者，面试官会采用同样的语气、措辞，按照提前设定的顺序提问相同问题，最终的打分也会基于相同标准。提问的结构就是招聘岗位职员应具备的素质结构，某些情况下，面试官也会对所提问题提前设定一个大致的回答，然后以此为标准对应试者的回答进行评定。

通常在事业单位招聘等场合的面试中会采用结构化面试。因为对每一位应试者所提的问题都是一样的，而且会根据相同的评分标准进行评定，结构化面试得出的面试结果往往更具公平性、公正性和客观性，所以深得大众认可。

2. 非结构化面试

非结构化面试也叫间接面试。在面试过程中，面试官可以根据当时的实际情况随时进行提问，并引导应试者多发表想法，然后面试官再根据其回答，综合考查面试者的情况是否能够满足职位的需求。虽然面试官在面试前不会对面试内容进行确定，但是也不能随意提问，其所提问题必须是和招聘相关的内容。该面试方法对应试者提出的问题、测试过程以及回答的标准都是不固定的。面试官在这样的面试过程中具有很强的主动性，可基于应试者的情况进行有针对性的提问，以获得自己想要了解的信息。

外企或者民营企业往往会采用这种非结构化面试。该面试方式主要有四个特点：第一，面试问题不确定。面试官在面试开始时所提的问题是差不多的，通常是先让应试者进行自我介绍，而后面所提的问题则是不确定的。第二，面试答案没有唯一标准。同一问题可能存在多种不同答案，而在一定条件下，这些答案可能都具有合理性，所以没有办法给出标准答案。第三，面试过程分散。与线形的结构化面试不同，非结构化面试过程是树形的，提出一个问题，往往会得出很多种答案，然后再根据每一种答案提出不一样的问题，追问会从多个方向展开，因此这种面试在整体方向上是分散的。第四，面试评分标准不固定。非结构化面试不会基于一个明确的标准进行评分，而是根据应试者的答题风格、答题方式等进行评定，评分标准的模糊性赋予了面试官更大的主动权。

3. 混合面试

混合面试就是将结构化面试和非结构化面试结合起来运用的一种面试方法，即面试官提问应试者同样的问题，同时又根据应试者各自的回答情况进行后续多样化的提问，以求更加深入、细致地了解应试者。混合面试也是目前用人单位在招聘中经常使用的一种面试方法。

(三)压力面试和行为描述面试

1. 压力面试

压力面试是指在面试过程中，面试官逐步向应试者施加压力，以考查其能否适应工作压力的一种面试。压力面试对面试官的面试技巧要求较高，要求面试官对招聘岗位进行分析，确定岗位的主要职责，根据岗位工作中可能遇到的压力，设计一些问题。

通常在招聘一些责任重要、抗压要求较高的岗位时，用人单位会采用压力面试，如审计、质检等岗位。压力面试往往是集体面试形式，面试官会提前设定问题，然后通过不断的追问式的提问慢慢深入，目的是对应试者的随机应变能力、心理素质等进行考核。比如面试官提问：你觉得自己最大的优势在哪里？如果应试者说自己最大的优势是吃苦耐劳。面试官就可能会追问：我们公司更欣赏做事效率高、会干巧干的人，而不是只会埋头苦干的人，对此你怎么看？面试官会通过类似的提问方式，不断给应试者施加压力，以考查对方各方面的素质。

压力面试可以更好地考查应试者的心理素质，以考查其是否具备良好的随机应变能力。如果应试者的心理素质很好，就会展现出大度、灵活、理智的优点；反之，则可能在面试中表现出烦躁、紧张与不安等情绪。

2. 行为描述面试

行为描述面试是指面试官通过应试者对自己行为的描述，对于其两方面的信息加以了解的一种面试。一方面是应试者过去的工作经历，从而判断其选择到招聘单位发展的原因并预测其未来在招聘单位中工作发展的行为模式。另一方面是了解应试者对特定情境所采取的行为模式，并将其行为模式与招聘岗位所期望的行为模式进行比较分析。

在这种面试方法中，面试官所提问题通常和应试者以往的经历相关，同时这些问题和工作业绩也是息息相关的。面试的主题一般脱离不了情境、任务、行动和结果这四个方面。比如对于销售岗位的职员，要求其要具备良好的沟通能力、随机应变能力以及亲和力，还要有顽强拼搏、越挫越勇的精神。面试官就会根据这些要求提出一些相关的问题，考查应试者是否具备这些能力。如果应试者之前有类似的工作经历，面试官就会进一步询问应试者以往的工作情况，然后根据其回答决定是否予以录用。当前，很多用人单位都在使用这种面试方法。

二、求职面试的内容

用人单位面试的主要目的是通过对应试者的各项素质进行有效测评，检测其能力与招聘岗位的匹配度，并预测其以后在工作中的发展潜能，以选拔适合本单位发展的人才。

为达到这一目的，面试官会对应试者的多种能力进行检测。通常，求职面试测评的主要内容有以下几点。

（一）背景

背景主要考查应试者的个人情况及其阅历等基本信息内容，如性别、民族、身高、视力等属性特征，家庭主要成员及社会关系，学业情况，工作经历，以及参加过哪些社会实践活动等。

（二）智商

智商主要考查应试者的知识层次，包括其所学专业课程、学习成绩、外语和计算机水平、对专业知识的掌握程度等。

（三）情商

情商主要考查应试者的人生观、价值观、敬业精神、人际关系状况与进取心等。

(四)各种能力

1. 表达能力

表达能力主要考查应试者能否将要表达的内容有条理、完整、准确地传达给对方;用词是否得当,发音是否准确,语气是否柔和;说话时的姿势、表情是否得体。应试者在面试时,应注意以下几点:表述要做到前后连贯;主题要突出;思路要清晰;说话方式要有说服力。

2. 综合分析能力

综合分析能力主要考查应试者面对面试官提出的问题,能否通过分析抓住问题的本质,能否做到说理透彻、分析全面、条理清晰。

3. 反应与应变能力

反应与应变能力主要考查应试者回答问题时的迅速性与准确性,观察其对突发问题的反应是否机智敏捷、回答恰当,对突发事情的处理是否妥当等。

4. 团结协作能力

团结协作能力主要考查应试者遇到难题后的反应、能否与人亲近随和地相处、对他人有无吸引力等。在面试中,面试官通过询问应试者经常参与哪些社团活动、喜欢和哪种类型的人打交道、在各种社交场合所扮演的角色等问题,了解应试者的人际交往倾向以及是否具备团结协作能力。

(五)形象

形象主要考查应试者的相貌、言谈举止、仪容仪表、行为礼仪等。一般而言,仪表端庄、衣着整洁、举止文明的人,其做事也更有规律,注意自我约束,责任心强。

三、高职学生求职面试时的应对策略

面试的形式多样、内容不定,高职学生往往难以全面把握。但是面试本身具有一定的规律性,如果高职学生能利用这些规律,掌握一定的面试技巧和策略,沉着应对,就能做到以不变应万变,在求职中取得优势。下面介绍高职学生在面试时的一些应对策略。

(一)留下良好的第一印象

第一印象在人际交往中具有至关重要的作用。第一印象的好坏往往会影响面试的效果，甚至还会决定面试的成败。在面试时，面试官大多在面试最初的 1～2 分钟，就已经做出是否录用应试者的决定。这正说明了良好的第一印象对面试的重要意义。

高职学生如何在面试之初就给用人单位留下良好印象呢？以下几点值得注意。

1. 注意仪容仪表

仪容仪表是良好的第一印象的基本要素。高职学生在参加面试之前，要对自己的整体形象进行设计，确保自己以气质优雅并富有朝气的现代职业人的形象出现在面试现场。

2. 提前 5～10 分钟到场

提前到达面试地点可以给用人单位面试官留下自己守时、严谨以及重视本次面试的印象。

3. 沉着、稳重、有礼貌

高职学生在等候面试时不要大声喧哗、四处走动或显得躁动不安，也不要吸烟或嚼口香糖，可以读杂志、看报纸，在面试单位遇到他人时应主动问好，以礼相待。

高职学生进入面试场合时，如果门关着，应先敲门，得到允许后再进去；开关门动作要轻，以从容、自然为宜；主动与面试官打招呼并问好致意，称呼应得体；切勿急于落座，当面试官请自己坐下时，应先道一声"谢谢"，再从容落座；坐下后要保持体态良好，切忌大大咧咧、左顾右盼、满不在乎，以免引起面试官的反感。在切入面试正题时，高职学生应做到：谈吐谦虚谨慎、举止文雅大方、态度积极热情，以良好的精神面貌给面试官留下深刻印象。

（二）双向沟通技巧

面试是一个双向交流沟通的过程，在这一过程中，高职学生可以参考以下几点双向沟通的技巧。

1. 善于倾听

善于倾听是一种必要的交流技巧。面试的实质是面试官与应试者进行信息交流，从而使面试官获得应试者的全面评价的过程，在形式上主要表现为说和听。应试者善于倾听，可以显示其对面试官的尊重，而且只有通过专心致志的倾听，才能抓住面试官所提问题的本质，否则，回答就可能不得要领，答非所问。在面试中，高职学生倾听时应注意以下几点。

（1）礼貌地注视面试官。目光要专注，适当地与面试官进行眼神交流，切不可东张西望、心不在焉。

（2）针对面试官的谈话内容做出恰当反应。高职学生可以点头，或者说些"对""是的""不错"之类的简短话语，对面试官的谈话内容表达肯定与认同。

（3）坐姿正确，有精神。身体要稍稍向前倾斜，手脚不要有多余的动作。

（4）表情和蔼，面带微笑。面试过程中，高职学生可用适度的笑声活跃气氛，但不可放声大笑。

2. 善于表达

高职学生在面试时要善于表达，注意语言表达技巧。准确、灵活、恰当的语言表达，是面试成功的关键。在同等条件下，谁的表达能力强，谁就能在面试中更好地展现自己，更容易在求职竞争中获胜。

面试中的语言表达技巧可以从以下几个方面把握。

（1）语言流畅，口齿清晰，文雅大方。高职学生在表达时要注意发音标准、吐字清晰，确保语言流畅，但不要让人觉得自己是在背诵。为了增添语言的魅力，高职学生可以适当使用修辞手法，切忌使用口头禅、方言、生僻词汇等，更不能使用病句或不文明的语言。

（2）语气平和，语调恰当，音量和语速适中。高职学生在做自我介绍时，宜使用平缓的陈述语气，不宜使用感叹语气；打招呼时宜用上扬语调，加重语气并略带拖音，以引起对方的注意。在交谈时音量要适中，声音过大会令人厌烦，过小则难以听清，音量的大小要根据面试现场的具体情况而定：个人面试且距离较近时，声音不宜过大；集体面试且场地开阔时，声音不宜过小，以每位面试官都能听清自己的讲话为原则。另外，语速也要保持适度，过快会让人听不清，过慢则会给人留下反应迟钝的印象。

（3）语言要含蓄、机智、幽默。高职学生在面试时，不仅要表达清晰，还要有吸引力，可以适时插入一些幽默的语言，营造轻松的谈话气氛。高职学生在面试时也可以展示自己的气质和风度，尤其在遇到难以回答的问题时，运用机智幽默的语言巧妙化解，会彰显自己的智慧与情商，从而给面试官留下良好的印象。

3. 善用肢体语言

在面试沟通过程中，肢体语言具有十分重要的作用，举手投足之间皆可体现高职学生的修养与处事态度，反映其内在的精神风貌。在面试过程中，高职学生要懂得运用肢体语言增强沟通效果。

4. 摆脱面试困境的技巧

面试困境主要指在面试过程中由于双方沟通不畅带来的尴尬境况。由于紧张，面试中的高职学生时常会陷入让自己尴尬的困境，如说错话、冷场等。遇到这些情况，高职学生若不能沉着应对，必然会影响面试的成绩。摆脱面试困境的技巧有以下几点。

（1）克服紧张。紧张是高职学生在求职面试中常见的情况。由于面试往往对高职学生非常重要，而且面试通常又是在陌生的地方与陌生人交流，产生紧张情绪是正常的。适度紧张可以帮助高职学生集中注意力，但如果过度紧张，不仅会给面试官留下不良印象，还会令高职学生无法正常回答问题，使面试陷入尴尬局面。克服紧张有以下几种方法。

第一，端正心态。以平静的心态参加面试，否则很可能压力越大越紧张。第二，面试前进行充分准备，但不要把一次面试的成败看得过重。第三，坦诚告知。如果面试过程中的确非常紧张，较好的办法是坦诚地告知面试官并求得对方理解。通常面试官会同情高职学生并给予一些鼓励，而高职学生也会因为讲出实情，感到释然，紧张程度会大大减轻。

（2）善于打破沉默。为了考查应试者的反应和应变能力，有时面试官会通过长时间的沉默，故意制造紧张气氛。遇到这种情况，很多应试者由于没有思想准备而不知所措，陷入冷场的尴尬局面。因此，高职学生要善于打破沉默，让沟通继续下去，以展示自身能力。打破沉默的有效办法是预先准备一些合适的话题或问题，在冷场时趁机提出，或者顺着先前谈话的内容，继续谈下去，打破僵局，走出困境。

（3）注意说错话时的应对策略。人在紧张的时候容易说错话。高职学生因阅历浅、经验不足，遇到这种情形常常会懊悔万分，心慌意乱，从而过度紧张，语无伦次，陷入面试困境。说错话时，高职学生应保持冷静，沉着应对。若说错的话无关紧要，也没有得罪人，可以装作若无其事，继续专心交谈，切勿懊悔不已，影响谈话。若说错的话涉及比较严肃的问题，为防止误会，应在合适的时机及时更正并致歉。出错之后，承认并纠正自己的错误，可以给人知错就改和诚实的印象，也能反映出自己是一个自信、沉着的人，很可能还会因此博得面试官的好感。

5. 善于适时自我推销

求职是一个积极的自我推销过程。面试是应试者与用人单位招聘人员面对面交流的一种考核形式，也是应试者自我推销的一次绝好机会。

因此，高职学生应抓住这一重要机会，在沟通过程中积极展示自己的才能、个性品质等，让用人单位全面了解自己。高职学生在进行自我推销时要注意以下策略。

（1）以用人单位的需要作为说话、行事的指南。自我推销时谈及的优点、特长必须符合用人单位的需要，并符合应聘岗位的具体要求，否则谈话内容就会变得多余。

（2）谈话时，要让用人单位明白自己具备解决实际问题的能力，还要体现出自己善于与人共事。

（3）自我推销时也要注意含蓄，不要太直接，也不要过于夸大自己的才能，切忌把自己说得无所不能。

（4）借用他人的评价肯定自己。高职学生借用他人的评价肯定自己，既有很强的说服力，又不至于让面试官认为自己自以为是、目空一切。借他人之口自我推销，可以增强说服力。

（三）回答问题的策略

回答面试官的提问是面试中的必要环节。由于面试中的提问带有考核性质，用人单位大多据此判断应试者是否符合本单位的用人需要。面试中的提问有时会给高职学生带来较大压力，高职学生在面试中回答问题时应注意以下几个方面。

1. 思路清晰，要点明确，条理清楚，有理有据

面试官提出问题后，高职学生不要急于回答，可以稍停三四秒，理清思路，再按要点回答。一般情况下，回答问题时应结论在先，具体阐述在后，先将自己的中心思想表达清楚，然后再进行叙述和论证。否则，长篇大论，逻辑混乱，会让面试官感到应试者不得要领。面试时间有限，如果多余的话太多，则容易跑题，将主题冲淡或漏掉。

2. 避虚就实，切忌答非所问

在面试中，面试官常会问一些让高职学生摸不到边际或难以理解的问题，致使高职学生不知从何答起。此时如果高职学生"以虚对虚"，回答起来也往往不着边际，让面试官一头雾水。对待这类问题应选择避虚就实。

首先，高职学生可以礼貌地请求面试官将问题复述一遍，以确认问题，这样回答起来就会有的放矢，不至于答非所问；其次，认真分析，把握问题主旨和目的，特别是要注意把握面试官提问的中心意思，将论述内容与实际事例结合起来回答；最后，注意画龙点睛，结尾时进行总结提炼。

3. 开放式回答，避免抽象

高职学生在回答面试官的问题时，不仅要表明自己的态度和观点，还要加以必要的解释和说明。若采用封闭式回答，只简单地回答是或否，而不加以展开，虽然表明了态度，但没有说明原因，会显得回答简单，思路狭窄，能力展现不足，这在面试时是不可取的。因此，高职学生要采取开放式回答，避免抽象。

4. 答问要有创新性，突出个人特色

高职学生在回答面试官的问题时，要推陈出新，富有新意，这样才更有可能成功。因为用人单位面试时要接待多名应试者，相同的问题要问若干遍，雷同的回答也可能要听若干遍，这会让面试官有乏味、枯燥之感。而具有个人见解的、有特色、有创新性的回答，会很快引起面试官的兴趣和注意。

（四）提问的策略

面试快结束时，出于礼貌，面试官大多会询问应试者是否有问题或不了解的地方。这时，高职学生至少应该问一个问题。如果一言不发，会给面试官留下两种印象：一是应试者对该用人单位没多大兴趣，因此不想问，这样有可能会招致面试官的不快；二是应试者没有想法，也没有能力提出好问题，这样面试官有可能会认为应试者能力不足、反应迟钝、不会应变。

面试中应试者的提问是一门艺术，提问状况能反映应试者的能力和水平。面试时，高职学生向用人单位提问时要特别注意以下几点。

1. 提问的内容要合理

应试者提问时要避免提及敏感话题，也要避免提出面试官不懂的问题，

如很专业的技术问题等。提问的内容最好与个人利益没有直接联系，但与企业整体形象和招聘活动有关。如可以问用人单位的企业文化、企业经营模式、企业综合优势、企业发展前景、员工培训深造等相关问题，而不要问用人单位本轮招聘到底招多少人、招聘能否保证公平、自己能否被录用、录用后工资水平如何等问题。

2. 提问要具体，不能模棱两可

提问通常可以反映应试者的水平高低。一般来说，应试者提出的问题越具体，说明应试者对相关内容了解越充分。面试时，高职学生不要问一些似是而非的问题，提问一定要具体。

3. 要注意提问时机

应试者提问时机一般安排在面试快结束时或面试官问完之后，高职学生应把握好时机，该提问时才问，切不可打断面试官的谈话。

（五）面试结束及面试后的沟通

面试结束并不等于本次求职活动的结束，高职学生面试后还应加强与用人单位的沟通，加深其对自己的印象，提高求职成功的可能性。具体的注意事项有以下几点。

1. 及时退场

回答完问题，面试官宣布面试结束后，高职学生应礼貌道谢，并及时退出面试场所。面试官宣布面试结束后，应试者最好不要再提问，也不要再进行补充或做出额外解释。

2. 适时致谢

面试结束后，高职学生应在2天内给面试官或负责人打电话或写邮件，向对方的辛苦工作表示感谢，同时再次说明自己能力、个性与应聘职位具体要求的契合性，并强调对该职位的期待，从而强化自身优势，加深面试官对自己的印象。

3. 总结经验以利再战

面试结束后，高职学生应对面试过程进行总结和分析，找出自身的失误与不足，深入分析原因，思考弥补的办法。这也有利于自身在以后的面试中获得更多的主动权。

第三节 基本求职礼仪

礼仪是人与人在交往中须臾不可离的工具。求职礼仪是高职学生在求职应聘时应熟练掌握的交际规则，是高职学生在求职过程中与用人单位接待者接触时，应具有的礼貌行为和仪表规范。

求职礼仪是公共礼仪的一种，一般通过高职学生的应聘资料、语言举止、仪态仪表等方面体现出来。

一、仪表礼仪

仪表是高职学生留给面试官的第一印象。得体的穿着打扮、良好的仪态形象不仅能使面试官对高职学生另眼相看，也能增加学生的自信，使学生在面试中发挥得更好。

为了在面试中获得先入为主的优势，高职学生需要研究着装风格，注意修饰细节。

（一）男生求职时的仪表礼仪

男生在求职时的仪容仪表要显得潇洒、英俊，能展现出干练、果敢的男子汉气魄和魅力，体现出成功人士的职业形象。

男生应聘时，最好穿西装，配上硬领衬衫，系上挺括的领带。具体的注意事项有以下几点。

1. 整洁、笔挺的外套

（1）平时要准备几套正式的西装以备不时之需，不要临近面试才购买，以免出现不合身的情况。西装的价格不要过高或者过低，要与学生的身份相符，不要盲目攀比。如果用人单位发现学生的衣着太过奢华，反而可能会留下不好的印象。

（2）西装颜色应以男性在正式场合衣着风格的主流颜色为宜，如深蓝色、咖啡色、黑色、灰色等，不要穿格子、条纹、花色套装。

（3）西装一定要挺括，不能皱皱巴巴，也不能款式太过时、成色太老旧，七八成新的服装较为自然妥帖。穿全新的外套时，袖口的商标一定要剪掉。

（4）长裤需熨烫笔挺，长度以穿着者在直立状态下裤脚遮盖鞋跟的四分之三为佳。

2. 洁净的衬衫

（1）所选衬衫要合身，不能太大，也不能太小。穿之前要将其熨平，不能皱皱巴巴。最好不要穿衣领已经起毛或变色的旧衬衫，会显得有些拮据。

（2）一般而言，所选衬衫的颜色最好是白色或者浅色，白色衬衫和领带与西装更好搭配。深色西装搭配白色衬衫会显得更加潇洒，更有风度；从事金融行业或者信息技术行业的男士可选择蓝色衬衫，这样会显得气质更加沉稳，并富有智慧。

（3）衬衫领的开口、皮带扣和裤子前开口外侧应该在一条线上。

（4）衬衫应该是硬领的，领子要干净、挺括，短袖衬衫和圆领衬衫在正式场合不太适宜。

（5）衬衫下摆要放入裤腰内。内衣、衬衣等服饰下摆都不能露出。

3. 挺括的领带

（1）男生在参加面试时要内穿衬衣，外穿得体的西装，并在衬衣领打上领带，这样可以更好展现男士的风采。领带要整洁，以真丝材质为宜。

（2）所准备的领带要和西装及衬衣颜色相衬，配色要和谐，不能"标新立异"，太过花哨，否则会弄巧成拙，有失沉稳。

（3）领结要端正，不能松散。还要注意领带的尖不要接触皮带。

4. 配套的鞋袜

（1）皮鞋以黑色为宜，以舒适大方为度。尽量不要选择会给人留下攻击性印象的尖头皮鞋，圆头系带的皮鞋是较为不错的选择；要擦去皮鞋的灰尘和污痕，还要给皮鞋上油、刷亮，穿着时鞋带要系牢。

（2）皮带和皮鞋应是相同质地的。如果不是，就要在颜色上统一。

（3）袜子的颜色也有讲究。西装革履不宜穿白色袜子。深色西装，建议首选搭配同色系的袜子；如果没有，则应尽量与皮鞋的颜色保持一致。

5. 整洁的仪容

（1）要对头发进行修整。如果头发太长，可以临近面试时去理发店修剪一下。最好不要在面试的前一天修剪头发，否则会显得不自然。在面试的前一天要洗头发，避免头发上和衣服上留有头皮屑。发型不仅要和脸型相配，和年龄、穿着、职业、性格等也要相配，这样求职者的形象整体看上去才会更加协调，男性在面试时切忌发型夸张怪异。

（2）胡须要剃干净，注意不要刮伤皮肤。指甲也应在面试前一天修剪整齐。避免细节处给人留下不修边幅的印象。

（3）保持仪容整洁。男生可以适当用些清洁类的化妆品，淡淡的清香容易让他人产生愉快的感觉。但男生面试时要避免使用香味浓烈或味道怪异的化妆品。

6. 适当的装饰

（1）文件包。面试可携带文件包。文件包不仅是实用品，同样也是装饰物。所选择的文件包不要太旧，也不能沾有污垢，其新旧程度要和所选西装差不多或者比西装稍微新一些，这样整体而言才会更加协调。此外，文件包内不要装太多的物品。

（2）在戴眼镜时，所选择的眼镜镜框不要太花哨，镜框的上边缘高度最好在眉毛与眼睛之间的二分之一处，外边框与脸部最宽处平行为宜，不能戴墨镜参加面试。

7. 男生仪表礼仪的禁忌

（1）忌身上散发异味。例如，大蒜味、酒精味、口臭和其他刺激性异味等。男生在面试前一天要洗澡。

（2）忌过分随意。男生在应聘时不要穿运动装、牛仔裤、运动鞋等过于随意或样式怪异的服装，以免给人一种过于随便的感觉。

（3）不要将钱包、钥匙、手机、零钱等放在衣袋或裤袋中，以免给人不规范的感觉，可以把与面试无关的物品留在家里。

（4）忌戴耳坠及流行饰物，有文身的不要外露。

（二）女生求职时的仪表礼仪

女生的仪容、仪表及服饰搭配比较灵活，相对男生而言有更多的选择。

1. 服饰礼仪

庄重典雅的服装能让女性更具职业气质。每位女生都应准备一至两套较正式的服装，以备前往不同单位面试之需。

（1）职业套装。女性可选择的职业套装是多种多样的，可结合自己的审美喜好与用人单位的岗位要求进行选择。通常以裁剪得体的西装套裙为宜，再搭配色彩适宜的衬衫，给人一种稳重、干练、自信的感觉。裙子长度不能过短，裙摆下沿覆盖膝盖以下为宜。

服装颜色以淡雅或同色系的搭配为宜，穿着应体现职业女性的气质，T恤衫、迷你裙、牛仔裤、紧身裤、宽松服装等不适合面试场合。

（2）鞋袜。皮鞋以中高跟为宜。鞋跟太高显得步态不稳，鞋跟太低显得步态拖拉。可以穿中、高筒靴子，并且穿着时裙摆下沿应盖住靴口，以保持形体线条的垂直流畅。

不要穿凉鞋，也不要穿走路响声很大的鞋，更不能穿拖鞋。穿裙装时袜子很重要，丝袜以肉色为宜。注重细节处理得当，以免给人留下随意、邋遢的感觉。

2. 装饰品

女生适当地搭配一些装饰品，可以起到锦上添花的作用。搭配装饰品应讲求少而精，避免佩戴过多、过于夸张或有碍工作的饰物。

一条丝巾、一枚胸针、一条项链，往往就可以起到画龙点睛的作用，恰到好处地体现女生的气质和神韵。另外，皮包不要过于精美、珠光宝气，但也不要太破旧、有污迹。将皮包自然地挎在肩上，或者提在手上即可。

3. 仪表

（1）化淡妆。面试时适当地化淡妆，可使女生显得更美丽。女生求职时化妆以淡雅自然、不露痕迹为佳。可以用薄而透明的粉底营造健康的肤色，用浅色口红增加自然美感，用棕色眉笔调整眉形，用睫毛膏让眼睛显得更加有神。但不能浓妆艳抹、过度修饰，这不符合高职毕业生的形象与身份。切记一定不要将应届生的清纯美掩盖。

（2）发型修饰。头发要修整好，面试前要清洗头发，根据面试所要穿的服装搭配发型，可学习利用视觉差修饰自己的脸型。比如，脸型比较长的人，可以留前刘海，且保持脸部两侧的头发蓬松，这样就能有效修饰脸型，让脸型看起来不会太长；有的人脖颈较短，可以搭配短发，这样从整体上看，就能起到拉长脖颈的视觉效果；有的人是圆脸或者方脸，可以适当增加头顶的发量，提升额头部位的饱满度，这样就能起到修饰脸型的视觉效果。此外，应基于不同的应聘岗位进行发型的选择，这样可以从形象上为自己加分。

仪容、仪表是求职前的一项重要准备工作，几乎没有用人单位会在招聘启事上写明"此职位要求相貌端庄"。但是，所有单位都会把"相貌端庄"等仪表礼仪作为招聘考查条件之一。

二、行为礼仪

求职中基本的行为礼仪包括站姿、坐姿、走姿三个方面。

（一）站姿的基本要求

站姿是仪态美的起点，也是发展不同动态美的基础。良好的站姿能衬托高职学生良好的气质和风采。站姿的基本要求是挺直、舒展，站得端正，线条优美，精神焕发。具体要求如下。

挺胸、收腹、直腰；头要正，头顶要平，微收下颌，双目平视，面带微笑，动作要平和自然；脖颈挺拔，双肩舒展、保持水平并稍微下沉；两臂自然下垂，手指自然弯曲；身躯直立，身体重心在两脚之间；女士双膝和双脚要靠紧，男士两脚间距离不宜超过肩膀的宽度。

（二）坐姿的基本要求

坐姿是仪态的重要内容。良好的坐姿会显得面试者更加积极、自信、端庄和尊重他人。大方、端庄、文雅、得体是坐姿的基本要求。具体要求有：

在入座的时候要轻轻地、稳稳地坐下，注意不要使椅子发出声响。有些女生会身穿裙装，那么在入座以后要轻轻地用手铺平裙摆。

坐稳以后，要挺直腰部，双眼平视并露出柔和的眼光。双手不要随意放在腿的两侧或者随意放在腿上，也不要将双臂抱在胸前，男生的双手要掌心向下放于双膝，膝盖之间的距离保持在一拳左右；女生可以右手搭于左手，然后双手放在腿上。

在入座以后，要保持良好的坐姿。假如坐的时间太久出现了不适感，可以适当进行调整，调整完毕后也要保持坐姿端正。

（三）走姿的基本要求

走姿是站姿的延续动作，走姿美是在站姿美的基础上展示人的动态美。不管是在日常生活里，还是在正式场合中，走路的姿势都是非常容易引起他人注意的体态语言，良好的走姿可以凸显人的魅力与风度。走姿具体有以下要求：

在走路时，要抬起头，目视前方，两臂于身体的两侧自然下垂，掌心向内，并以身体为中心前后摆动。上身挺拔，腿部伸直，腰部放松，步幅适度，脚步宜轻且富有弹性和节奏感。

男生应抬头挺胸，收腹直腰，上体平稳，双肩平齐，目光直视前方，步履稳健大方，显示雄健的阳刚之美。

女生应头部端正，目光柔和，平视前方，上体自然挺直，收腹挺腰，两腿靠拢而行，步履匀称轻盈，端庄文雅，含蓄恬静，显示庄重而文雅的温柔之美。

第七章 高职学生实习权益保障与就业权益保护

第一节 高职学生实习权益保障

一、概念界定与理论基础

（一）概念界定

1. 高职学生实习

高职学生实习概念由"高职学生"与"实习"两个概念组合而成。我国的高等职业教育是职业教育的重要组成部分。职业教育对我国经济社会进步的助推作用不容忽视，随着职业教育的快速发展，高职学生的教育也备受重视。鉏海燕认为高职学生主要是指接受高等职业教育的全日制专科学历的学生[1]。本书将高职学生定义为正在高等职业院校就读或完成高等职业教育阶段的学生，即研究对象为在读的高职学生和已毕业的高职学生。实习是一种社会性活动，学生在学校学到许多理论知识，需要通过实习活动将理论知识转化为实践，而这一过程的最佳实现方式之一，就是组织学生进行实习实践。国内目前对实习的含义并没有统一的或者官方的定义。《现代汉语词典（第7版）》对实习一词的解释是把学到的理论知识拿到实际工作中应用和检验，以锻炼工作能力。可见，实习具有一定的实践性和操作性，通过实习活动，可以让学生把在学校学到的书本知识转化为实践，锻炼学生的动手能力和实践

---

[1] 鉏海燕.高职生自我管理能力的现状及对策研究[D].浙江师范大学，2019.

能力，也有助于学生职业生涯发展的顺利进行。本书根据实习的性质和作用将高职学生实习定义为高等职业院校按教学计划和专业培养目标要求，组织在校学生到实习单位进行的教学实习、顶岗实习等实习实践活动，除学校统一安排的实习外，还包括学生根据学校要求自主选择的实习。

2. 实习权益

本书将高职学生实习权益定义为高职学生在实习期间依法享有的基本权益，包括劳动保护权、劳动报酬权、休息休假权、职业培训权和社会保险权。劳动保护权，是指高职学生有在安全卫生的条件下实习并获得劳动安全卫生保护的权利。劳动报酬权，主要内涵是高职实习生依法享有取得实习报酬的权利，即高职实习生在实习单位进行劳动，实习单位理应支付高职实习生劳动报酬，包括加班时的加班补贴等。休息休假权，主要是指高职实习生在实习期间，理应和其他员工一样享有休息和休假的权利。职业培训权，主要内涵是高职学生在实习过程中有学习与专业相关的技术、技能的权利，有将自己所学知识运用到实际工作中并锻炼自己实际工作能力的权利，一般来说，实习单位应该给高职实习生安排与所学专业相关的实习岗位。社会保险权，主要是指高职实习生应具有与其他劳动者一样的工伤保险权，即因公致伤、致残、致病时，可以依法享受经济补偿和物质保障的权利。

（二）理论基础

1. 劳动权益理论

在《牛津法律大辞典》中，狭义的劳动权益存在两种解释，一种表示工作的权利，即不受一定的规则和限制性条例禁止的工作自由；另一种是指申请工作时应得的权利。广义的劳动权益是指国家法律明文规定并且受到法律条例所保障和认可的，处于劳动关系中的劳动者在自觉履行劳动义务的同时所依法享有的各项劳动权利的总称。[1]具体来看，劳动权益是指通过法律赋予劳动者的基本权利，具有一定的法律效力和强制性特点。基本劳动权益具体内容包括劳动报酬权、劳动保护权等，这些劳动权益应该依法得到保障。2015年发布的《中共中央国务院关于构建和谐劳动关系的意见》中，将劳动报酬权、休息休假权、劳动保护权、社会保险权和职业培训权作为劳动者的

---

[1] 沃克.牛津法律大辞典[M].李双元，译.北京：法律出版社，2003：972.

基本权益。[1]

由此可见,劳动权益是劳动者在工作过程中依法享有的权利,这些权利虽然没有具体的、规范的、统一的和明确的界定,但属于每个劳动者依法享有的权益,任何人和任何组织都不能肆意侵犯劳动者的各项合法权益。

劳动权益是法律赋予每个劳动者的,每个劳动者平等、依法享有,任何个人、组织和群体都不能剥夺和侵害劳动者的劳动权益。高职学生在实习过程中同样享有各项基本劳动权益,如劳动保护权、劳动报酬权等;这些实习权益是高职学生理应享受的合法实习权益,高职院校、企业、社会组织等主体都不能肆意侵犯,合法实习权益应受到重点关注和保护。

2. 劳动者权益保障理论

劳动者权益保障理论,最早从学者赖特(Wright)和西尔弗(Silver)提出的劳动者权利学说中得来,该学说认为处在劳动关系中的双方之间必然会有利益发生,也必然会产生一定的冲突和矛盾,而利益双方都想从中获得利益,通过种种措施向对方施压,增强自身利益的获取,如此循环往复,就会形成劳动者权利和雇主权利。经过长时间的发展,该理论得到了进一步的发展和研究。[2] 该理论认为,在劳动关系中会存在利益冲突,而劳动者处于相对弱势的地位,雇主因其财力和权力等资源的丰富,经常会对劳动者进行压榨和剥削。保障劳动者的合法权益并不简单,这是一个耗费时间相对较长、相对复杂的社会性问题,需要综合考虑宏观劳动环境,并以整体的思维进行分析处理。劳动者权益保障理论在后续的发展过程中得到了更加丰富的发展,总体而言,劳动者权益保障理论旨在说明劳动者合法权益是不容侵害的。本就处于相对弱势地位的劳动者,其合法权益很容易受到侵害,但该理论认为劳动者合法权益应该受到各个群体的关注,要将其放在整个社会大环境中进行审视,劳动者的休息、报酬、环境等方面的合法权益是应当受到保障的。

高职学生参与实习,本质上是高职学生的一种劳动付出。高职实习生是

---

[1] 常凯. 劳权本位:劳动法律体系构建的基点和核心:兼论劳动法律体系的几个基本理论问题[J]. 中国劳动关系学院学报,2001(6):10-15.

[2] SILVER B J. Forces of Labor: Workers Movements and Globalization since 1870[M]. Cambridge: Cambridge University Press, 2003: 169.

特殊的劳动者群体,劳动者的合法权益应当同样适用于高职实习生。目前国内外对劳动者权益保障的研究相对来说比较成熟,测量指标和方法手段也比较完善,但高职学生实习权益保障研究的历程较短,研究深度不够,在高职学生实习权益保障内容和影响因素的测量上,尚未形成完备成熟的测量标准,也缺乏从实证研究的角度揭示影响高职学生实习权益保障的关键因素。因此,本书以劳动者权益保障理论为基础,借鉴劳动者权益保障相关研究的方法与手段,旨在提出保障高职学生实习权益的对策与建议,这对推动高职学生实习权益保障研究的发展具有重大作用。

二、保障高职学生实习权益的策略与建议

(一)政府层面

1. 拓宽宣传渠道,加大政策宣传力度

现阶段,许多高职学生对国家的政策法规并不了解。因此,政府要加大对实习权益保障相关政策法规的宣传力度,让更多的高职学生熟知实习权益保障政策,具体做法可以从以下三点着手。第一,政府应成立专门的实习权益保障相关政策法规的宣传部门,组织宣传小组成员前往学校、社区等场所积极宣传实习权益保障的相关政策法规,将相关政策介绍给人民群众,从而让更多的人了解国家制定的实习权益保障相关政策法规。尤其是与实习密切相关的高职学生,对其在政策法规中存在的疑问和误区,工作人员要给予及时的讲解,让学生能够更加清楚自身合法实习权益的内涵和遇到侵权事件时的处理方法。第二,积极拓宽相关政策法规的宣传渠道和途径。除了报纸等传统宣传途径,政府宣传部门要善于利用多种形式的手段进行宣传,积极利用现代化信息媒体进行宣传,加强舆论引导,形成全社会关心支持保障实习生合法权益的良好环境。加强政府网站、微信公众号和其他网络平台的宣传建设,通过一系列公关活动及微信公众号、微博、网站等现代媒体宣传实习相关政策和法律法规,建好用好新型宣传媒介和平台,通过新型网络平台向社会公众讲好实习权益保障故事,增强对相关政策法规的宣传力度,促进社会公众对相关政策法规的接受和理解。第三,对实习权益保障情况的典型个案进行宣传。相关宣传部门可以收集实习权益保障良好或受损的典型个案,树立典型,拍摄个案宣传片,投向电视和网络平台,通过典型案例的形式让

人们对实习权益保障的内容、形式和维权途径等都有更加深刻的认识,通过典型案例的宣传,让社会大众加深对实习权益保障相关政策法规的认识和了解。同时,政府部门可以邀请法律工作人员向社会大众开设关于实习政策和实习权益保障相关法律法规的知识讲座、学术讲坛等,通过专业人员为社会大众答疑解惑,扩大相关政策与法律法规的宣传效果。另外,尤其要关注学生群体,政府可以开展"实习权益保障大讲堂进校园""实习权益保障法律知识竞赛"等系列活动,在校园活动中促进高职学生增加实习权益相关知识、掌握维权方法。通过举办公益性活动让学生积极参与进来,这样既能保障法律知识的宣传效果,又对学生有实质性的教育意义。

2. 设立专门的监管部门,加强实习监督管理

政府要对高等职业院校的实习活动进行有效的监督和管理。各级政府部门应强化对校企双方的监督和管理,要求校企双方严格落实国家关于职业院校实习管理工作的相关要求,承担各自的管理责任,明确各自的职责和任务,切实维护高职实习学生的合法权益。政府相关监督管理部门要加大对劳动协议、三方协议的签订过程以及签订内容的核查、复查,对于违反规定而对实习生权益造成危害的个人、群体和组织要严肃处理。相关部门要定期检查、评价并针对违法违规行为进行通报批评,对于良好执行相关工作的组织和群体,可以通过税收、财政等优惠政策加大支持力度,鼓励其积极性。相关部门应加大对企业的监管力度,督促企业对实习学生进行必要的安全教育和技术培训,为学生提供必要的安全防护用品,降低学生的劳动风险。另外,要拓宽维权渠道,合理解决高职实习生合法权益受损问题,简化各种办事手续和程序,让高职实习生可以简单快速、及时有效地解决问题。具体来看,政府要建立专门的实习监管部门,并赋予监管部门一定权力,重点监管学生实习岗位是否与专业对口、学校或者企业是否存在乱收费现象、监管企业是否如期发放薪资报酬等问题。同时,政府部门应当建立实习单位资历和实习质量的考核评价机制,对实习单位资质进行严格审查,对实习质量进行监督和评价。在高职学生实习期间和实习结束后,对实习单位、高职院校进行实习考核,对不符合标准或者没有达到实习质量要求的企业和学校进行批评处分;对在高职学生实习过程中表现突出的企业和学校给予表扬,对企业减税、免税,以及给学校必要的资金支持等激励方法,能在一定程度上提高企业和高职院校对高职学生实习权益的保障力度,

奖惩制度可以更有效地促进各利益相关者的参与程度和参与态度。高职学生实习权益保障需要有效的监督与管理，政府部门监管有力，企业和高职院校对于学生实习合法权益保障工作的效果和成绩就会有很大程度的提升，高职实习生合法权益受到严重侵害事件的发生概率就会一定程度上减少，只有这样才能更好地实现高职学生实习权益的保障。

（二）学校层面

1. 健全实习生管理制度，强化实习过程管理

高职院校良好的管理制度和高效的过程监督是实习生合法权益得到保障的重要因素，因此，高职院校要建立健全实习生管理制度，强化对学生实习的全过程管理。一方面，高职院校应当设置专门的实习管理机构，建立健全相应的实习生管理制度，使学生的实习管理工作更为专门化、专业化和规范化，从而在最大限度上保障实习学生的合法权益。实习管理机构专门负责学生的实习管理，可以对实习问题有直接的反应和作为，对实习生反映的问题能够及时处理和解决。具体来看，高职院校可以参照教育部的相关文件，单独制定"高职院校实习管理办法"，通过对于相关管理办法的制定和实施，明确各自的职责，做到防患于未然。另一方面，要加强实习的全过程管理。在实习前，高职院校要通过动员大会等活动做好宣传工作，动员和鼓励高职学生积极参与实习活动；学生实习前要完成实习协议的签订，与企业达成一致，让企业和学校、学生签订劳动协议，通过明确各自的责任和义务保障实习生权益，在实习前，学校要为学生挑选资质优良的实习单位，校方工作人员提前去实习单位进行考察。在实习中，学校要指定认真负责、工作能力强的教师担任实习指导教师，实习指导教师应全程对实习生进行指导和管理，定期到企业了解学生实习情况并帮助学生解决问题，及时和学校以及企业交流、反馈，对反馈回来的问题和想法及时跟进和处理。实习期结束后，学校的任务并没有就此结束，学校还要对这一阶段的实习工作进行反思和总结，吸取经验教训，发现问题后及时解决问题，防止下一阶段的实习工作再次出现类似问题；进一步改进实习方案，优化实习过程管理，实习指导教师要对每位实习生的实习过程和结果进行全面客观的评价，并给出相关改进意见。高职院校作为高职学生实习工作的核心相关者之一，有责任和义务加强实习生管理，对实习工作全过程进行有效监督管理。高职院校只有建立健全实习

管理制度，严格按照制度办事，在实习全过程进行有效指导和管理，才能更好地实现高职学生实习权益的良好保障。

2. 打造专业化师资队伍，加强实习指导教师管理

高职院校需要打造专业化师资队伍，加强实习指导教师管理。一方面，学校要打造专业化师资队伍，理论上来说，实习指导教师应是经过院校和实习单位严格选拔且具有实习指导能力的优秀教师，但现实中很多都是由任课教师或者辅导员兼任，许多兼职教师具备的专业化实习指导能力不足，这样就容易导致实习生权益保障受限。因而，学校要打造专业化的实习指导教师队伍并运用专业化师资力量对学生予以指导，尽可能避免让一位实习指导教师指导整个班级或者整个年级的现象，保障每一位实习指导教师对接的学生人数在合理范围内。实习指导教师要负责对实习生的技能、知识和安全操作进行指导和示范，因此，增强实习指导教师的指导效果，有利于学生今后的就业和人生发展。学校要加大"内培外引"力度，对内要加强对实习指导教师的培训，提升其专业知识、技术技能和职业道德，为教师提供学习和交流的机会，通过各种途径挖掘学校教学人才和管理人才的潜能，增强教师的素质和本领，培养一批"校企互通"的实习指导教师，通过职称评定、奖金、荣誉证书等奖励方式，提高教师的积极性和参与度；对外要通过各种有吸引力的条件，吸引优秀教师的加入。另一方面，学校要加强管理，选派能力较强、经验丰富、有责任心的实习指导教师。教师的实习指导不能流于形式，高职院校要转变观念，不当"甩手掌柜"，学生即使不在学校，而是去了企业实习，高职院校也要承担管理者的责任。在实习过程中，要增强实习指导教师的主体责任感，强化教师的责任意识，加强教师队伍管理，并且对实习指导教师进行监督，学校可以要求实习指导教师定期到学生实习单位了解学生实习情况，多和学生交流探讨，并切实帮助学生解决实际问题和调解学生、企业之间的纠纷。实习指导教师可以采取多种形式与学生交流互动、指导学生学习和工作，既可以直接去实习单位了解情况，也可以通过微信、电话等现代化手段加强与学生的交流，掌握学生实习工作情况。学校还可以定期或者不定期地组织实习生与指导教师展开交流分享会，在交流分享会上，要促进实习生与实习指导教师的沟通交流，实习生和实习指导教师从中沟通了解彼此的工作情况，以便及时发现问题。实习生对工作上的问题要虚心请教，

实习指导教师对实习生的困难和问题要及时解决，实习指导教师要充分尽到育人、尊重学生健康发展的责任和义务。

3. 设置专门化指导课程，重视法律知识教育

高职院校可以通过设置专门化指导课程，重视法律法规教育，以保障实习生权益，具体做法有以下几点。

第一，通过设置专门化指导课程，提高学生实习权益保护的知识。有条件的高职院校可以在学生实习前一个学期开设专门的实习指导课程，由专业教师任教，通过专业化手段和教学方法向学生讲解实习权益保护的重要性和相关安全教育等内容。对于条件有限的高职院校来说，还可以通过开设高职学生就业指导与规划等必修课、相关法律选修课、职业规范与素养等专题讲座，渗透相关内容，对学生进行法律和安全教育相关的就业指导，让学生在课堂中学习相关知识。课堂形式可以灵活多样，除了传统授课以外，还可以借助各种班级活动、知识竞赛、模拟法庭、案例教学等形式，采用丰富有趣的课堂形式，让学生更容易接受。第二，高职院校要加强对学生政策制度和法律法规等实习相关知识的教育。实习生在实习中处于弱势地位，许多实习生因为不懂法律而吃亏，高职院校应有计划、有意识地开展普法教育，组织实习生学习相关法律，让高职实习生知法、懂法，帮助学生了解自身拥有的合法实习权益与应承担的责任和义务。通过法律知识的学习，让学生了解更多的维权途径，同时教师要多鼓励学生遇到合法权益受到侵害的情况时，要敢于通过法律途径保护自己的权益。这就要求教师具有专业知识并了解高职学生特点，能够运用切实有效的教学方法和手段，将枯燥的法律知识讲授给学生，采取丰富多彩、生动有趣的形式帮助学生提高相关法律素养，如可以开展主题活动、组织学生参加法律知识讲座和竞赛活动等，借以让学生能更好地接受相关法律知识，增强学生的法律意识。总而言之，专门化课程教育和平时课程中的渗透教育，都是提升学生法律意识和法律知识的重要途径，高职院校要加强课程建设和教育培训力度，让学生了解实习权益保障的相关知识，提升自身维权能力。

(三) 企业层面

1. 增强企业的社会责任感，加强实习生管理

企业作为实习活动的具体实施者，是高职学生实习极为重要的核心利益

相关者，企业是否具备强烈的社会责任感，会在很大程度上影响高职学生实习权益的保障程度，因此，要加强对企业社会责任感的培养，增强其对实习生管理的效果。

首先，企业要正确认识实习的内涵和意义，积极接收高职实习生的实习申请，并为高职实习生安排与其专业相符的岗位。企业以营利为目的，在校企合作中，虽然国家大力提倡和积极鼓励企业参与，但是某些企业参与的积极性明显不足。许多企业接收实习生其实另有目的：一是填补企业劳动力的空缺，二是把实习生当作廉价劳动力。这些都是错误的认识。企业需要更新陈旧过时的观念，对待实习生进入企业实习相关工作要有长远发展的眼光。企业要认识到对实习生相关工作的投入是有价值、有回报的，高职实习生会给企业带来一定的经济效益，所以要尽量给高职实习生安排与所学专业对口的工作岗位，使学校、企业和学生都能从实习工作中受益。

其次，企业要增强社会责任感，积极履行自身的责任。企业作为用工方应积极承担社会赋予的责任，落实实习的"主体责任"。企业不能一味追求经济效益而忽视社会效益，而是应该在经济效益和社会效益中寻找平衡。企业应按照相关要求提供安全、卫生、健康的实习环境，提供良好的实习条件，提供与高职实习生专业相对应的实习岗位，保证实习生合理的休息休假权利等。企业应针对实习生的入职要求、报酬待遇、权利义务、实习管理、考核鉴定等内容进行明确的规定。企业有关人员应加大对新近颁布的相关法律法规的关注度，加强学习，以减少企业对实习生进行管理的过程中侵权事件的发生。

最后，企业要加强实习生管理。"没有规矩不成方圆"，企业首先要制定相关规章制度，加强对实习生的制度管理。除了制度上的管理以外，企业还要关注实习生的技能操作步骤、安全防范意识等内容，加强对刚入职工作的实习生的关怀与指导，给其安排规范、有效和有针对性的培训指导，安排实习指导教师加强对实习生的管理与实习指导，指派专业性强、负责任的实习指导教师对实习生的工作、生活和技能考核进行管理和指导。因此，企业作为实习工作的核心利益相关者，一定要增强自身的社会责任感，加强对实习生的管理和培养。

2. 强化技能和安全教育，加强培训支持力度

实习单位作为实习工作极其重要的主体之一，必须强化实习生的技能和

安全教育，加强对实习生的培训支持力度。

一方面，实习单位要注重实习安全教育。安全重于泰山，实习生的人身安全在实习中尤为重要，企业作为接收实习生的主要场所更应该保障实习生的人身安全。企业应树立安全第一的观念和意识，给实习生提供安全健康的工作环境。除此之外，企业更要让实习生自己意识到安全的重要性。企业可以通过培训的形式强化实习安全教育，如岗前培训和实习过程中的不定期培训，让实习生真正了解企业的管理规范，认识职业规范和操作安全的重要性，让实习生真正发自内心地接受规则和拥有规则意识。在岗前培训中，不仅要让实习生了解实习单位的企业文化、规章制度等，还要给实习生进行必要的安全教育。在岗前培训和实际操作过程中，都要向实习生重点强调操作步骤和安全防范意识。实习单位不能只顾眼前的利益，只注重短期效益，而是要着眼于长期效益，实习生安全问题尤为重要，实习单位既要注重生产效益，又要注重安全纪律。

另一方面，实习单位要给予实习生技术技能上的支持，建立针对实习生的专门培训制度，加大对实习生技能培训的力度。高职实习生进入企业展开实习的一个重要目的是强化自身技能，提升自身能力和素质，将学校所学知识运用到实际工作中，为以后就业奠定坚实基础。而实习单位作为实习工作的一线重地，需要切实保障实习生学习技能和知识的合法权益。实习单位应定期或不定期组织技能培训活动，选择技术熟练的员工为实习生进行技能培训，并且最好能一对一进行指导，强化实习生劳动技能；有条件的企业可以组织实习生进行技能大赛，让实习生在大赛活动中充实自己，锻炼自己的能力，促使实习生在实习结束后真正学有所长，有助于其今后职业生涯的发展。

实习单位的技能培训和安全教育都是十分重要的，需要实习单位认真履行自身的职责，强化技能和安全教育，加强培训支持力度，更好地保障实习生的合法权益。

3. 校企加强沟通与合作，共同保障实习权益

企业作为实习工作重要的参与方，要主动和高职院校建立密切联系。企业和高职院校这两个重要利益相关者密切合作，对高职学生实习权益的保障会更有力。校企要加强彼此之间的沟通和合作，实行资源共享，如校企合作开发教材及校内实训手册，促进教学内容与企业实际工作的结合，共同保障

实习生的合法权益。

首先,高职院校、企业和学生要共同拟定实习协议范本。科学、合理的实习协议范本和条例对于保障实习生合法权益具有重要的意义,但高职院校、企业和学生的需求和利益不尽相同,因此需要按照一定的原则,由高职院校、企业和学生三方共同协商拟定,以达到三方都满意的结果。

其次,校企双方要加强对话交流,共同制定科学合理的管理细则和培养计划。学校和企业所属的体系是不同的,所以各自的管理制度和管理方式也是不一样的,同时,双方的利益诉求更是截然不同,这就容易造成双方交流对话比较困难,甚至出现双方拒绝沟通的情况,非常不利于双方的长远发展。企业要认识自身有对实习生进行管理的责任,要与学校加强沟通,参与实习生的管理和培养。企业和学校要加强双方之间的交流和对话,共同制定培养方案,定期开展实习工作会议,一起讨论实习过程中出现的一些问题,根据现实情况适当调整原来的工作计划,避免出现双方推脱管理责任,遇到问题之后相互埋怨的情况。另外,企业和学校就学生实习具体问题要达成一致,比如学生实习时间、报酬等事宜要提前沟通,并且通过协议或者合同的方式加以明确,以免以后出现纠纷。

最后,校企双方指导教师要加强联系,及时沟通实习情况。企业要加强与学校的联系,积极参与实习生的培养,就学生实习工作问题与学校讨论;学校也要主动联系企业,主动询问学生在企业的实习情况。若企业存在侵犯学生合法权益现象,学校教师要及时与实习单位沟通,共同协商讨论出合理的解决方案。校企双方密切交流与合作,不仅体现在制度制定上的沟通协作,还体现在指导教师之间的交流探讨,这样做能够更好地保障实习生权益。

(四)个人层面

1.加强法律知识学习,提高个人法律意识

一方面,高职实习生要充分发挥自己的积极性和主动性,自主地学习相关法律知识。只有在学习相关法律知识后,才能懂法、用法,才能更好地维护自身合法权益。高职学生要学会站在法律的角度思考问题、分析问题和解决问题,只有在现实生活中形成这种习惯,才能真正从内心深处树立良好的法律意识。高职学生要主动学习《中华人民共和国劳动法》《中华人民共和国社会保险法》等专业的法律知识,除了在校期间认真学习相关课程以外,还要善于利用现代化信息手段，随时关注涉及实习合法权益相关网页、公众号等资讯，通过日常生活的积累对实习权益加深印象和认识，积累经验教训，丰富知识与技能，增加自己的法律知识。

另一方面，实习生要树立正确的维权意识和心态。许多实习生表示，"维权成本过高，多一事不如少一事"，就选择忍气吞声。对此，高职学生要摒弃被动承受、能忍则忍、息事宁人的妥协态度，树立正确的维权意识和心态，明确自身拥有的合法权益。在自身合法权益遭受侵犯的时候不能忍气吞声，更不能觉得"多一事不如少一事"，而是要勇于采取积极的行动，保护自己的合法权益。遇到困难时，要主动报告家长、教师以及企业相关领导，积极寻求外界的帮助。随着时代的发展以及科学技术的进步，维权的方法与途径也日益多样化，人们除了可以通过传统手段进行维权，还能通过一些新型媒体平台维权，如微博、抖音、快手等，可以将自己的经历发布在网上，通过网络的快速传播，可以让更多的人知道，从而共同为正义发声，以此维护自己的合法权益，在必要的时候，也应当拿起法律的武器，惩罚侵犯者，以保护自己的合法权益。因此，作为一名高职实习生，要从思想上树立正确的维权意识，主动维护自身合法权益不受侵犯，从而在实习过程中更好地保护自己。

2. 端正实习工作态度，强化个人实习认知

高职实习生要端正实习工作态度，强化个人实习认知。第一，作为一名学生，应该端正自身的实习动机，树立明确的实习目标。高职学生要明白在实习工作中有许多的内容需要自己慢慢学习，并且在实习过程中学到的技能和本领，很可能让自己一生受益，所以，要充分利用实习的时间，为自己制定一个实习目标，然后端正态度，积极主动地学习和锻炼自己，要遵循学校和企业的制度要求、工作的操作步骤等内容，以便在自己的实习权益受到侵犯时，懂得应当如何正确保护自己的权益。同时，实习生要有积极正确、乐观向上的心态，辩证客观看待薪资等问题，深刻理解学校设置实习这一教学环节的重要教育意义。实习生应该转变观念，把实习作为自己一生中的宝贵经验，在实习工作中认真学习相关技能和本领，为以后正式入职工作岗位奠定坚实基础。实习生切不可心急，也不要因为眼前的利益诱惑，而放弃更多增强自身本领的宝贵机会。

实习生选择实习单位时要擦亮双眼，谨慎选择。实习生由于社会阅历尚

浅，对实习单位选择可能存在一定误区。实习的机会虽然难得，但对于自主选择实习单位的学生来说，选择实习单位时不要过于心急，一定要通过正规的渠道和方式，提前了解实习单位的企业资质、社会评价以及在实习单位的实习内容等基本情况，选择经营合法、管理规范以及对自己专业能力提升有帮助的实习单位。针对实习单位的选择方法，高职学生可以询问教师、师兄师姐等，及时寻求身边其他人的帮助。

此外，实习生要提高自我保护意识。学生社会经验不足，走出学校以后要时刻提高自己的警惕性和自我保护意识，在实习前要和实习单位签订实习协议或者劳动合同，做到"无协议，不实习"。在和自己的实习单位签订相关协议时，要认真阅读相关协议内容，有不明白的地方及时问清楚，逐条确认无误后再签订实习协议，保证协议的规范性和有效性，以后如果发生侵害自身权益的事件时，可以用协议保障自己的权益。因此，实习生要端正实习态度，改变固有的错误认知和想法，提高自我保护意识，增强自我保护能力。

3. 严格遵守规章制度，保障自身合法权益

高职实习生要服从实习单位的合理安排，严格遵守实习单位和高职院校的规章制度，按照实习单位和高职院校的规章制度约束自身的行为。任何地方都有自己的组织纪律，实习生去实习以后更要遵守实习单位的规章制度，只有按照实习单位的规章制度办事，才不会引起不必要的争议和误会。此外，实习生在使用相关设施的时候，要严格按照操作规程进行，确保设施的正常运行，这样既能熟悉操作步骤，又能较好地保障自身安全。遇到不懂如何正确操作的地方时不要逞强，一定要问清楚指导教师如何操作，再进行下一步的工作，特别是对危险仪器、机器的操作，更要注意保证安全。

实习生要认真对待实习前由高职院校和实习单位开展的岗前培训、实习安全教育等活动。学校一般在实习前会召开动员大会，强调一些实习注意事项，正规的企业一般也会有岗前培训这一环节，实习生对学校或者企业的岗前培训和安全教育等活动，不能抱无所谓的态度，不能想当然地认为此类活动就是走形式而不认真对待，这样很容易因为自身的疏忽大意而导致人身伤害事故的发生，不仅对企业的利益有损，对学生的自身安全和长远发展也不利。

实习生要听从实习指导教师的指导。一般而言，实习指导教师的专业水平和知识水平都比较高，并且对实习生的工作有重要的指导意义和效果，所以

实习生不能自高自傲，要做到谦虚有礼，尊师重道，对于指导教师的工作指导做到认真听从，这样既可以增强自身本领，也可以增进师生间的感情。实习生也要主动和实习指导教师保持联系，采用线上或者线下的方式多沟通、多交流，珍惜宝贵的学习机会，遇到不懂的专业问题以及工作或生活中的困惑，要及时请教实习指导教师，对于指导教师提出的有帮助的意见和建议要内化于心，外化于行。总之，高职实习生在实习过程中一定要严格遵守规章制度，认真听从实习指导教师的教育和指导，严肃对待岗前培训等活动，通过自身努力以及积极寻求外界的支持和帮助，保障自己的实习合法权益不受侵害。

第二节　高职学生就业权益保护

一、高职学生就业权益要素

高职学生拥有的就业权益要素主要包括就业权利与就业义务。

（一）就业权利

高职学生作为社会就业的主要群体之一，在其就业过程中享有多方面的权利，根据目前国家法律法规及就业规范等有关规定，高职学生主要享有以下几方面的就业权利。

1. 获取信息权

就业信息的获取是高职学生能够顺利就业的重要前提条件，为了"不打无准备之仗"，需要提前了解用人企业各方面的信息，并结合自己的条件理性选择适合自己且自己喜欢的企业，只有这样，高职学生在入职以后，才能更好地在工作岗位上发光发亮，实现自己的职业理想。就业权利中，获取信息权的含义主要涉及以下三个方面。

第一，公开。所有用人信息向全体高职学生公开，任何单位和个人不得隐瞒、截留用人需求信息。

第二，及时。高职学生获取的就业信息必须是具有时效性的，也就是高职院校、企业等要使学生及时获得有效的信息，而不是将过时的没用的信息告知学生，这样是没有意义的。

第三，全面。高职学生所获得的就业信息必须具备全面性和准确性，只有这样，才能更好地帮助学生深入了解用人企业，然后根据自己的实际情况做出正确的选择。

2. 接受就业指导权

接受就业指导权是指高职学生有权利接受学校的就业指导，高职院校要成立专门进行就业指导的机构，然后由专业人士指导学生就业，解答学生关于就业的问题，还要向学生讲解高职学生就业的相关政策，传授学生就业技巧；让学生了解国家与社会的就业需求，然后让学生结合自己的实际情况确定就业方向。如今，高职学生就业已经开始逐步市场化，高职学生正由在高职院校接受就业指导转变为主动到就业市场接受就业指导，这种就业市场提供的指导可以是有偿的。

3. 被推荐权

高职院校在高职学生就业中还有一项非常重要的职责，就是将毕业生推荐给用人单位。用人单位往往比较信任学校的推荐，学校推荐可以帮助学生更加顺利地进入用人单位，学生的被推荐权主要包括以下内容。

第一，要如实推荐。学校在向用人单位推荐学生的时候，要将学生的真实情况介绍给用人单位，不能故意贬低学生，也不能有意抬高学生，要告知用人单位学生在校的真实表现。

第二，要公正推荐。学校在推荐学生时还要做到公平公正，要清楚每一位学生都拥有被推荐的机会，不能偏向某些学生，也不能故意剥夺某些学生被推荐的机会，公平公正的推荐学生是学校的一项责任，也是每一位学生的权利。

第三，择优推荐。高职学校应根据高职学生的表现，在公正、公开的基础上择优推荐，用人单位在录用高职学生时也应坚持择优标准，以充分调动广大高职学生在校期间学习的积极性。

4. 选择权

高校毕业生在自主择业时，要在国家的相关政策与方针的指导下进行。只要学生符合相关的方针政策，就拥有自主选择企业的权利，高职院校等各方都不可干涉。将个人意志强加在学生身上，是侵犯其就业选择权的行为。高职学生可基于自身情况自主和企业协调，然后签订就业协议。

5. 公平录用权

用人单位要对学生一视同仁，要基于公平公正的原则录用学生。由于目前的就业市场还没有完全实现公平性，所以一些不公平、不公正的现象在就业市场中还时有发生，因此，高职学生一定要意识到自己享有公平录用权，在遇到不公平、不公正的对待时，要懂得维护自己的合法权益。

6. 用人单位违约后的求偿权

高职学生、用人单位、高职院校三方签订协议后，任何一方不得擅自毁约。如果用人单位无故要求解约，高职学生有权要求对方严格履行就业协议，否则用人单位应承担对高职学生的违约责任，高职学生有权要求用人单位进行补偿。

（二）就业义务

权利与义务是一对孪生姐妹，高职学生在享有国家规定的权利的同时，也必须履行一定的义务，主要包括以下几个方面。

第一，执行国家就业方针、政策和规定的义务。第二，向用人单位实事求是地介绍个人情况的义务。第三，严格履行就业协议的义务。第四，遵守高职院校有关规定的义务。第五，承担自身违约而带来的相应责任，依法履行其他义务。

二、高职学生就业权益保护的主体

相关行政主管部门、高职院校以及高职学生本人是保护高职学生就业权益的重要责任主体，三者分工合作，构成高职学生就业权益保护工作的有机整体。

（一）相关行政主管部门的保护

高职学生就业行政主管部门，通过制定相应的规则条例，确定高职学生的就业权益和处理侵犯高职学生就业权益的行为，对高职学生的就业权益进行保护。高职学生在就业合法权益受到侵害时，可以及时向当地高职学生就业行政主管部门求助，也可以向主管用人单位的行政机关举报，以维护自身的合法权益。

（二）高职院校的保护

对高职学生就业合法权益进行保护，是高职院校就业工作的重要职责之一，高职学生合法就业权益受到侵害的时候，可以请求学校予以保护。高职院校可以依据就业主管部门的相关规则，制定各项具体的措施，规范和指导高职学生就业，对于用人单位在高职学生就业过程中做出的不公平、不公正行为，学校有责任予以抵制。

（三）高职学生的自我保护

高职学生是就业权益的享有者，与此同时，高职学生本人也应当成为自身合法就业权益极其有力的维护者。高职学生在就业过程中，应该重点提升以下三方面自我保护意识。

1. 法律意识

高职学生在就业过程中，应自觉了解当前国家关于高职学生就业的政策、法规，明确高职学生在就业过程中的权利和义务，在就业过程中养成法律意识，以预防侵害自身就业权益的情况发生。

2. 自律意识

高职学生在就业过程中，应自觉遵守相关的就业法律法规、职业道德、工作规则。高职学生在就业过程中不得滥用自身权利，在行使自身权利时应做到善意、诚信，避免侵犯其他高职学生和用人单位的合法权益。

3. 维权意识

高职学生在就业过程中，遇到自身合法权益受侵害的情况时，应勇于拿起维权这柄利剑，通过合法的维权途径保障自身的合法权益。

三、高职学生就业权益保护的途径

（一）签订就业协议

签订就业协议，是保障高职学生就业权益的重要途径，可以很好地保护高职学生的相关权益。在当前高职学生的就业实践中，因为各方对就业协议的认识不同，未签订就业协议、签订就业协议程序错误等造成的就业纠纷屡见不鲜，高职学生因就业协议签订的相关问题，造成人身权益和财产权益损失的情况也不在少数。为了更好地保护自身权益，高职学生应明确了解就业协议及其签订过程的相关知识，做好就业准备。

1. 就业协议书概述

就业协议书，是明确高职学生、用人单位和高职院校三方在高职学生就业中的权利和义务的书面表现形式。就业协议书由教育部或各省、市、自治区就业主管部门统一制表。它具有三方面的特点：一是作为高职学生与用人单位达成就业意向、用人单位同意接收高职学生的主要依据；二是高职学生与用人单位签订就业协议后，双方权利与义务均受法律管理，双方权益均受法律保护；三是就业协议是民事合同，不同于劳动合同，其中各方的合法民事权益受法律保护。

就业协议书在明确高职学生、用人单位和高职院校三方在高职学生就业中的权利和义务的同时，也是高职院校、就业行政主管部门进行就业指导、就业计划编制等方面工作的重要依据。就业协议书，还是高职院校为高职学生办理报到、档案转出、户籍转移等手续的重要依据。

2. 签订就业协议书的基本原则

（1）主体合法原则。签订就业协议书的各方必须具备法定的主体资格。高职学生要取得毕业资格，用人单位要有录用高职学生的主体资格，高职院校应将所掌握的用人单位的信息如实地公布给高职学生。

（2）平等协商原则。签订就业协议书的各方在法律地位上是平等的，任何一方不得将自己的意志强加给另一方。就业协议书应在各方自愿、平等、充分协商并达成一致的基础上签订，除就业协议书规定内容外，各方可以在就业协议书备注栏中补充确定各方的其他权利与义务。

3. 签订就业协议书时的注意事项

（1）明确用人单位的主体资格。就业协议书中的各方具有法律规定的主体资格是就业协议书生效的前提条件。用人单位只有具备录用员工的自主权力，才能与高职学生签订合法、有效的就业协议。因此，高职学生签约前，务必要明确用人单位的主体资格。

（2）明确协议条款的合法性。高职学生在审查就业协议条款的时候，要注意三方面的内容：审查协议的内容是否符合国家相关法律、法规和政策的规定；审查协议的权利、义务与法律责任约定是否合理；审查除协议本身之外是否有补充协议，如有，务必审查补充协议的具体内容。

（3）遵循就业协议书签订的程序要求。高职学生与用人单位协商一致后，首先，由高职学生签名确认并署上协议日期；其次，由用人单位及上级主管部门加盖公章并注明日期；最后，交由高职院校统一办理相关手续。

4. 就业协议书的解除及其法律责任

就业协议书一经签订便具有法律效力，任何一方不得擅自解除，否则违约方应对权利受损方承担相应的违约责任。

就业协议书的解除分为单方解除和合意解除两种形式。单方解除包括单方擅自解除、单方依法解除、单方依协议解除等形式。单方擅自解除，属于违约行为，应当承担法律责任。单方依法、依协议解除，是指一方依据法定或者协定的条件而进行的协议解除行为，无须承担法律责任。合意解除，是指高职学生、用人单位、高职院校三方经协商一致，解除原先订立的就业协议，使协议不发生法律效力的行为。此类协议解除行为符合法律规定，任何一方都无须承担法律责任。

（二）签订劳动合同

用人单位与劳动者一旦形成劳动关系，双方就必须签订劳动合同，对双方的权利、义务进行明确约定。高职学生有权要求用人单位与自己签订书面劳动合同。高职学生不与用人单位签订劳动合同的，用人单位可以通过书面形式解除与高职学生之间的劳动关系。书面劳动合同是高职学生维护自身工资报酬、劳动保护、休息休假、工伤赔偿等权益的必要依据。为了更好地保护自身权益，高职学生应充分了解劳动合同的基本知识，并掌握签订、履行、解除劳动合同的基本原则。

1. 劳动合同的概念、类型

劳动合同，是劳动者与用人单位之间确立劳动关系，明确双方权利和义务的书面协议，同时也是调整劳动关系的基本法律形式。劳动合同分为固定期限劳动合同、无固定期限劳动合同和以完成一定工作任务为期限的劳动合同三种类型。

固定期限劳动合同，是指用人单位与劳动者约定合同终止时间的劳动合同。双方约定的劳动合同期满，且双方无续签劳动合同的意向时，劳动合同即告终止。如果双方有续签劳动合同的意向，可以协商续签。

无固定期限劳动合同，是指用人单位与劳动者约定无确定终止时间的劳动合同。在不出现合同当事人约定的变更、解除劳动合同或者法定终止情形时，无固定期限劳动合同可持续至劳动者法定退休年龄为止。

以完成一定工作任务为期限的劳动合同，是指用人单位与劳动者约定以某项工作任务的完成时间为合同期限的劳动合同。当该项工作任务完成后，劳动合同即告终止。

2. 劳动合同订立与变更的基本原则

（1）合法原则。劳动合同必须依法订立，不得违反法律、行政法规的规定，不得违反国家强制性、禁止性的规定。合法原则要求，劳动合同要做到主体合法、内容合法、程序和形式合法。

（2）公平原则。订立、履行、变更、解除或者终止劳动合同时，应公平合理，利益均衡，不得使某一方的利益过于失衡。自2021年1月1日起施行的《中华人民共和国民法典》，加强了对劳动者权益的保护力度，注重劳动者与用人单位的利益均衡，以实现结果公平。

（3）平等、自愿、协商一致原则。平等是指在签订劳动合同后，用人单位与劳动者有着平等的法律地位，并且签订劳动合同是双向选择的过程，每一方都不能凭借自己的优势地位强迫另一方签订不合理条款；自愿则是指双方在签订劳动合同之前要协商一致，一方不得将自己的意志强加到另一方身上，也不得有第三方的非法介入；协商一致，是指要在双方协商并达成共识的前提下，签订劳动合同。

（4）诚实信用原则。签订劳动合同的双方在签订、履行、变更、解除或者终止合同的过程中要讲信用，诚实不欺瞒，双方在维护自身合法权益的前提下，通过善意的方式履行义务，不得损害他人利益。

3. 劳动合同的基本内容

劳动合同条款分为两种类型，一种是必备条款，另一种则是可备条款。前者是法律规定的在劳动合同中必须具有的条款，后者则是合同当事人协商约定或不约定的条款。

劳动合同应当具备以下必备条款：用人单位的名称、地址和法定代表人或者主要负责人；劳动者的姓名、住址和居民身份证件号码；劳动合同期限；工作内容和工作地点；工作时间和休息休假安排；劳动报酬；社会保险；劳动保护、劳动条件和职业危害防护；法律、法规规定应当纳入劳动合同的其他事项。

劳动合同除应具有必备条款外，用人单位与劳动者还可以约定试用期、培训、保守商业秘密、竞业限制、服务期限、违约金等条款。

4. 劳动合同的终止、变更和解除

（1）劳动合同的终止。劳动合同的终止，是指劳动合同约定双方的劳动关系自然失效，双方不再履行。《中华人民共和国劳动法》第二十三条规定，劳动合同期满或者当事人约定的劳动合同终止条件出现，劳动合同即行终止。劳动合同只有法定终止，没有约定终止。下列情形出现时，劳动合同终止：劳动合同期满；劳动者开始依法享受基本养老保险待遇；劳动者死亡或被人民法院宣告死亡或者宣告失踪的；用人单位被依法宣告破产的；用人单位被吊销营业执照的；法律、法规规定的其他情形。

同时，有下列情形的，劳动合同到期也不得终止，应延迟至相应情形消失时终止：从事可接触职业危害作业的劳动者未进行离岗前职业健康检查，或者疑似职业病病人在诊断或者医学观察期间的；患病或者非因工负伤，在规定的医疗期内的；女职工在孕期、产期、哺乳期的；在本单位连续工作满15年，且距法定退休年龄不足5年的；法律、行政法规规定的其他情形。

（2）劳动合同的变更。劳动合同的变更，是指劳动合同当事人双方对尚未履行或尚未完全履行的劳动合同，依照法律规定的条件和程序，进行修改或增删的法律行为。当订立劳动合同的主客观情况发生变化时，用人单位和劳动者可以在平等自愿、协商一致的基础上，变更劳动合同的内容。变更劳动合同，应当采用书面形式。

（3）劳动合同的解除。劳动合同的解除，是指劳动合同当事人在劳动合同期限届满之前，依法提前终止劳动合同关系的法律行为。劳动合同的解除可以分为合意解除、用人单位单方解除、劳动者单方解除三种情况。

合意解除，是指用人单位与劳动者协商一致，解除劳动合同。如果是由用人单位提出解除劳动合同的，用人单位应向劳动者支付解除劳动合同的经济补偿金。

用人单位单方解除劳动合同，是指在具备法律规定的条件时，用人单位享有单方解除权，无须双方协商达成一致意见。

劳动者单方解除劳动合同，是指在具备法律规定的条件时，劳动者享有单方解除权，无须双方协商达成一致意见，也无须征得用人单位的同意。

5.违反劳动合同应承担的法律责任

违反劳动合同应承担的法律责任，是指不履行或者不完全履行劳动合同时，用人单位或者劳动者所应承担的法律责任。违反劳动合同的法律责任，主要是过错责任。当事人只有在存在过错的情况下，才承担法律责任。从责任形式上看，违反劳动合同的法律责任主要包括民事责任、行政责任和刑事责任。民事责任的承担形式主要是继续履行劳动合同和赔偿损失；行政责任的承担形式主要是行政处罚；刑事责任的承担形式主要是刑罚、制裁。

参考文献

[1] 曹群.高职院校学生职业生涯规划构建策略研究[J].产业与科技论坛，2021（1）：276-277.

[2] 迟云平.职业生涯规划[M].广州：华南理工大学出版社，2019.

[3] 付娜.高职学生就业心理问题分析及其解决对策研究[J].教师，2021（34）：123-124.

[4] 付相尊，于伟伟.高职学生就业指导实效性与长效性探索[J].大众标准化，2021（11）：134-136.

[5] 郭中华.做好就业指导工作，提升高职学生就业能力[J].当代教育实践与教学研究，2020（6）：165-166.

[6] 胡剑锋，王堂生.职业决策研究进展[M].武汉：武汉大学出版社，2009.

[7] 黄清站，韩洪亮.高职院校学生职业生涯规划与就业指导研究[J].湖北开放职业学院学报，2021（15）：36-37.

[8] 姜淼芳，韩业松.基于职业生活的高职院校职业道德教育研究[J].职教发展研究，2021（4）：26-32.

[9] 李海莹.高职院校学生就业心理焦虑与干预措施[J].安徽教育科研，2022（6）：21-22.

[10] 李凯，周建立.高职院校职业道德教育效果提升策略分析[J].特区实践与理论，2022（1）：122-127.

[11] 李凯，周建立.职业生涯发展与规划[M].广州：华南理工大学出版社，

2020.

[12] 李胜强. 就业压力下情绪及生命意义对大学生职业决策方式的作用 [M]. 上海：上海交通大学出版社，2016.

[13] 李文祯. 基于微信平台创新高职学生就业指导工作策略 [J]. 智库时代，2020（7）：263-264.

[14] 梁景. 高职院校学生职业生涯规划方式探究 [J]. 江西电力职业技术学院学报，2021（9）：148-149.

[15] 刘娇. 高职院校学生职业道德素养培育路径探究 [J]. 兰州职业技术学院学报，2021（3）：94-95，98.

[16] 刘金南. 当代高职学生职业道德教育的探讨 [J]. 发明与创新（职业教育），2021（5）：158-159.

[17] 刘丽芳. 高职学生就业状况分析及就业指导对策探讨 [J]. 时代报告（奔流），2021（30）：120-121.

[18] 刘丽芳. 探析高职学生就业心理问题的调适及指导策略 [J]. 时代报告（奔流），2021（34）：132-133.

[19] 刘益民. 职业生涯：理论与实践探索 [M]. 北京：北京航空航天大学出版社，2020.

[20] 罗金凤，种浩，窦云飞. 高职院校大学生职业道德教育区域差异性研究 [J]. 山东商业职业技术学院学报，2021（1）：76-83.

[21] 吕春明. 职业生涯发展与规划 [M]. 南京：江苏凤凰科学技术出版社，2020.

[22] 吕雪峰. 高职学生就业形势变化与就业指导模式的革新 [J]. 作家天地，2021（29）：131-132.

[23] 任云. 职业生涯规划在高职学生就业指导工作中的运用 [J]. 作家天地，2021（14）：82-83.

[24] 石洪发. 大学生职业生涯规划 [M]. 北京：北京理工大学出版社，2020.

[25] 宋佳伦. 高职院校大学生就业心理特点及指导策略研究 [J]. 国际公关，2021（7）：115-117.

[26] 孙淑秀．职业生涯规划对高职学生就业创业的作用[J]．科教文汇（中旬刊），2020（12）：138-139．

[27] 唐凯麟，蒋乃平．职业道德与职业指导[M]．北京：高等教育出版社，2001．

[28] 陶良友．积极心理学视域下高职就业学生心理路径分析[J]．就业与保障，2021（12）：140-141．

[29] 王海玮，王盈．高职学生职业生涯规划与就业：现状、问题与对策[J]．广东交通职业技术学院学报，2021（3）：119-124．

[30] 王浩．体育锻炼对改善大学生亚健康状态作用的研究[J]．黑河学院学报，2011（1）：35-37．

[31] 王晓庄，曹伟．学生职业决策中的心理因素研究[M]．天津：天津科技翻译出版公司，2011．

[32] 魏则胜．职业道德理论与实践[M]．广州：中山大学出版社，2017．

[33] 窦玉青，康光海，孟怀谷．心理健康与职业生涯规划[M]．成都：电子科技大学出版社，2020．

[34] 徐永慧，李志涛，王美娜．法律视角下高职学生就业权益的保障[J]．黑龙江科技信息，2012（30）：205，57．

[35] 许斌．高职院校学生职业生涯规划测评与管理研究[J]．中外企业文化，2021（8）：166-167．

[36] 许文静．高职学生就业权益保护意识的研究[J]．江苏开放大学学报，2014（2）：52-55．

[37] 薛丽红，姚嘉顺，贺婵娟．就业指导下的高职学生就业能力培养路径研究[J]．现代农村科技，2021（12）：120．

[38] 于艳华．高职学生积极就业心理培养的探究[J]．辽宁高职学报，2021，23（10）：93-96．

[39] 俞会利．职业道德与职业指导[M]．北京：中国传媒大学出版社，2006．

[40] 袁敏．大学生职业生涯规划：职业生涯规划篇[M]．北京：北京理工大学出版社，2020．

[41] 张同胜,何嘉,杨洪林.职业生涯与发展规划[M].长春:吉林人民出版社,2019.

[42] 钟焱,彭凤兰.高职院校大学生职业素养培养及评价的策略探讨[J].现代职业教育,2022(14):58-60.